U0453298

- 国家社会科学基金重大委托项目《巴蜀全书》(10@zh005)系列成果
- 四川省重大文化工程《巴蜀全书》(川宣〔2012〕110号)系列成果
- 四川大学中国语言文学与中华文化全球传播学科群重点资助出版项目
- 四川大学古籍整理与经典文献研究中心培育基地重点资助出版项目

蜀学文库

蜀贤论衡

四川十大名人研究述要

舒大刚 主编
王小红 王贞贞 邵莘越 副主编

中国社会科学出版社

图书在版编目（CIP）数据

蜀贤论衡：四川十大名人研究述要／舒大刚主编．—北京：中国社会科学出版社，2022.9

（蜀学文库）

ISBN 978-7-5227-0776-1

Ⅰ.①蜀⋯　Ⅱ.①舒⋯　Ⅲ.①历史人物—人物研究—四川　Ⅳ.①K820.871

中国版本图书馆 CIP 数据核字（2022）第 150136 号

出 版 人	赵剑英
责任编辑	郝玉明
责任校对	谢　静
责任印制	王　超

出　　版	中国社会科学出版社
社　　址	北京鼓楼西大街甲 158 号
邮　　编	100720
网　　址	http://www.csspw.cn
发 行 部	010-84083685
门 市 部	010-84029450
经　　销	新华书店及其他书店
印　　刷	北京明恒达印务有限公司
装　　订	廊坊市广阳区广增装订厂
版　　次	2022 年 9 月第 1 版
印　　次	2022 年 9 月第 1 次印刷
开　　本	710×1000　1/16
印　　张	17.5
字　　数	278 千字
定　　价	95.00 元

凡购买中国社会科学出版社图书，如有质量问题请与本社营销中心联系调换
电话：010-84083683
版权所有　侵权必究

《蜀学文库》编委会

学术顾问(按姓氏笔画排序):

王中江　朱汉民　刘学智　杜泽逊　李存山　李晨阳
李景林　吴　光　张新民　陈　来　陈祖武　陈　静
单　纯　郭齐勇　景海峰　廖名春

编　委　会(按姓氏笔画排序):

王小红　王智勇　王瑞来　尹　波　刘复生　杨世文
吴洪泽　张茂泽　郭　齐　黄开国　彭　华　粟品孝
舒大刚　蔡方鹿

主　编:舒大刚

总　序

　　岷山巍巍，上应井络；蜀学绵绵，下亲坤维。

　　蚕丛与鱼凫，开国何茫然？《山经》及《禹记》，叙事多奇幻。往事渺渺，缙绅先生难言；先哲谭谭，青衿后学乐道。班孟坚谓："巴蜀文章，冠于天下。"谢耆庵言："蜀之有学，先于中原。"言似夸诞，必有由焉。若乎三皇开运，神妙契乎天地人；五主继轨，悠久毗于夏商周。天皇地皇人皇，是谓三皇；青赤白黑黄帝，兹为五帝。三才合一，上契广都神坛；五行生克，下符《洪范》八政。

　　禹兴西羌，生于广柔，卑彼宫室，而尽力于沟洫；菲吾饮食，而致孝乎鬼神。顺天因地以定农本，报恩重始而兴孝道。复得河图演《连山》，三易因之肇始；又因洛书著《洪范》，九畴于焉成列。夏后世室，以奠明堂之制；禹会涂山，乃创一统之规。是故箕子陈治，首著崇伯；孔子述孝，无间大禹。

　　若乎三星神树，明寓十日秘历；金沙赤乌，已兆四时大法。苌弘碧珠，曾膺仲尼乐问；尸佼流放，尝启商君利源。及乎文翁化蜀，首立学校，建国君民，教学为先；治郡牧民，德礼莫后。蜀士鳞比，学于京藩；儒风浩荡，齐鲁比肩。七经律令，首先畅行蜀滇；六艺诗骚，同化播于巴黔。相如、子云，辉映汉家赋坛；车官、锦官，衣食住行居半。君平市隐，《老子指归》遂书；儒道兼融，道德仁义礼备。往圣述作，孔裁六艺经传；后贤续撰，雄制《太玄》《法言》。"伏牺之易，老子之无，孔子之元"，偕"扬雄之玄"以成四教；"志道据德，依仁由义，冠礼佩乐"，兼"形上形下"而铸五德。落下主《太初》之历，庄遵衍浑天之说。六略四部，不乏蜀人之文；八士四义，半膺国士之选。涣涣乎，文章冠冕天下；济济焉，人材充盈河汉。

自是厥后,蜀学统序不断,文脉渊源赓连。两汉鼎盛,可谓灵光鲁殿;魏晋弘宣,堪比稷下学园。隋唐五代,异军突起;天下诗人,胥皆入蜀。两宋呈高峰之状,三学数蜀洛及闽。蒙元兵燹,啼血西川;巴蜀学脉,续衍东南。明有升庵,足以振耻;清得张(问陶)李(调元),可堪不觍。洎乎晚清民国,文风丕振,教泽广宣。玉垒浮云,变幻古今星汉;锦江风雨,再续中西学缘。尊经存古,领袖群伦;中体西用,导引桅帆。于是乎诵经之声盈耳,文章之美绍先。蜀学七期三峰,无愧华章;蜀勒六经七传,播名国典。

蜀之人才不愧于殊方,蜀之文献称雄于震旦。言经艺则有"易学在蜀"之誉,言史册而有"莫隆于蜀"之称,言文章则赞其"冠于天下",言术数则号曰"天数在蜀"。人才不世出,而曰"出则杰出";名媛不常有,犹称"蜀出才妇"。至若文有相如、子瞻,诗有太白、船山,历有落下、思训,易有资中、梁山,史有承祚、心传,书有东坡、啬庵,画有文同、大千。博物君子,莫如李石、杨慎;义理哲思,当数子云、南轩。开新则有六译、槐轩,守文则如了翁、调元,宏通有若文通、君毅,讲学则如子休、正元。方技术数,必举慎微、九韶;道德文章,莫忘昌衡、张澜。才士尤数东坡、升庵,才女无愧文君、花蕊,世遂谓"无学不有蜀,无蜀不成学"矣!宋人所谓"蜀学之盛,冠天下而垂无穷"云云者,亦有以哉!

蜀之经籍无虑万千,蜀之成就充斥简编。石室、礼殿,立我精神家园;蜀刻石经,示彼经籍典范。三皇五帝,别中原自为一篇;道德仁义,合礼乐以裨五典。谈天究玄妙之道,淑世著实效之验。显微无间,体用一源。

至乎身毒偎人爱人,已见《山经》;佛法北道南道,并名《丹铅》。蜀士南航,求佛法于瀛寰;玄奘西来,受具足于慈殿。若夫蜀人一匹马,踏杀天下;禅门千家宗,于兹为大。开宝首雕,爰成大藏之经;圭峰破山,肇启独门之宗。菩萨在蜀,此说佛者不可不知也。

至若神农入川,本草于焉始备;黄帝问疾,岐伯推为医祖。涯涯水浃,云隐涪翁奇技;莽莽山峦,雾锁药王仙迹。经效产宝,首创始于昝殷;政和证类,卒收功乎时珍。峨眉女医,发明人工种痘;天回汉简,重见扁鹊遗篇。雷神火神,既各呈其神通;川药蜀医,遂称名乎海外矣。

又有客于此者，亦立不世之名，而得终身之缘。老子归隐青羊之肆，张陵学道鹤鸣之山；女皇降诞于广元，永叔复生乎左绵；司马砸缸以著少年之奇，濂溪识图而结先天之缘。横渠侍父于涪，少成民胞物与之性；蠋叟随亲诞蜀，得近尊道贵德之染。是皆学于蜀者大，入于蜀者远也。

系曰：巴山高兮蜀水远，蜀有学兮自渊源。肇开郡学兮启儒教，化育万世兮德音宣。我所思兮在古贤，欲往从之兮道阻艰。仰弥高兮钻弥坚，候人猗兮思绵绵。

舒大刚

前　言

舒大刚[*]

巴蜀大地历史悠久，文明璀璨，大家辈出，名人众多。为贯彻党的十八大、十九大以来，特别是中共中央办公厅《关于培育和践行社会主义核心价值观的意见》，以及中共中央办公厅、国务院办公厅《关于实施中华优秀传统文化传承发展工程的意见》，四川省委、省政府结合本省实际，启动了"回首历史名人、致敬先圣先贤，挖掘文化资源、吸取优质滋养"的"四川历史名人文化工程"，希望从历史名贤的言行和事功中，发掘有助于当代文化振兴、核心价值观建设的优秀资源。

2016年年末和次年年初，省委宣传部牵头组织了"四川历史名人专题调研组"，分期分批深入21个市、州进行调研，首次系统了解和梳理了四川历史名人的分布概况，以及名人历史功绩、当代价值、纪念物或遗址遗迹等情况。随后向全省发出"四川历史名人推荐申报"通知。

2017年6月，来自四川省社会科学院、四川大学、西南交通大学、四川师范大学、西华师范大学、四川省文史研究馆等单位的专家学者，组成专业领域涵盖巴蜀文化、典籍整理、文博策划、城市规划等多个领域的评审组，举行四川历史名人初评会。对在历史上有重要影响、思想著作或功绩具有当代价值的，籍贯是（或寓居）巴蜀，并在当地有故居、遗迹、遗址的卒年在辛亥革命前的名人，进行了系统的评选。初次推荐

---

[*] 作者简介：舒大刚，生于1959年，重庆秀山人，四川大学中华文化研究院国际儒学研究院、古籍整理研究所教授，主要研究方向：历史文献、儒学文献、巴蜀文化。

出"兴于西羌"的夏朝奠基者大禹、秦时治水都江堰的蜀守李冰、汉代首开郡学的蜀守文翁、居"汉赋四家"之首的司马相如、汉武帝时主修《太初历》的落下闳、创立《太玄》体系的扬雄、蜀汉丞相诸葛亮、《三国志》作者陈寿、中国古代唯一女皇武则天、"诗仙"李白、入蜀生活8年的"诗圣"杜甫、一代文宗苏轼、南宋理学家张栻、明代才子状元杨慎14位历史名人候选。2017年7月4日,经领导小组审议,其中大禹、李冰、落下闳、扬雄、诸葛亮、武则天、李白、杜甫、苏轼、杨慎10位,作为四川历史首批十大名人,率先进入研究和传承程序。

大禹(约公元前21世纪):夏朝国家制度的奠基者,史称"禹兴西羌""生于石纽""起于广柔",其地即在今四川阿坝州境内。舜帝时代,天下洪水,禹父鲧治水无功,被殛而死。禹继之,兴修沟渠,发展农业。禹身体力行,"沐风栉雨,腓无胈,胫无毛,身体偏枯",在外13年,随山刊木,导水浚川,兢兢业业,三过家门而不入,终于平定了洪水。因大禹治水取得巨大胜利,被帝舜选为自己的继承者。禹既平水土,复划定天下为"九州",铸造"九鼎"以象各州物象,奠定了系列国家制度,开启了"夏传子,家天下"的新时期。又建立"世室",提倡孝道;利用伏羲《河图》制《连山》;运用"五行"原理以成水功。《史记》比较完整地记载了大禹以及夏朝的事迹,相传与禹有关的文献有《连山》《禹贡》《洪范》《山海经》和"禹碑"等。

李冰(约公元前3世纪):战国秦蜀时期的治水专家。秦昭王时(前276—前251)为蜀郡太守。为消除水害、便利航运、扩大灌溉,他主持设计和兴建了至今还在使用的水利工程都江堰。他治水以"因势利导,顺应自然"为法,率众凿玉垒山之离堆,凿夹江之涵崖,治什邡之洛水,导邛崃之汶井江,开广都之盐井等,都是道法自然、因地制宜的旷世杰作,造就了成都平原"水旱从人、不知饥馑"的"天府之国"。

落下闳(约公元前2世纪):西汉著名的天文历法学家。姓落下,名闳,表字长公。巴郡阆中(今四川阆中市)人。汉武帝建元、元封之间,历法年久失修,节时错位,农事大受影响。落下闳接受朝廷的征聘,与邓平、唐都等一道创制新的历法。他改变"盖天说"而用"浑天说",制作新的测天仪器,测量二十八宿赤道的距离(赤经差)。第一次提出"日交食"周期,预计135个月为"朔望之会"。经他主持制定的《太初历》,

集中了此前历法的各种优点，成为当时最优、影响最久的一代新历。

扬雄（前53—18）：字子云，蜀郡郫人。西汉末年成就为全面的经学家、哲学家、赋学家、语言学家。他曾经仿《易》著《太玄》，仿《论语》著《法言》，继承𫐄轩语著《方言》，仿相如而著系列大赋。他的赋列为"汉赋四大家"之一；他的《太玄》构建了以阴阳五行为骨架、以"天地人"合一为系统、以天文历法为基础，以"玄"为最高范畴的独特哲学体系，与"伏羲之易，老子之道，孔子之元"并列（桓谭语）；他的《法言》构建起"道德仁义礼"核心价值结构，足以方驾《论语》"仁智勇"、孟子"仁义礼智"、董仲舒"仁义礼智信"等体系；他的《方言》开创了地方语言研究的新篇章。此外，他还曾续写《史记》，初撰《蜀王本记》，在史学上也有巨大成就。其著作传世者有《太玄》《法言》《方言》，以及众多的文赋。

诸葛亮（181—234）：字孔明。三国蜀汉丞相，著名政治家、军事家、谋略家。公元213年入川，治蜀施政长达21年之久。他爱国忠君，励精图治，注重法治，任人唯贤，奖励农桑，积极备战；东联孙吴，南抚夷越，六出北伐，力图光复汉家，一统天下。终因益州疲惫，独木难支，鞠躬尽瘁，死而后已。杜甫有诗："出师未捷身先死，长使英雄泪满襟！"他有文集传世，其中《隆中对》《前后出师表》等篇章，千古忠义、脍炙人口；另有《心书》，相传是他的作品。

武则天（624—705）：唐高宗皇后、武周皇帝。名曌，生于广元。她是中国历史上唯一的女皇帝，690—705年在位。她抛弃传统的"牝鸡无晨""女不干政"的传统观念，在高宗在位时，即辅佐多病的高宗处理政务，干练老成。弘道元年（683）唐高宗驾崩，武则天临朝称制；载初元年（690）称"圣神皇帝"，改国号"周"。她即位之后，仍然延续贞观遗风，重视民间疾苦，发展农桑，轻徭薄赋，惩治豪强；改革科举考试制度，扩大录取名额，首开"殿试"制度，广纳人才；废除门阀世族特权，大力起用寒素；广开言路，注意采纳不同意见。上继"贞观之治"，下启"开元之治"，呈现出"盛唐"气象。其作品经后人编为《武则天集》，又有《臣轨》专著行世。

李白（701—762）：唐代最具才情的大诗人，字太白，生于彰明（今属四川江油），号青莲居士。少年天成，才华崭露，游历名山大川，出入宫廷待诏。卒因安史之乱时误入永王李璘之幕，入过狱，遭到流放。晚年漂泊困苦，穷愁而卒。李白在思想上儒道合一，通脱放达；在创作上自然豪放，诗风雄健，想象奇特，语言收放自如，音律铿锵善变，是屈原之后、苏轼之前，最具个性特色和浪漫精神的诗人。贺知章称其为"谪诗人"，俗称"诗仙"。作品辑为《草堂集》传世。

杜甫（712—770）：唐代诗人，字子美。安史之乱中入蜀，在蜀生活8年。其诗歌在入蜀前多穷困潦倒，入蜀后多闲适雅淡。整个作品贯穿了"爱国忠君，忧国忧民"的主线，如实记录了唐王朝由盛转衰的真实景况，生动再现了安史之乱前后的社会变迁和个人境遇，具有丰富的社会内涵和鲜明的时代特色，故有"诗史"之称。有《杜拾遗集》传世。

苏轼（1037—1101）：字子瞻，号东坡居士，眉州眉山人。苏轼是宋代成就多面、文章焕彩的杰出代表，是"蜀学"领军人物，与其父洵、其弟辙号称"三苏"。其著作遍及经史子集，其文体擅长诗词歌赋，其题材涉及朝政桑麻。其文章风格清新豪健，善用夸张比喻，而又自然流畅，独具风格，为"唐宋八大家"之一。其诗与黄庭坚并称"苏黄"，词与辛弃疾并称"苏辛"，文与欧阳修并称"欧苏"。著有《苏氏易传》《东坡书传》《论语说》《东坡志林》《仇池笔记》，以及"东坡七集"等传世。

杨慎（1488—1559）：字用修，号升庵，四川新都人。出身宰相之家，科举状元及第。但在仕途上却大起大落，曾入为翰林，身为帝师，也曾因"大礼议"被廷杖，贬斥永昌。但是他仍然不屈不挠，坚守道义，笔耕不辍，为发展边远地区文化教育贡献力量。平身成就人才无数，撰写著作四百余种，《明史》称赞："有明记诵之博，著述之富，推慎第一。"有《丹铅录》系列、《升庵集》等传世。

历史名人是时代的精英、历史的丰碑、文明的标杆、前进的风帆。他们所创造的历史功绩业已嘉惠后人，他们的思想文化足以启迪后昆，他们的文章学术足以粉饰乾坤，他们的道德风范足以垂范千秋。因此，历代学人对他们歌咏不绝，称颂不断；时至当下，他们的思想和精神，也是激扬和筑牢社会主义核心价值观的重要基石。

近代以来，随着各种思潮的风起云涌，历史名人也受到更大的关注，研究成果层出不穷，蔚为学术大观。首批十大历史名人，是巴蜀文化发展各时期的杰出代表，其中有政治家（大禹、诸葛亮、武则天），有科学家（李冰、落下闳），有哲学家（扬雄、苏轼等），有文学家（李白、杜甫、苏轼、杨慎），他们在历史上都曾经大力推动过科技的进步、社会的治理、文化的发展和历史的演变，是创造、传承和革新历史文化的先导者，承载着中华民族"自强不息，厚德载物"的优秀精神品格，也闪烁着巴蜀人民"兼容并包，集杂成纯"的独特气质风范，在我国乃至世界历史长河中都占有独特而重要的地位，至今也具有超越时代的，可推动当代社会主义核心价值观建设的重要价值。

为深入挖掘历史名人的文化意义和当代价值，本项目系统总结和归纳了百余年来有关他们的研究成果，特别关注其对历史影响、文化内涵和永恒价值，进行研究和阐述的论著和观点，不仅为深入学术研究提供资讯，也为加深优秀传统文化的继承发展，筑牢社会主义核心价值观的文化根基，提供参考和借鉴。

本书是四川省社会科学重点研究基地——儒学研究中心的重点项目"四川首批十大历史名人与社会主义核心价值观研究"的研究成果，也纳入国家社会科学基金重大项目、四川省重大文化工程《巴蜀全书》之"蜀学"研究系列之中。项目通过系统回顾近世以来关于大禹、李冰、落下闳、扬雄、诸葛亮、武则天、李白、杜甫、苏轼、杨慎十大历史名人的研究状况和成就，揭示其深厚的文化内涵和超迈的时代价值。

由于此项研究具有试探性和开拓性，项目组首先回顾和厘清了历代学人研究"十大历史名人"的历史和现状；同时借由众多研究成果，对十大名人的历史地位、学术贡献、文化意蕴和当代价值进行了客观呈现。

全书的撰写本着尊重历史、实事求是、回顾既往、展望未来的原则，力求做到既全面、客观，又准确、简洁。尽可能收集海内外对每位历史名人的研究论著，力争竭泽而渔，客观叙事，准确揭示，热情展望。既可作为这十个历史名人进行深入研究的阶梯，也可作为20世纪学术史研究的回顾和展望。故今汇编于此，以飨读者。由于出自众手，体例未必完全统一，轻重取舍未必完全合适，但作为向读者提供这十位历史人物的研究信息，还是值得借鉴和参考的。

目　　录

近百年来大禹研究述要 …………………… 王小红　窦浩玉（1）
20世纪以来李冰研究综论
　　——兼论李冰治水与道法自然 ………… 李　钊　彭邦本（34）
20世纪以来落下闳研究综述 ………………………… 陈祎舒（56）
扬雄著述整理与研究综述 ………………… 邵莘越　吴龙灿（76）
一百多年来诸葛亮研究综述 ………………………… 胡涛涛（98）
1919年以来武则天研究简述 …………………………… 陈　洪（117）
李白研究述略 ………………………………………… 詹福瑞（145）
杜甫研究一百年概述 ………………………………… 彭　燕（162）
20世纪以来大陆地区苏轼研究综述 ……… 郑　伟　尤潇潇（205）
杨慎研究综述 ……………………………… 王智勇　秦际明（231）
后　　记 ……………………………………………………（262）

近百年来大禹研究述要

王小红　窦浩玉[*]

禹，姒姓，名文命（一说禹即为名），字（高）密，后世尊称大禹、夏禹。传说禹为黄帝玄孙，颛顼孙（一说禹为颛顼六世孙），鲧之子。禹是我国传说时代与尧、舜齐名的部落联盟首领、贤圣帝王、夏朝的开创者。

古代文献《尚书》《诗经》《礼记》《论语》《孟子》《史记》等都记载了禹的故事，尤其传颂禹治理滔天洪水、划定天下九州之事。尧时，洪水横流，禹父鲧受命治水，九年而治水不成，为尧的继承者舜所殛。舜命禹继任治水，禹乃随山浚川、决河导江，终于平定洪水，使民陆处。舜死后，禹继位，设立制度，划定九州，贡金九牧，铸造九鼎，为夏王朝的建立奠定了基础。后东巡狩，大会诸侯，死葬会稽。

禹功盛大，德行深远！洪水为害时，"禹思天下有溺者，犹己溺之也"（《孟子·离娄下》），不忍天下之民葬于鱼腹，勇于担当，仁德爱民；"禹不以鲧诛而废国事"[①]，"抑洪水十三年，过家不入门"（《史记·河渠书》），大公无私，乐于奉献；其"薄衣食""卑宫室"（《史记·夏本纪》）"股无胈，胫无毛，手足胼胝"（《史记·李斯列传》），勤俭廉洁，

---

[*] 作者简介：王小红，生于1973年，重庆梁平人，四川大学古籍整理研究所研究员，硕士研究生导师，主要研究方向：历史文献学、中国儒学、巴蜀文化；窦浩玉，生于1994年，四川渠县人，四川大学中国史专业硕士研究生。

① （宋）刘子翚：《圣传论十首·禹》，载曾枣庄、刘琳主编《全宋文》卷4257，上海辞书出版社、安徽教育出版社2006年版，第193册，第161页。

艰苦奋斗；"鲧堙洪水，汩陈其五行"（《尚书·洪范》）而使治水失败，禹则革故鼎新，顺因水性，疏而导之，科学治水；治水功成，禹则"合诸侯于涂山，执玉帛者万国"（《左传·哀公七年》），实现民族团结，天下和谐。可以说，禹治洪水、定九州、置百官、立贡法、制刑典、建都邑、兴夏朝，使我华夏民族实现由洪荒时代跨入文明社会的伟大飞跃。大禹功高德厚，载之史册，流传千古。

禹生蜀地。大禹故里，文献备载。西汉司马迁《史记》云"禹兴于西羌"，宋裴骃《史记集解》引皇甫谧曰："'《孟子》称禹生石纽，西夷人也。'传曰'禹生自西羌'是也。"唐张守节《史记正义》谓："禹生于茂州汶川县，本冉駹国，皆西羌。"① 并引西汉扬雄《蜀王本纪》云，"禹本汶山郡广柔县人也，生于石纽"，引唐代李泰《括地志》云："茂州汶川县石纽山，在县西七十三里。"② 《荀子》载"禹学于西王国"，杨倞注曰："禹生于西羌，西王国，西羌之贤人也。"③ 西汉初陆贾《新语》也载"大禹出于西羌"④，桓宽《盐铁论》亦云："禹出西羌。"⑤ 东汉赵煜《吴越春秋》云："鲧娶于有莘氏之女，名曰女嬉……产高密（按：即禹），家于西羌，地曰石纽，石纽在蜀西川也。"⑥ 西晋陈寿《三国志》曰："秦宓言：'禹生石纽，今之汶山郡是也。'"裴松之注引谯周《蜀本纪》云："禹本汶山广柔县人也，生于石纽，其地名刳儿坪。"⑦ 东晋常璩《华阳国志》则直接说大禹为蜀人，其云："蜀之为邦：天文，井络辉

---

① （汉）司马迁撰，（南朝宋）裴骃集解，（唐）司马贞索隐，（唐）张守节正义：《史记·六国年表》，中华书局1982年标点本，第686页。

② （汉）司马迁撰，（南朝宋）裴骃集解，（唐）司马贞索隐，（唐）张守节正义：《史记·夏本纪》，中华书局1982年标点本，第49页。

③ （周）荀况撰，（唐）杨倞注：《荀子·大略》篇，文渊阁《四库全书》，台北．台湾商务印书馆1982年影印本，第695册，第283页。

④ （汉）陆贾：《新语》卷上《术事》，文渊阁《四库全书》，台北：台湾商务印书馆1982年影印本，第695册，第373页。

⑤ （汉）桓宽撰，（明）张之象注：《盐铁论》卷7《国疾》，文渊阁《四库全书》，台北：台湾商务印书馆1982年影印本，第695册，第574页。

⑥ （汉）赵晔撰，周生春辑校汇考：《吴越春秋辑校汇考·吴越春秋·越王无余外传》，中华书局2019年版，第95页。

⑦ （晋）陈寿撰，（南朝宋）裴松之注：《三国志》卷38《秦宓传》，中华书局1982年标点本，第975页。

其上；地理，岷蟠镇其域；五岳，则华山表其阳；四渎，则汶江出其徼。故上圣则大禹生其乡……"①北魏郦道元《水经注》"广柔县"条云："县有石纽乡，禹所生也。"②《新唐书·地理志》茂州石泉县下"有石纽山"③。宋欧阳忞《舆地广记》绵州石泉县下"有石纽山，禹之所生也"④。祝穆《方舆胜览》引《帝王世纪》谓"鲧纳有莘氏，胸臆坼而生禹于石纽。郡人以禹六月六日生，是日熏修裸享，岁以为常"⑤。《大清一统志》于龙安府祠庙下云："大禹庙，在石泉县东南石纽山下。"⑥清末四川护理总督王人文说："中国言水利者，蜀最先。大禹，蜀人也。"⑦可见，禹兴西羌为蜀人，是自战国到两汉、唐宋明清相承不替的传说。

然而，自20世纪20年代以来，古史辨派学者对大禹的真实身份提出质疑，几乎将大禹从巴蜀历史甚至上古文化中抹去了。20世纪80年代以来，学界开始对古史辨派的疑古思潮进行反思，大禹研究再次受到学界关注，并出现了很多研究成果，研究方法也从纯粹的历史学扩展到考古学、民族学和人类学等诸多领域，大量考古资料与民间歌谣、民族民俗学材料，以及传世文献得到相互印证，使大禹研究及其文化内涵又重新得到了学界的阐释和解读。20世纪以来，有关大禹的研究主要集中在大禹真伪与身份、大禹族源、大禹出生地与出生传说、大禹治水、大禹征伐及其家国情怀等研究。

---

① （晋）常璩撰，刘琳校注：《华阳国志新校注》卷3《蜀志》，四川大学出版社2015年版，第118页。
② （北魏）郦道元撰，陈桥驿校证：《水经注校证》卷36《沫水》，中华书局2007年版，第827页。
③ （宋）欧阳修、宋祁：《新唐书》卷42《地理六·剑南道》，中华书局1975年版标点本，第1084页。
④ （宋）欧阳忞撰，李勇先、王小红校注：《舆地广记》卷29《成都府路上》，四川大学出版社2003年版，第843页。
⑤ （宋）祝穆撰，（宋）祝洙增订，施和金点校：《方舆胜览》卷56《成都府路·石泉军·祠庙》，中华书局2003年版，第1004页。
⑥ 清乾隆二十九年敕撰：《钦定大清一统志》卷304《龙安府》，文渊阁《四库全书》，台北：台湾商务印书馆1982年影印本，第481册，第249页。
⑦ （清）王人文：《历代都江堰功小传·叙》，载吴会蓉等主编《都江堰文献集成·近代卷》第一编《著作类》，巴蜀书社2013年版，第103页。

一 大禹真伪与身份研究

大禹历来被人们视为夏代开国之主和贤明圣君的典范。但20世纪初，随着神话学自西方传入中国，诸多学者开始重新审视大禹及其相关传说，并对大禹的真实身份提出质疑，最著者当属以顾颉刚为代表的古史辨派学者。顾颉刚在《与钱玄同先生论古史书》一文中提出：

> 至于禹从何来？禹与桀何以发生关系？我以为都是从九鼎上来的。禹，《说文》云："虫也，从内，象形。"内，《说文》云："兽足蹂地也。"以虫而有足蹂地，大约是蜥蜴之类。我以为禹或是九鼎上铸的一种动物，当时铸鼎象物，奇怪的形状一定很多，禹是鼎上动物的最有力者；或者有敷土的样子，所以就算他是开天辟地的人（伯祥云，禹或即是龙，大禹治水的传说与水神祀龙王事恐相类）。流传到后来，就成了真的人王了。①

顾氏根据《说文》等记载推测大禹是一种动物，此说在学界引起轩然大波，诸多学者对此提出辩驳。如刘掞藜曾反驳说："这种《说文》迷，想入非非，任情臆造底附会，真是奇得骇人了！我骇了以后一想，或者顾君一时忘却古来名字假借之说。"② 对此，顾颉刚在《答刘胡两先生书》一文中再次详述自己关于大禹传说的观点③，后又在《讨论古史答刘胡二先生》一文中指出禹"不是周民族的祖先而为周族所称，不是商族的祖先而亦为商族所称，他的神话是普遍的。地位的独立，神话的普遍，惟有天神才能如此！……西周中期，禹为山川之神，后来有了社稷，又为社神（后土）"④，正式提出大禹为神话人物的说法。

---

① 顾颉刚：《与钱玄同先生论古史书》，载顾颉刚编著《古史辨》第1册中编，上海古籍出版社1982年版，第63页。
② 刘掞藜：《读顾颉刚君〈与钱玄同先生论古史书〉的疑问》，载顾颉刚编著《古史辨》第1册中编，上海古籍出版社1982年版，第87页。
③ 参见顾颉刚《答刘胡两先生书》，载顾颉刚编著《古史辨》第1册中编，上海古籍出版社1982年版，第96—102页。
④ 顾颉刚：《讨论古史答刘胡二先生》，载顾颉刚编著《古史辨》第1册中编，上海古籍出版社1982年版，第109—110、114页。

1925年，张荫麟在《评近人对于中国古史之讨论》一文中对大禹为神话人物的说法提出质疑，认为顾颉刚的研究方法存在缺陷，因此其"所设之假定绝对不能成立"①。王国维也曾在《古史新证——王国维最后的讲义》一书中对当时学界的疑古倾向表示不满。针对禹为天神的说法，他指出"夫自《尧典》《皋陶谟》《禹贡》，皆纪禹事，下至《周书·吕刑》，亦以禹为三后之一；《诗》言禹者，尤不可胜数，固不待借他证据，然近人乃复疑之"，同时以两则青铜铭文（秦公敦和齐侯钟）力证确有大禹其人。②

此后，顾颉刚又陆续发表了《九州之戎与戎禹》③和《鲧禹的传说》④等文章。通过这些文章，他虽然修正完善了前述观点，但始终未放弃大禹为神话人物的观点。自顾颉刚提出大禹为神话人物的观点后，诸多学者开始从神话学的角度，对大禹传说进行解读。如1939年，丁山在《禹平水土本事考》一文中提出"禹为山川之主，即为山川之神"⑤；1959年，他在《中国古代宗教与神话考》一书中又提出大禹为中国"辟地"大神的说法⑥。

20世纪80年代以来，随着新的神话史学理论的传入，关于大禹神话又有诸多新的解释。如顾自力在《鲧禹治水传说新解》一文中指出鲧是水神，鲧剖腹生禹即水神之再生。⑦还有学者从动物崇拜和图腾信仰的角度解读大禹的身份，如刘毓庆在《鲧禹神话考》一文中指出大禹的原型为鲮鲤（穿山甲），当属氏族的图腾。⑧再如白剑《大禹亦大鱼——华夏

---

① 张荫麟：《评近人对于中国古史之讨论》，载顾颉刚编著《古史辨》第2册下编，上海古籍出版社1982年版，第284页。
② 参见王国维《古史新证——王国维最后的讲义》，清华大学出版社1994年版，第6页。
③ 参见顾颉刚《九州之戎与戎禹》，《禹贡》1937年第6、7合期。
④ 参见顾颉刚、童书业《鲧禹的传说》，载吕思勉、童书业编著《古史辨》第7册下编，上海古籍出版社1982年版，第142—194页。
⑤ 丁山：《禹平水土本事考》，载丁山《古代神话与民族》，商务印书馆2017年版，第241页。
⑥ 丁山：《中国古代宗教与神话考》，上海书店出版社2011年版，第221页。
⑦ 参见顾自力《鲧禹治水传说新解》，《华中师范大学学报》（人文社会科学版）1991年第4期。
⑧ 参见刘毓庆《鲧禹神话考》，《中州学刊》1990年第1期。

民族古代的神灵图腾》一文提出大禹为禹族图腾"大鱼"族号的说法。①刘付靖《禹神话与上古南岛语系民族的鱼类和爬行类动物图腾崇拜》一文认为大禹神话是上古时南岛语系文化的产物。②

除以上大禹为神话人物的观点外,目前学界主流仍持大禹为一位真实历史人物的观点。如徐旭生在考察夏墟后,在《中国古史的传说时代》一书中指出远古传说总有部分历史因素,绝非完全虚构,也即肯定大禹的真实性。③金景芳《中国奴隶社会史》列有"禹在历史上所起的巨大作用"专节,认为"禹是继尧舜之后活动在部落联盟时代历史舞台上的一个领袖人物……先秦古籍,诸如《尚书》《诗经》《左传》《国语》《论语》《墨子》《庄子》《孟子》《荀子》《韩非子》《吕氏春秋》等,无不对禹交口称颂"④。李学勤曾提出"走出疑古时代"的观点,并认为"古史中总是有神话的,可是它是和历史事实结合在一起,所以尧舜禹不是完全子虚乌有的"⑤。

除讨论大禹的真伪之外,关于大禹的确切身份,学界亦有诸多说法:一说大禹为夏朝开国君主,如顾晓峰在《先秦典籍中的大禹形象》一文中指出,大禹最初为夏族的首领,在治水功绩的基础上,舜禅位于禹,开启了夏朝的统治⑥;一说大禹为治水英雄,如吴文祥、葛全胜《夏朝前夕洪水发生的可能性及大禹治水真相》一文认为在距今约4000年前,我国北方存在一个约200年的洪水期,大禹继承父业,负责洪水治理,为舜时治水功臣⑦;一说大禹为巫师,如刘丽萍在《大禹的巫师身份考》《大禹巫师身份新考及其意义》两文中对大禹巫师身份进行了详细考证,她

---

① 参见白剑《大禹亦大鱼——华夏民族古代的神灵图腾》,《四川文物》2001年第1期。
② 参见刘付靖《禹神话与上古南岛语系民族的鱼类和爬行动物图腾崇拜》,《中南民族大学学报》(人文社会科学版)2007年第4期。
③ 参见徐旭生《中国古史的传说时代》,科学出版社1960年版,第20页。
④ 金景芳:《中国奴隶社会史》,上海人民出版社1983年版,第13—14页;收入《金景芳全集》,上海古籍出版社2015年版,第4册,第1951页。
⑤ 李学勤:《在全国大禹文化学术研讨会上的演讲》,李德书、谢兴鹏主编《大禹文化》,绵阳市浩瀚印务有限公司2008年版,第8页。
⑥ 参见顾晓峰《先秦典籍中的大禹形象》,《江苏教育学院学报》(社会科学版)2011年第2期。
⑦ 参见吴文祥、葛全胜《夏朝前夕洪水发生的可能性及大禹治水真相》,《第四纪研究》2005年第6期。

认为大禹巫步是明显的巫术仪式的保留，巫师的身份是大禹作为最高统治者在神权领域的反映，巫术也是大禹统治国家的手段之一。①

二 大禹族源研究

关于大禹的族源问题，学术界至今存在争议。主要有豫西说、晋南说、东方说、东南说、西方说、四川说诸多论点。

（一）豫西说

持豫西说者认为夏人起源于河南西部。这种说法在传世文献中也可找到依据，比如《国语·周语》载："昔夏之兴也，融降于崇山。"②《史记·周本纪》亦载："自洛汭延于伊汭，居易毋固，其有夏之居。"③近现代学人中，主张豫西说者不乏其人，如闻一多说："大抵夏人先起今河南嵩山山脉中。在伊洛上流，其势力逐次沿伊洛向东北下游移殖。一方自河南省西部北渡黄河，西达今山西省之南部，东及太行山南端尽头之迤西。又一方沿河南岸东下，渐次达于今山东河北境，遂与东方黄河下游之夷族势力相遇而发生冲突。"④即夏人起源于河南西部嵩山地区，之后分成两支向周围地区扩张。持此说的还有考古学家徐旭生，他认为探索夏文化的区域，有两个区域应该特别注意，"第一是河南中部的洛阳平原及其附近，尤其是颍水谷的上游登封、禹县地带；第二是山西西南部汾水下游（大约自霍山以南）一带"。他于1959年夏到豫西调查"夏墟"，发现了偃师二里头遗址，为豫西说提供了有力的考古依据。⑤吴汝祚《夏文化初论》一文认为"夏族的活动地区原是在河南中部的洛阳平原和颍水上游一带"⑥。安金槐《近年来河南夏商文化考古的新收获——

---

① 参见刘丽萍《大禹的巫师身份考》，《太原师范学院学报》（社会科学版）2010年第4期；《大禹巫师身份新考及其意义》，《扬州教育学院学报》2010年第3期。
② （旧题春秋）左丘明撰，徐元诰集解，王树民、沈长云点校：《国语集解·周语上》，中华书局2002年版，第29页。
③ （汉）司马迁撰，（南朝宋）裴骃集解，（唐）司马贞索隐，（唐）张守节正义：《史记·周本纪》，中华书局1982年标点本，第129页。
④ 闻一多：《闻一多全集》，湖北人民出版社2004年版，第10册，第45页。
⑤ 参见徐旭生《1959年夏豫西调查"夏墟"的初步报告》，《考古》1959年第11期。
⑥ 吴汝祚：《夏文化初论》，载中国先秦史学会编《夏史论丛》，齐鲁书社1985年版，第94—104页。

为中国考古学会第四次年会而作》一文认为"夏族先公的主要活动区域和奴隶制国家夏王朝的统治中心地带,在河南境内以中岳嵩山为中心的豫西地区"①。李维明《20世纪夏史与夏文化探索综论》一文也认为夏文化最早兴起于伊洛平原至嵩山一带。②此外,持豫西说的还有邹衡、李民、李伯谦、田昌五、李先登等人。③

(二)晋南说

部分学者认为夏族起源于晋南地区。其理由是夏禹主要活动于晋南,禹都阳城以及其他都城平阳、安邑、晋阳等均位于晋南,因此夏族也起源于晋南。持晋南说者如刘起釪,他在《由夏族原居地纵论夏文化始于晋南》一文中围绕"夏是冀州之人""冀州的原始地境在晋南""晋南——夏人之故墟""夏人西起晋南然后东进豫境""晋南陶寺、东下冯等地的夏文化遗存提供了铁证"五个方面论述了夏人起源于晋南,之后进入豫西,并逐渐在豫境发展起来。④另有黄石林《再论夏文化问题——关于陶寺龙山文化的探讨》指出"无论从文化特征、地望、时代、文化发展阶段这四个方面的哪一个方面加以讨论,陶寺类型龙山文化与夏族情况基本相合",因此晋南可称为夏族的发源地。⑤另外,王克林在《略论夏文化的源流及其有关问题》一文中也支持晋南说。⑥还有学者对豫西说和晋南说进行了融合,如詹子庆指出豫西说和晋南说均有依据,但从时间顺序上来看,豫西在前,晋南在后,而从出土的资料来看,"豫西的

---

① 安金槐:《近年来河南夏商文化考古的新收获——为中国考古学会第四次年会而作》,《文物》1983年第3期。

② 参见李维明《20世纪夏史与夏文化探索综论》,《河南大学学报》(社会科学版)2000年第3期。

③ 参见李民《〈尚书·甘誓〉所反映的夏初社会——从〈甘誓〉看夏与有扈的关系》,《河南文博通讯》1979年第4期;李伯谦《东下冯类型的初步分析》,《中原文物》1981年第1期;田昌五《夏文化探索》,《文物》1981年第5期;李先登:《夏文化与中国古代文明起源》,《中原文物》2001年第3期。

④ 参见刘起釪《由夏族原居地纵论夏文化始于晋南》,《古史续辨》,中国社会科学出版社1991年版,第132—166页。

⑤ 参见黄石林《再论夏文化问题——关于陶寺龙山文化的探讨》,载田昌五主编《华夏文明》第1集,北京大学出版社1987年版,第77—105页。

⑥ 参见王克林《略论夏文化的源流及其有关问题》,载中国先秦史学会编《夏史论丛》,齐鲁书社1985年版,第56—82页。

夏文化资料更为丰富些，与其相对应的晋南夏文化资料相比，其时间又略为早些"①。

（三）东方说

近代较早提出夏族起源于东方的观点当属国学大师王国维，他在其名作《殷周制度论》一文中关于夏族起源问题有结论："以地理言之，则虞夏商皆居东土，周独起于西方。"② 其后杨向奎于1937年在《禹贡》半月刊上发表《夏民族起于东方考》一文，他明确提出，"古代兖州一带河济流域实为中国文化的发源地"，并详细考证了夏初太康失国之乱的地名如穷石、寒、有穷、斟灌、过等地大多在山东，极少部分在豫东，还考证出禹会诸侯的会稽山即今山东蒙山，他最后得出结论："早夏时代夏民族居于东方，至晚夏时代始迁中原。"③ 持东方说的还有程德祺，他在《夏为东夷说》一文中从文献着手，认为"夏、夷应为同一种族集团，夏族本是东夷族中的一支"，并指出"大汶口文化是夷夏族炎黄时代到虞舜时代的共同创造，山东龙山文化是夷夏族在夏朝时期的共同创造"。④ 其后，吕琪昌《从夏文化的礼器探讨夏族的起源》一文根据考古出土的夏代礼器，指出"夏族是在大汶口文化中晚期时由海岱地区进入中原的史前东夷族的一支"⑤。总的来看，到目前为止，夏族源于东方说与传统的夏族源于西方说相悖，因此到目前为止，未被大多数学者认可。

（四）东南说

李晓路《夏文化地望在东南地区说》一文根据《左传》《史记》等文献记载的禹娶涂山女为妻、在涂山会集诸侯、致群臣于会稽、禅于会稽等夏代重大事件，主要发生在安徽与浙江两省，因此他认为夏文化的活动中心应该是在长江下游两岸地区。⑥ 陈剩勇根据考古资料和相关考证，发现"一系列为夏人所独创的、用于夏代国家政治中的重要礼器、信仰系统和礼典仪式，几乎都渊源于长江下游地区，而不见于中原内陆"，因

---

① 詹子庆：《走进夏代文明》，东北师范大学出版社2006年版，第104页。
② 王国维：《殷周制度论》，《观堂集林》卷10，中华书局1959年版，第451页。
③ 杨向奎：《夏民族起于东方考》，《禹贡》1937年第6、7合期。
④ 程德祺：《夏为东夷说》，《中央民族学院学报》1979年第4期。
⑤ 吕琪昌：《从夏文化的礼器探讨夏族的起源》，《中原文物》1998年第3期。
⑥ 参见李晓路《夏文化地望在东南地区说》，《江汉论坛》1987年第11期。

而得出"夏文化为萌生于东南地区的史前文化,夏族的原居地在东南地区"。① 胡悦谦《试谈夏文化的起源》一文认为禹与涂山氏通婚,夏后氏当与涂山氏住地不远,因此得出"夏后氏原居江淮之间的涂山至南巢地区"的结论。②

（五）西方说

西方说由来已久,《史记·六国年表》就有"禹兴于西羌,汤起于亳。周之王也以丰镐伐殷"③ 的记载。之前所述,历代都有沿袭此说者。1937年顾颉刚在《禹贡》半月刊发表《九州之戎与戎禹》一文,纠正了此前"禹是南方民族的神话中的人物"的说法④,提出"戎禹"说,认为大禹与戎族有关,"甚疑禹本为羌族传说中之人物,羌为西戎,是以古有'戎禹'之称"。郭沫若也持西方说,他认为:"'禹敷下土方',土方从甲骨卜辞推测,在商朝的西北方向,估计在河套一带地方。夏后氏当是从这里沿黄河南下到今河南西部原共工氏所在地区的。"⑤ 姬乃军在《关于夏文化发祥地的思考》一文中首先根据文献材料,指出东南说缺乏文献依据,不能令人信服,进而结合历史文献记载和考古资料,得出西北地区是夏文化发祥地的结论。⑥ 曲英杰在《夏都考述》一文中明确提出"夏人起于西羌"的观点,并指出其后夏人逐渐东迁,"河东之地是夏人活动的中心区域"。⑦

（六）四川说

20世纪上半叶,罗香林、姜蕴刚、林名均等学者提出夏人起源于四川的说法。⑧ 其主要依据是文献中"禹生石纽"的记载。近年来,一些四

---

① 陈剩勇:《夏文化东南说》,《寻根》1995年第1期。
② 胡悦谦.《试谈夏文化的起源》,载田昌五主编《华夏文明》第1集,北京大学出版社1987年版,第306—322页。
③ （汉）司马迁撰,（南朝宋）裴骃集解,（唐）司马贞索隐,（唐）张守节正义:《史记·六国年表》,中华书局1982年标点本,第686页。
④ 顾颉刚:《九州之戎与戎禹》,《禹贡》1937年第6、7合期。
⑤ 郭沫若:《中国史稿》,人民出版社1976年版,第1册,第120页。
⑥ 参见姬乃军《关于夏文化发祥地的思考》,《考古与文物》1999年第1期。
⑦ 参见曲英杰《夏都考述》,《文物季刊》1989年第2期。
⑧ 参见罗香林《夏民族发祥于岷江流域说》、姜蕴刚《治水及其人物》、林名均《四川治水者与水神》,皆载《说文月刊》1943年第9期。

川学者纷纷撰文支持四川说。如龙显昭《夏禹文化与四川的禹庙》《禹羌文化惠泽华夏》、谭继和《禹生石纽简论》、唐世贵《大禹神话与巴蜀文化之渊源新探》等文①，皆认为夏人与羌人、古蜀人有一定亲缘关系。

关于夏禹的族源问题，大致有以上六说。其中以"豫西说"支持者最多，考古证据也较为丰富。"晋南说"也是较为传统的观点，文献证据颇有分量。至于东方说、东南说则是相对晚近和新颖的说法，其说法也有值得商榷的地方。而持四川说者主要以四川学者为主，相对弱势。因此，可以发现，以上各种说法中没有一种观点是完美无缺的，各种说法或因征引文献材料的片面，或因对考古材料的随意附会等都有缺陷之处。综上所述，关于夏禹族源问题的研究，虽然近百年取得了一定成果，但要得出令人信服的结论，还需考古材料的增多和学者们的进一步研究。

三 大禹出生地与出生传说研究

(一) 大禹出生地研究

关于大禹的出生地，历来争议颇多。大致有四川北川说、四川汶川说、河南嵩山说、陕北说、山东说、山西说、青海说、甘肃说几种说法。

四川北川说。部分学者认为大禹出生于四川省北川县，其主要依据是文献中"禹生石纽"的记载。西汉末扬雄《蜀王本纪》载："禹本汶山郡广柔县人也，生于石纽。"② 晋人陈寿《三国志·秦宓传》亦载："禹生石纽，今之汶山郡是也。"③ 常璩《华阳国志》载："石纽，古汶山郡也。崇伯得有辛氏女，治水行天下，而生禹于石纽。"④ 持北川说者认为文献记载中的石纽在今四川省北川县，故大禹出生于北川。此说得到了

---

① 参见龙显昭《夏禹文化与四川的禹庙》，《四川文物》1999 年第 1 期；龙显昭《禹羌文化惠泽华夏》，《西华师范大学学报》（哲学社会科学版）2009 年第 5 期；谭继和《禹生石纽简论》，《阿坝师范高等专科学校学报》2008 年第 1 期；唐世贵《大禹神话与巴蜀文化之渊源新探》，《攀枝花学院学报》2006 年第 2 期。

② （汉）司马迁撰，（南朝宋）裴骃集解，（唐）司马贞索隐，（唐）张守节正义：《史记·夏本纪》，中华书局 1982 年标点本，第 49 页。

③ （晋）陈寿撰，（南朝宋）裴松之注：《三国志》卷 38《秦宓传》，中华书局 1982 年标点本，第 975 页。

④ （晋）常璩撰，刘琳校注：《华阳国志新校注》卷 3《蜀志》，四川大学出版社 2015 年版，第 118 页。

龙显昭、谢兴鹏、杨东晨、李德书等学者的支持。如龙显昭《夏禹文化与四川禹庙》认为"司马迁的'禹兴于西羌'之说,应该理解为姬、姜(羌)二部落通婚,禹被养育于母家,即被养于羌人部落中"。又《禹羌文化惠泽华夏》亦强调"禹生地石纽在今四川北川县"①。谢兴鹏《禹生北川信有征》一文详细梳理了历代史籍对大禹出生地的记载,并结合现存禹迹的研究,认为大禹出生地在北川。②杨东晨《论四川大禹故里及其相关问题》一文对禹生汶川与北川石纽进行了考释,分析得出石纽在今北川县,指出鲧禹父子生于石纽,但兴于嵩山。③李德书《北川、汶川、理县、茂县、什邡禹迹考辨》一文通过对几处石纽的名与实的景观、石纽地名传存、石纽题刻、古籍中"石纽山"记载等内容的考证,认为北川县禹里乡的石纽山才是名副其实的石纽山,也即大禹的出生地。④此外,北川说也得到了大禹后裔姒元翼等人的支持,他们认为,"石纽就是现在四川省北川县禹里羌族乡(旧石泉县城)湔江南岸的石纽山……在石纽山附近还有一批传说与禹有关的遗迹,如禹穴沟、刳儿坪、洗儿池等……所有这些都说明早在汉代,此处就被认定是传说中禹的出生地"⑤。

四川汶川说。持汶川说者同样以文献中所载"禹生石纽"为依据,他们认为今汶川县绵虒镇为大禹出生地。如周正、吴天德《禹生汶川刍论》一文首先以历史文献为依据,指出禹生汶川,然后指出北川说的种种疑点,如今北川石纽山与刳儿坪不在一处、北川与江源和岷山没有关系、北川石纽石刻当不为古人所为等,最后以汶川境内的禹迹说明禹生于汶川。⑥

河南嵩山说。持此说者认为禹父鲧被尧封于崇,禹因此也出生于此地。崇,即嵩,在今河南登封一带。如田继周认为,"禹之生地,不可能远在四川汶川、茂汶一带,应在禹父母生活的地区,即今郑州、嵩山、

---

① 龙显昭:《夏禹文化与四川的禹庙》,《四川文物》1999年第1期;龙显昭:《禹羌文化惠泽华夏》,《西华师范大学学报》(哲学社会科学版)2009年第5期。
② 参见谢兴鹏《禹生北川信有征》,《中州今古》2002年第4期。
③ 参见杨东晨《论四川大禹故里及其相关问题》,《阴山学刊》2008年第2期。
④ 参见李德书《北川、汶川、理县、茂县、什邡禹迹考辨》,《成都理工大学学报》(社会科学版)2008年第2期。
⑤ 姒元翼、姒承家:《大禹世家》,浙江古籍出版社2003年版,第4页。
⑥ 参见周正、吴天德《禹生汶川刍论》,《阿坝师范高等专科学校学报》2008年第4期。

密县一带"①。常松木《大禹故里考论》指出"河南登封的石纽比北川、汶川的石纽山更接近于'石纽'的原意",认为大禹故里应在河南登封嵩山脚下的石纽屯。②李龙《大禹故里再探讨》一文从夏文化活动范围、鲧禹父子活动区域、大禹治水区域三方面进行论述,认为大禹故里在嵩山地区。③

陕北说。此说以学者陈剩勇为代表,他在《大禹出生地考实》一文中通过考证,指出禹的父亲鲧和夏族的原居地在长江下游地区,其后鲧出嫁到西北的羌族中,与有莘女生下禹,故禹出生于有莘氏所在地,也即今陕西北部为大禹的出生地。④

山东说。李沣《大禹出生山东考》一文认为大禹出生在山东,证据有五:禹父鲧的活动范围在"四渎"或"河济"之间;禹的母亲有莘氏的地望在曹州附近;曹州有山有水,给大禹出生的传说以根据;禹母的己姓是东夷族的一支;夏的祖地杞现在曹县境内。⑤王禹时《大禹故里初考》一文认为"大禹的故里就在'淮沂其治,蒙羽其艺'之地……倾向于在今之莒县往西之东汶河一带"⑥。

青海说。持此说者认为位于青海省民和回族土族自治县官亭镇黄河岸边的喇家遗址为大禹故里。其代表人物是青海学者鲍义志,他在《喇家遗址与大禹治水》一文中认为喇家遗址就是大禹出生地,其依据有五点:一是喇家遗址和大禹治水活动时间都是4000年前;二是《史记·夏本纪》中记载大禹"导河积石"的积石峡就在喇家遗址附近约5公里处;三是《新语·术事》中记载"大禹出西羌",西羌活动的中心地区就是甘青地区;四是大夏河流域包括喇家遗址附近的黄河两岸是夏后氏成长的地方;喇家遗址出土的巨型玉刀和石磬象征至高无上的权力,当时只有大禹这样的人才拥有这样的权力。⑦此外,林有盛等《大禹故里新说》、

---

① 田继周:《先秦民族史》,四川民族出版社1986年版,第156页。
② 常松木:《大禹故里考论》,《黄河科技大学学报》2013年第3期。
③ 参见李龙《大禹故里再探讨》,《中州学刊》2016年第3期。
④ 参见陈剩勇《大禹出生地考实》,《浙江学刊》1995年第4期。
⑤ 参见李沣《大禹出生山东考》,《菏泽学院学报》2007年第6期。
⑥ 王禹时:《大禹故里初考》,《人民政协报》1999年6月8日第4版。
⑦ 参见鲍义志《喇家遗址与大禹治水》,《青海日报》2006年9月15日周末版。

岳永芳《从甘青地区史前文化寻找大禹》等文均认为大禹出生地在青海，并与喇家遗址关系密切。①

除以上几种说法，大禹出生地还有另外几种说法。如李仲立《大禹出生地辨析》一文认为大禹出生在山西汾水流域。② 张学明、赵忠二人认为古代称为大夏县（今广河县阿力麻土乡）的地方就是大禹的出生地，即大禹出生于甘肃临夏。③ 宫玉海《大禹生于东北集安》一文认为大禹出生于吉林集安。④

总体上看，在有关大禹出生地的诸多说法中，四川说为主流观点，然而在川西内部关于大禹故里之争从未停止，主要有北川说、汶川说两种说法。针对这种争论，谭继和先生曾撰文指出"'石纽'不可确指，汶（岷）山范围内，皆可为夏禹出生纪念地"。他根据文献记载，认为今石纽地望有四说，且这四地均属汉代汶山郡范围，但根据北川深厚的羌文化积淀和现存禹迹来看，认为北川羌族自治县禹里乡为宜。⑤ 笔者认为，关于大禹出生地问题，在年代邈远，文献记载阙如，且大多语焉不详的情形下，采用谭先生的说法似乎更有利于大禹文化的挖掘与传承。至于其他几种说法，虽然也有一定道理，但相对四川说较为弱势。

（二）大禹出生传说研究

关于大禹出生的传说，根据文献记载，有"禹生于石""感生说""鲧腹生禹"三种说法。围绕这些违背现代生物学常识的出生传说，有不少学者进行了解读。

"禹生于石"。此种说法一说来自"禹生石纽"的记载，即将"石纽"看作石头或石头的象征物，而不是如上文所述视作地名；另一说来自先秦两汉的文献记载，如《随巢子》载："禹产于碪石，启生于石。"⑥

---

① 参见林有盛等《大禹故里新说》，《青海民族学院学报》（社会科学版）2008 年第 1 期；岳永芳《从甘青地区史前文化寻找大禹》，《中国土族》2015 年第 4 期。

② 参见李仲立《大禹出生地辨析》，《甘肃高师学报》2003 年第 6 期。

③ 参见张学明、赵忠《大禹导河之州：临夏文明古今谈》，甘肃民族出版社 2005 年版，第 1 页。

④ 参见宫玉海《大禹生于东北集安》，《学问》2000 年第 9 期。

⑤ 参见谭继和《禹生石纽简论》，《阿坝师范高等专科学校学报》2008 年第 1 期。

⑥ （清）孙诒让撰，孙启治点校：《墨子闲诂·墨子后语下·墨家诸子钩沈·随巢子佚文》，中华书局 2001 年版，第 756 页。

再如《淮南子·修务训》中亦有"禹生于石"的记载。① 关于此条传说的解读，古史辨派学者认为石是社的代表物，禹是社神，所以才有"禹生于石"的记载。顾颉刚、童书业合著的《鲧禹的传说》一文认为"禹启父子之生都与石发生关系，真也是一件奇巧的事。这大约本是社神的传说罢"②。杨宽也认为："齐，姜姓，本羌族，齐之社稷即齐之高禖，则羌之社祭亦即羌之高禖，禹为羌之社神，则禹亦羌之高禖神也。……禹为社神兼高禖神，古皆用石，则禹生于石之说出于社神高禖神之神话明甚。"③ 还有学者认为"禹生石纽"是由"禹生于石"演化而成的。如冯汉骥认为"禹生石纽"说是"禹生于石""禹生石夷"等说法的附会，并不可信。④ 刘惠萍认为，"禹生石纽一说可能是'禹生于石'此一神话传说的变形与置换，其产生的背景则与原始初民相信石头可以生人有关"⑤。还有学者从民族学的角度解读"禹生石纽"，如张泽洪《岷江上游羌族的大禹崇拜——以禹生石纽说为中心》一文认为禹生石纽是岷江上游羌族部落的历史记忆。⑥

"感生说"。感生说缘于禹母吞薏苡而生禹的传说。《史记·夏本纪》正义引《帝王世纪》载："父鲧妻修己，见流星贯昴，梦接意感，又吞神珠薏苡，胸坼而生禹。"⑦ 不少学者多从图腾崇拜的角度解读此条传说，认为薏苡为夏族的图腾。如于省吾认为夏禹之姒姓是苡字演化而来的，并据此认为薏苡是夏图腾。⑧ 李玄伯认为："以之图腾当似莔蜗，因为他

---

① （汉）刘安编，何宁校点：《淮南子集释》卷19《修务训》，中华书局1998年版，第1336页。
② 顾颉刚、童书业：《鲧禹的传说》，载吕思勉、童书业编著《古史辨》第7册下编，上海古籍出版社1982年版，第194页。
③ 杨宽：《禹、句龙与夏后、后土》，载吕思勉、童书业编著《古史辨》第7册上编，上海古籍出版社1982年版，第360—361页。
④ 参见冯汉骥《禹生石纽辨》，《说文月刊》1944年第4卷合刊本。
⑤ 刘惠萍：《破石而生的英雄——关于"禹生石纽"神话传说的考察》，《长江大学学报》（社会科学版）2016年第11期。
⑥ 参见张泽洪《岷江上游羌族的大禹崇拜——以禹生石纽说为中心》，《黑龙江民族丛刊》2003年第4期。
⑦ （汉）司马迁撰，（南朝宋）裴骃集解，（唐）司马贞索隐，（唐）张守节正义：《史记·夏本纪》，中华书局1982年标点本，第49页。
⑧ 参见于省吾《略论图腾与宗教起源和夏商图腾》，《历史研究》1959年第11期。

系图腾，姒姓皆出自他。"① 范卫平认为薏苡是夏族遭受洪水时得以生存的主要粮食作物，后成为夏族的图腾。②

"鲧腹生禹"。此种说法见于《山海经·海内经》载："帝令祝融杀鲧于羽郊，鲧腹生禹。"晋郭注引《归藏·开筮》曰："鲧死三岁不腐，剖之以吴刀，化为黄龙（即大禹）。"③ 即大禹是从鲧的腹中取出的。有学者认为"鲧腹生禹"是"产翁制"的遗存。④ 产翁制即女子生产后，男子装扮成产妇卧床抱子，隐含的信息是对男子的生育权力及能力的强调，实质上是氏族社会由母权制向父权制过渡的产物。霍然《鲧禹启家族的崛起与母权制向父权制的过渡》、刘亦冰《大禹出生神话的历史文化内涵》、原昊《禹生神话的文献考察及文化探析》等文⑤，均认为"鲧腹生禹"传说反映了史前社会从母系氏族演进到父系氏族的重大变革。但也有学者认为不必对"鲧腹生禹"传说过分解读，如裘锡圭先生认为"鲧腹生禹"神话形态较为原始，应该是一个地方性神话，且在古史传说中始终不占重要地位，但由于鲧禹治水的传说，"鲧腹生禹"神话所反映的鲧、禹父子间的关系才逐渐被大家承认。⑥

四 大禹治水研究

大禹的成就是多方面的，在历史上影响也是多方面的。金景芳先生就说："禹的功绩主要是治水，但不光是治水。禹在治水过程中，还做了'征有苗''合诸侯''画为九州''任土作贡'等与治水有关的一系列至关重要的事情。"⑦ 大禹治水是大禹神话中的重要组成部分。诸多文献中

---

① 李玄伯：《中国古代社会新研》，上海文艺出版社1988年版，第26页。
② 参见范卫平《禹夏族的图腾祭祀歌——人类学视野中的〈诗经·苤苢〉》，《甘肃高师学报》2000年第6期。
③ （晋）郭璞传，（清）郝懿行笺疏，张鼎三、牟通点校，张鼎三通校：《山海经笺疏·海内经》，齐鲁书社2010年版，第5034页。
④ 参见程德祺《"伯禹腹鲧"与产翁习俗》，《文史知识》1986年第5期。
⑤ 参见霍然《鲧禹启家族的崛起与母权制向父权制的过渡》，《浙江社会科学》2000年第3期；刘亦冰《大禹出生神话的历史文化内涵》，《绍兴文理学院学报》（哲学社会科学版）2008年第2期；原昊《禹生神话的文献考察及文化探析》，《文艺评论》2012年第10期。
⑥ 参见裘锡圭《新出土先秦文献与古史传说》，《中国出土古文献十讲》，复旦大学出版社2004年版，第43页。
⑦ 金景芳：《中国奴隶社会史》，上海人民出版社1983年版，第14页。

都记载了禹治洪水、疏江河、通四夷、划九州的丰功伟绩。如"禹之时，十年九潦"（《庄子·秋水》），"禹之时，天下大雨，禹令民聚土积薪，择丘陵而处之"（《淮南子·齐俗》），"昔禹之湮洪水，决江河而通四夷九州也，名山三百，支川三千，小者无数。禹亲操橐耜而九杂天下之川"（《庄子·天下》）。相传尧舜时期，因气候转暖、古黄河改道苏北平原入海等原因，洪水泛滥，大地山河沦为泽国。大禹为治理水患，足迹遍及九州，勘测山形水势，疏导河流，凿通山脉，最终战胜水患，使百姓得以平土而居。大禹因治水有功，成为舜的继承者，并成为世代相传的治水英雄。

关于大禹治水的研究，学界亦有较多成果，这些成果大致可分为治水传说真实性、治水地域范围、九州划分、治水影响研究几个方面。

（一）大禹治水真实性研究

20世纪20年代，古史辨派学者认为大禹治水的说法并不可信。如顾颉刚认为大禹只是神话中的人物，"无论如何，遍治四方名山一事，在禹的时代决计不是人力所能的"①。丁文江、杨宽等人均持此说②，认为在当时的技术条件下，进行大范围的治水是不可能实现的。近年来，一些学者从考古学、地理学等角度考证出大禹治水并非信史。如陈桥驿指出大禹治水的神话很可能产生于南方，且产生的原因很可能是全新世的卷转虫海侵在越人头脑中的曲折反映。③ 徐建春《大禹治水神话研究中的新发现》一文也赞同此说，认为大禹治水传说不可能是黄河流域的产物，这一传说最初应产生于越人中。④ 陈剩勇《大禹治水传说的历史本相》一文也认为大禹治水传说不可信，并指出所谓的洪水实质上是东部沿海平原地区发生的海侵。⑤ 袁建平《司马迁的"大禹治河"论》一文认为大禹治水只是一个传说，而司马迁的《史记·河曲书》对大禹治水的史实化、神圣化起了决定作用。⑥ 侯仰军《考古发现与大禹治水真相》一文认

---

① 顾颉刚：《九州之戎与戎禹》，《禹贡》1937年第6、7合期。
② 参见丁文江《论禹治水说不可信书》，载顾颉刚编著《古史辨》第1册下编，上海古籍出版社1982年版，第208页；杨宽《禹治水传说之推测》，《民俗周刊》1933年第116、117、118期合刊。
③ 参见陈桥驿《越族的发展与流散》，《东南文化》1989年第6期。
④ 参见徐建春《大禹治水神话研究中的新发现》，《江西社会科学》1990年第4期。
⑤ 参见陈剩勇《大禹治水传说的历史本相》，《学习与思考》1995年第4期。
⑥ 参见袁建平《司马迁的"大禹治河"论》，《大自然探索》1998年第2期。

为"在当时的生产力水平下,大禹是不可能治理黄河、长江的,所谓大禹治水不过是把济、濮流域的洪涝排泄出去而已"①。

部分学者从文献记载、气候、地形等方面进行探究,认为大禹治水是真实存在的。如赵光贤认为大禹带领民众治理洪水是真实的,且大禹在其中发挥了重要的作用。②金景芳也说:"禹平水土,这件事古籍中记载最多,都是作为历史上头等大事来提出的。……东周金文'叔夷钟''秦公𣪕'等,都有关于禹的事迹的记载,不能指为都属虚构。可见孔子说'禹尽力乎沟洫'并不是没有根据的。"③后来金景芳与吕绍纲合著《〈尚书·虞夏书〉新解》时仍然认为:"大禹其人,治水其事,是有文献可征的。"④俞伟超《龙山文化与良渚文化衰变的奥秘——致"纪念发掘城子崖遗址六十周年国际学术讨论会"的贺信》一文根据我国东部地区龙山晚期如良渚和山东龙山文化的衰落与史前洪水在发生时间上存在一致性的现象,认为史前洪水确实发生过,而且极可能改变了中国古代文明发展的格局和进程。⑤余伟侬认为大禹治水是真实的,只是后世的大禹治水传说包含了许多神话成分。⑥沈长云《论禹治洪水真象兼论夏史研究诸问题》一文认为大禹治水为信史,且洪水发生于古兖州。⑦王青《大禹治水的地理背景》一文根据考古学与地质学证据论证了黄河在4000年前后曾经改道,并且根据这次河流改道与传说中的史前洪水在发生时间上的一致性,认为大禹治水的传说并非仅仅是传说。⑧

(二)大禹治水地域范围研究

关于大禹治水的地域范围,主要见于《尚书·禹贡》篇"导九河"相关内容。传统观点以《禹贡》篇记载为依据,认为大禹治水地域范围广阔,包括整个黄河流域和长江流域。如杨善群《大禹治水地域与作用

---

① 参见侯仰军《考古发现与大禹治水真相》,《古籍整理研究学刊》2008年第2期。
② 参见赵光贤《关于大禹治水的传说》,《历史教学》1955年第4期。
③ 金景芳:《中国奴隶社会的几个问题》,中华书局1962年版,第108页。
④ 金景芳、吕绍刚:《〈尚书·虞夏书〉新解》,辽宁古籍出版社1996年版,第289页。
⑤ 参见俞伟超《龙山文化与良渚文化衰变的奥秘——致"纪念发掘城子崖遗址六十周年国际学术讨论会"的贺信》,《文物天地》1992年第3期。
⑥ 参见余伟侬《"大禹治水"新说》,《韩山师专学报》1993年第2期。
⑦ 参见沈长云《论禹治洪水真象兼论夏史研究诸问题》,《学术月刊》1994年第6期。
⑧ 参见王青《大禹治水的地理背景》,《中原文物》1999年第1期。

探论》一文综合文献记载和考古材料，认为大禹治水的范围分为"古兖州；古豫州；古冀州；古荆州、扬州、徐州；古雍州、梁州"这五个区域，几乎遍及九州，因此《禹贡》所述大禹治水的地域应该是符合当时情况的。① 詹子庆认为《尚书·禹贡》记载的大禹治水平土范围最为详尽，范围也最大，大禹治水范围为"九州"，从冀州开始，先导黄河中下游，继而为黄河上游，后导淮，最后导江，包括今18个省。② 但有学者认为在当时的人力物力下，不可能进行大范围的治河，所以《禹贡》记载的治河范围并非信史。大部分学者都认同大禹治水的范围仅限于九州之一隅。如吕思勉认为《尚书·皋陶谟》载"予决九川，距四海；浚畎浍，距川"，"九者数之极，九川但言其多。四海谓中国之外，云浚畎浍距川，则但开通沟渎耳，初未有疏江导河之事也。此盖禹治水实迹"。③ 徐旭生认为："洪水发生及大禹所施工的地域，主要的是兖州。豫州的东部及徐州的一部分也可能有些小施工。……兖州当今日山东西部及河北东部的大平原，豫、徐平原当今日河南东部、山东南部及江苏、安徽的淮北部分。换言之，洪水所指主要是黄河下游及它的流域。淮水流域的一部分也可能包括在内，此外全无关系。"④ 张华松《大禹治水与夏族东迁》等文也认为大禹治水在古兖州。⑤ 马宗申《关于我国古代洪水和大禹治水的探讨》一文认为洪水发生的地域在今山西南部的汾浍流域，其依据是这一带靠近河水的地方存在不少沮洳，应是古代洪水留下的遗留，且这里是传说中的"夏墟"，正好与夏族祖先鲧、禹在此施工相吻合。⑥ 周述椿《四千年前黄河北流改道与鲧禹治水考》一文认为鲧禹治水主要是堙塞黄河南流的故道。⑦ 侯仰军认为大禹治水的活动范围不出今天的豫

---

① 参见杨善群《大禹治水地域与作用探论》，《学术月刊》2002年第10期。
② 参见詹子庆《夏史与夏代文明》，上海科学技术文献出版社2007年，第74页。
③ 吕思勉：《唐虞夏史考》，载吕思勉、童书业编著《古史辨》第7册下编，上海古籍出版社1987年版，第275页。
④ 徐旭生：《中国古史的传说时代》，文物出版社1985年版，第139页。
⑤ 参见张华松《大禹治水与夏族东迁》，《济南大学学报》（社会科学版）2009年第2期。
⑥ 参见马宗申《关于我国古代洪水和大禹治水的探讨》，《农业考古》1982年第2期。
⑦ 参见周述椿《四千年前黄河北流改道与鲧禹治水考》，《中国历史地理论丛》1994年第1期。

东、鲁西南地区。① 李亚光认为大禹治水的地点当在黄河中下游流域。② 孙国江指出大禹治水的范围是由黄河上中游向南方的长江流域扩展的。而有关于大禹治水传说则是在漫长的历史进程中，与各地的文化相结合，带有地域性特征，并不断产生新的变体。③ 何沛东《"大禹治水"传说的发生地域新考——以"汝海"为中心的分析》一文认为大禹治水传说发生的地域应该在豫西以嵩山为中心的伊、洛、颍河、汝河流域。④ 李健胜根据夏族活动轨迹，认为大禹治水的范围在晋南、豫西、关中及古济、河之间。⑤ 王纯五《大禹治水的地域、〈禹贡〉江沱及成都古城址》一文认为相关文献记载了大禹在四川治水的史实，因此大禹治水之地应在四川。⑥ 肖先进、邱文登《鲧、禹神话与三星堆遗址》一文认为大禹治水范围可能包括古蜀的一些区域，且大禹治水一事对古蜀文化影响深远。⑦

（三）大禹划分九州研究

《尚书·禹贡》篇载大禹在治水后，以山脉和河流为界限，将当时的区域划分为冀、兖、青、徐、扬、荆、豫、梁、雍九州。《山海经·海内经》载："帝乃命禹，卒布土以定九州。"司马迁在《史记·夏本纪》中亦载禹"开九州，通九道。"《左传·襄公四年》载："芒芒禹迹，划为九州，经启九道。"但九州是否为大禹所划、是否为夏代行政区划，学界尚存争议。顾颉刚根据《禹贡》中提到的地名大多是战国时代才出现的，认为《禹贡》成书于战国，由此认为《禹贡》所载禹划九州应是附会之说。⑧ 在《九州之戎与戎禹》一文中，顾氏又指出："九州即今河南之西部及陕西之中部，由戎居之九州，演化而天下之代称之九州，更演化为

---

① 参见侯仰军《考古发现与大禹治水真相》，《古籍整理研究学刊》2008年第2期。
② 参见李亚光《对大禹治水的再认识》，《社会科学辑刊》2008年第4期。
③ 参见孙国江《大禹治水传说的历史地域化演变》，《天中学刊》2012年第4期。
④ 参见何沛东《"大禹治水"传说的发生地域新考——以"汝海"为中心的分析》，硕士学位论文，浙江大学，2013年。
⑤ 参见李健胜《"大禹出于西羌"辨》，《中原文化研究》2014年第3期。
⑥ 参见王纯五《大禹治水的地域、〈禹贡〉江沱及成都古城址》，《四川文物》1999年第1期。
⑦ 参见肖先进、邱文登《鲧、禹神话与三星堆遗址》，《中华文化论坛》2005年第2期。
⑧ 参见顾颉刚《〈禹贡〉注释》，《中国古代地理名著选读》第1辑，学苑出版社2005年版，第2—4页。

帝尧之十二州。"① 郭沫若认为中国上古时代的疆域只在黄河的中部，故《禹贡》所记绝不是夏禹时代的疆域，"九州"之制也不可能在夏代出现。②

金景芳依据《尚书》《虞人之箴》《左传》《国语》等材料，认为："可以证明禹划九州这个基本事实，是可信的。禹把当时所了解到的全部土地划为九州，即区分为四正、四隅，加上中央为九块。这在我国古代历史上是一件意义极其重大的事情，它标志着人们的社会实践活动的范围已扩大到足以突破以血缘团体为基础的部落界限，向着更高的阶段发展的程度。"③ 邵望平《〈禹贡〉"九州"的考古学研究》利用大量考古学资料，指出《禹贡》九州的疆域与公元前 3000 年前后长江、黄河流域各区考古学文化的分野颇为一致，故据此认为"九州"并不是战国时的假设，而是黄河、长江流域公元前第 3000 年间已自然形成的人文地理区系。④ 陈剩勇《"九州"新解》一文通过对上古领土意识和疆域观念的分析，认为"禹序九州"实有其事，体现了夏人对于"天下"秩序的认识。⑤ 曲英杰《禹画九州考》一文对《禹贡》九州的具体位置进行详细考证，认为禹划九州当以水为界，各州之分是长期发展自然形成的。⑥

（四）大禹治水影响研究

大禹治水传说中体现出来的思想观念和文化内涵是中国传统文化的重要组成部分。学者们从水利文化发展、中国文明起源、国家组织形成等多个角度对大禹治水的影响进行了解读。

在《史记·河渠书》中，司马迁将大禹治水视作上古治水的典范。后世则多将大禹看作我国治水第一人，因此有学者从我国水利事业起源的角度解读大禹治水。如近代著名学者冀朝鼎在《中国历史上的基本经济区与水利事业的发展》一书中指出："中国水利工程的起源问题，自古

---

① 顾颉刚：《九州之戎与戎禹》，《禹贡》1937 年第 6、7 合期。
② 参见郭沫若《中国古代社会研究》，人民出版社 1964 年版，第 78 页。
③ 金景芳：《中国奴隶社会史》，上海人民出版社 1983 年版，第 17 页。
④ 参见邵望平《〈禹贡〉"九州"的考古学研究》，载苏秉琦主编《考古学文化论集》（二），文物出版社 1989 年版，第 16 页。
⑤ 参见陈剩勇《"九州"新解》，《东南文化》1995 年第 4 期。
⑥ 参见曲英杰《禹画九州考》，《九州》第 3 辑，商务印书馆 2003 年版，第 14—33 页。

以来就是同大禹的历史虚构故事以及同古代中国井田制的非完全虚构故事联系在一起的。……在核对了少数现存的确凿证据之后，就会给我们建立起一个关于中国公共水利工程起源的一般观念。"①

李文芳《水利文化的历史发展与演变》一文认为中国水利文化发展的源头可追溯至大禹治水的传说。② 赵逵夫《从〈天问〉看共工、鲧、禹治水及其对中华文明的贡献》一文认为"禹是在总结、吸收了他们（共工和鲧）经验的基础上，以疏导为主，采用防堵、疏导、钟聚相结合的办法，在治理黄河中下游及部分支流的巨大工程中，创造了辉煌的业绩"③。彭邦本《上古蜀地水利史迹探论》一文以大禹治水为源头梳理了上古蜀地水利的史迹脉络，指出大禹治水体现了"道法自然"的深邃文化理念。④

除从水利事业起源角度研究外，还有学者研究大禹治水对国家形成所起的作用。如徐校雄《大禹治水对社会发展的影响》一文认为大禹治水史迹对当时部落间的融合，对社会经济的发展，对国家的产生及世袭制度的形成起到了巨大的作用。⑤ 王晖《尧舜大洪水与中国早期国家的起源——兼论从"满天星斗"到黄河中游文明中心的转变》一文认为夏王朝早期国家政治制度及社会组织形态就是在禹率领民众治水的过程中逐步建立起来的。⑥ 范毓周《中原文化在中国文明形成进程中的地位与作用》一文指出："龙山时代晚期发生的洪水侵袭及'大禹治水'的历史事件，不仅解决了当时面临的水灾问题，而且加速了各部族间的联盟与融合，强化了中原集团的领导地位。"⑦ 李岩《大禹治水与中国国家起源》

---

① 冀朝鼎：《中国历史上的基本经济区与水利事业的发展》，朱诗鳌译，商务印书馆2017年版，第48页。
② 参见李文芳《水利文化的历史发展与演变》，《水利发展研究》2005年第7期。
③ 参见赵逵夫《从〈天问〉看共工、鲧、禹治水及其对中华文明的贡献》，《社会科学战线》2001年第1期。
④ 参见彭邦本《上古蜀地水利史迹探论》，《四川大学学报》（哲学社会科学版）2007年第6期。
⑤ 参见徐校雄《大禹治水对社会发展的影响》，《云梦学刊》1997年第1期。
⑥ 参见王晖《尧舜大洪水与中国早期国家的起源——兼论从"满天星斗"到黄河中游文明中心的转变》，《陕西师范大学学报》（哲学社会科学版）2005年第3期。
⑦ 参见范毓周《中原文化在中国文明形成进程中的地位与作用》，《郑州大学学报》（哲学社会科学版）2006年第2期。

一文认为大禹在治水过程中按地域划分国民,完善法律等,这些措施使社会的组织管理能力得以增强,促进了我国社会形态由原始氏族社会向国家形态的转变。① 王星光《大禹治水与早期农业发展略论》一文从环境史的角度重新审视大禹治水活动,认为大禹治水对早期农业发展具有重要意义,并指出治水活动对国家的产生和文明进步也具有重大影响。②

最后,部分学者还从大禹治水的精神内涵角度进行了解读,如李伯星《大禹治水的文化意义》、李亚光《大禹治水是中华文明史的曙光》、贾兵强《大禹治水精神及其现实意义》等文认为大禹治水是我国文化传统的源头,对后世产生了深远影响。③ 李可可等人的《大禹治水的文化探寻》认为大禹在治水过程中所体现出来的道德标准与思想、精神内涵,经过历代的传承与发展,已融入中华民族的文化生命中,成为中华民族优秀传统的重要组成部分。④ 汤夺先、张莉曼《"大禹治水"文化内涵的人类学解析》一文认为大禹治水神话传说所体现出来的大禹治水精神是中华民族不同于其他民族的核心要义所在,是中华民族不断发扬光大的重要因缘。⑤

五 大禹征伐研究

关于大禹征伐研究的资料多集中于只言片语的先秦文献中,较为稀少、含混,因此大禹征伐相关问题存在诸多疑点,其研究亦是大禹研究的重要组成部分。关于大禹征伐的研究,其内容主要集中于大禹"征三苗""诛防风氏""伐有扈"等方面。

(一)大禹征三苗

三苗是传说中黄帝至尧舜禹时代的部族。关于三苗的活动区域,文

---

① 参见李岩《大禹治水与中国国家起源》,《学术论坛》2011 年第 10 期。
② 参见王星光《大禹治水与早期农业发展略论》,《中原文化研究》2014 年第 2 期。
③ 参见李伯星《大禹治水的文化意义》,《治淮》1990 年第 1 期;李亚光《大禹治水是中华文明史的曙光》,《史学集刊》2003 年第 3 期;贾兵强《大禹治水精神及其现实意义》,《华北水利水电学院学报》(社会科学版)2011 年第 4 期。
④ 参见李可可、范颖、刘刚《大禹治水的文化探寻》,《中国农村水利水电》2004 年第 6 期。
⑤ 参见汤夺先、张莉曼《"大禹治水"文化内涵的人类学解析》,《中南民族大学学报》(人文社会科学版)2011 年第 3 期。

献记载不一。如《战国策·魏策》载:"昔者三苗之居,左彭蠡之波,右有洞庭之水,文山在其南,而衡山在其北。"① 《史记·五帝本纪》载:"三苗在江淮、荆州数为乱。"② 学术界对于三苗的族属和具体区域也有不同说法,或说为南方的苗蛮集团,或说为江汉民族,或说为中原民族等。如赵世贤《古代汉苗二族关系史辨误》一文将三苗划属于江汉民族。③ 童书业认为:"虞夏与三苗有涉,则三苗似为中原民族或中原西部之部族,旧以为即今苗族,恐非。"④ 俞伟超在《先楚与三苗文化的考古学推测——为中国考古学会第二次年会而作》一文中认为"把洞庭、鄱阳之间,北抵伏牛山麓,南至江西修水一带的以屈家岭文化为中心的三大阶段的原始文化,推测为三苗遗存,应当是合理的"⑤。朱俊明《论汉晋以前武陵民族成份及来源》一文指出"三苗不是一个统一的民族,而是古荆州地区若干部族联盟的总称"⑥。高至喜、熊传新《楚人在湖南的活动遗迹概述——兼论有关楚文化的几个问题》一文认为:三苗"很可能是在江汉流域土生土长发展起来的一个民族","是江汉间古老文化的开拓者"。⑦

根据史书记载,尧舜禹三代对三苗皆有征伐,直到禹征伐三苗后,三苗才被完全征服。如"舜伐有苗"(《荀子·议兵》),"蠢兹有苗,用天之罚,若予既率尔群对诸群以征有苗"(《墨子·兼爱下》引《尚书·禹誓》)关于禹征三苗,学界有不同解读。如金景芳说:"在中国氏族社会时期,华夏族和苗族属于两个不同的族系……大约到禹征有苗时,两族间的战争才以华夏族的胜利和苗族的失败而告终。……禹征有苗的直接原因,与治水有关。……苗自恃强大,带头采取不合作态度,迫使禹

---

① 缪文远:《战国策新校注》,巴蜀书社1987年版。
② (汉)司马迁撰,(南朝宋)裴骃集解,(唐)司马贞索隐,(唐)张守节正义:《史记·五帝本纪》,中华书局1982年标点本,第28页。
③ 参见赵世贤《古代汉苗二族关系史辨误》,《历史研究》1989年第5期。
④ 童书业:《春秋左传研究》,上海人民出版社1980版,第19—20页。
⑤ 俞伟超:《先楚与三苗文化的考古学推测——为中国考古学会第二次年会而作》,《文物》1980年第10期。
⑥ 朱俊明:《论汉晋以前武陵民族成份及来源》,《贵州民族研究》1982年第2期。
⑦ 高至喜、熊传新:《楚人在湖南的活动遗迹概述——兼论有关楚文化的几个问题》,《文物》1980年第10期。

不得不诉诸武力。……征有苗是为了治水。"① 吕思勉认为三苗系炎帝之后，尧、舜均与三苗发生过战争，也即黄帝部族与炎帝部族之间的战争。② 傅斯年认为禹征三苗之后，中国的大格局由"三国鼎立"变为"东西争雄"。③ 徐祖祥《三苗、荆蛮与瑶族来源问题》一文认为三苗被打败后，"一部分相率迁入华夏王朝难以控制的深山中，开始了独特的社会适应与文化调整；一部分'有苗氏来朝'，臣服于华夏集团；还有一部分逐渐变易其俗，融合到华夏族中去了"，因此禹伐三苗的战争影响深远。④ 郭伟川《古"三苗"新考——兼论"三苗"与南方诸族及楚国之关系》一文认为三苗在南方势力极大，其兴衰与我国上古时期南北统一战争的进程有关。⑤ 田春峰《中国古史传说时代"征三苗"问题新探》一文认为："华夏族与苗蛮部族长期对峙，直到最后随着中原华夏族团进入文明时期而强盛，才最终将苗蛮部族纳入了华夏族团统治的轨道。这一漫长的过程，正是我们中华民族长期融合的反映，为我们统一多民族国家形成早期的历史写照。"⑥

（二）大禹诛防风氏

大禹诛防风氏，是夏朝前期的重大历史事件。对大禹杀防风一事，《史记》引孔子之语曰："昔禹致群神于会稽之山，防风氏后至，禹杀而戮之。"⑦ 韩非子亦说："禹朝诸侯之君会稽之上，防风之君后至而禹斩之。"（《韩非子·饰邪》）学者们围绕大禹诛防风氏一事，进行了不同角度的解读。如杨向奎《夏本纪及越王勾践世家地理考实》一文认为夏族部分人曾南迁到浙江，以致本来在山东会稽的随之而南迁浙江，大禹杀

---

① 金景芳：《中国奴隶社会史》，上海人民出版社1983年版，第14—15页。
② 参见吕思勉《中国民族史》，岳麓书社2010年版，第174—178页。
③ 参见傅斯年《夷夏东西说》，《"中央研究院"历史语言所集刊》外编第一种《庆祝蔡元培先生六十五岁论文集》1933年，下册，第1093—1134页。
④ 徐祖祥：《三苗、荆蛮与瑶族来源问题》，《贵州民族研究》2001年第1期。
⑤ 参见郭伟川《古"三苗"新考——兼论"三苗"与南方诸族及楚国之关系》，《汕头大学学报》（人文社会科学版）2007年第2期。
⑥ 田春峰：《中国古史传说时代"征三苗"问题新探》，硕士学位论文，陕西师范大学，2008年。
⑦ （汉）司马迁撰，（南朝宋）裴骃集解，（唐）司马贞索隐，（唐）张守节正义：《史记·孔子世家》，中华书局1982年标点本，第1913页。

防风氏的故事也随之南下,这不仅是一种神话传说,而是有意义的历史事实。① 董楚平《防风氏神话的新发现》一文根据文献记载和浙江德清等地民间流传的防风氏传说,对防风氏的姓氏来源、活动区域、禹杀防风的具体区域、防风氏迁徙路线等进行了考辨,认为"禹杀防风"的会稽山原在山东泰山附近,商周时期,防风氏逐渐从山东迁到江南。② 刘城淮《防风与夏禹》一文通过考察防风与夏禹的关系,认为防风的形象经历了很大变化:"防风本为南方越族最伟大的神,之后随着南人、北人的交融,防风与北方华夏集团的治水大神联系在一起了,越族及苗夷基于推崇自己的英雄人物的心情,让防风与禹合作,充当着治水的主角;华夏集团及其苗夷则基于其与越族争斗并凌驾于越族的背景,让防风从属于禹,因有过失而为禹所杀。"③ 夏星南《试说防风氏国与良渚文化的关系》一文对古防风氏国与良渚文化的关系等问题进行了探索,认为良渚文化是防风氏国遗留下来的历史遗迹。④ 钟伟今《从防风氏神话看夏朝前期的一段历史》一文认为大禹诛防风反映了历史上夏族部分南迁与东夷部分南迁互相斗争与互相融合的过程是十分激烈曲折的。⑤ 周书灿《大禹与防风氏传说的发生与分化》一文对大禹与防风氏传说的流播进行了探讨,认为防风氏族群战败南迁太湖流域湖州一带和夏族支裔陆续进入今宁绍平原地区,从而将来自中原地区的大禹传说一并带进今浙江境内,构成源远流长的越文化的历史源头。⑥

(三)大禹伐有扈

有扈氏为虞夏时期的著名方国,关于其姓氏族属,或以为是夏人的同族,或以为是姒姓和嬴姓的结合,或以为是祝融的后代等。有扈氏事迹多见于《尚书·甘誓》及其注疏中。《尚书·甘誓》记载了夏后氏在甘

---

① 参见杨向奎《夏本纪及越王勾践世家地理考实》,《禹贡》1935年第1期。
② 参见董楚平《防风氏神话的新发现》,《浙江社会科学》1993年第1期。
③ 刘城淮:《防风与夏禹》,《湖南教育学院学报》1994年第6期。
④ 参见夏星南《试说防风氏国与良渚文化的关系》,西安半坡博物馆编《史前研究》,三秦出版社2000年版,第558—566页。
⑤ 参见钟伟今《从防风氏神话看夏朝前期的一段历史》,《湖州师范学院学报》2006年第5期。
⑥ 参见周书灿《大禹与防风氏传说的发生与分化》,《绍兴文理学院学报》(哲学社会科学版)2008年第3期。

地伐有扈的传说,但关于何人伐有扈氏,则未明言。文献中有"禹伐有扈"和"启伐有扈"两种说法。《墨子·明鬼下》《庄子·人间世》《说苑·春秋》等文献都记载是禹伐有扈。《书序》《史记·夏本纪》《白虎通》则记载是启伐有扈。近代学者对此也有不同观点。如陈梦家在《尚书通论》一书中主张禹伐有扈,他指出《墨子》所据之本较早,"伐扈者为启,似先秦不如此"①,主张当为禹伐。顾颉刚、刘起釪赞同启伐有扈说,"我们从禹的历史传说还较纷歧而开始建立夏王朝者实际是启这一点来看,倾向于《史记》这一说法"②。

金景芳、吕绍刚《〈甘誓〉浅说》一文也认为应是启伐有扈,其理由是"自《甘誓》本文看来,作誓者口气严厉,态度决绝,誓与有扈氏作殊死战,显然只有杀益夺权,用世袭制取代禅让制,因而找到有扈氏激烈反对的启才能如此"③。冯庆余《"甘之战"简析》则认为禹和启相继与有扈氏发生过争夺王权的战争,经过反复较量,夏后氏最终获得了胜利,成为最高统治者。④

关于交战之地甘在何地,旧说多认为在今陕西户县境内。顾颉刚、刘起釪认为:"'有扈'即东夷部落的'九扈',其地当在今郑州北原阳一带,扈与夏人作战的地方'甘',当在今洛阳西南。"⑤郑杰祥于《夏史初探》中对甘地的考证甚为详细,他认为甘地应在今郑州以西的古荥甘之泽和甘水沿岸。⑥

关于禹伐有扈的研究还有其他角度。如李民《〈尚书·甘誓〉所反映的夏初社会——从〈甘誓〉看夏与有扈的关系》一文结合文献资料和考古发现,对夏与有扈的关系进行了分析,指出:"有扈氏在夏的西边,两者的战争在夏初非常频仍……有扈氏不可能是黄河以北的扈地……它在夏初应是一个发展水平较高、力量较强大的部落联盟。"⑦王琳《夏代有

---

① 陈梦家:《尚书通论》,商务印书馆1957版,第186页。
② 顾颉刚、刘起釪:《尚书校释译论》,中华书局2005年版,第865页。
③ 金景芳、吕绍刚:《〈甘誓〉浅说》,《社会科学战线》1993年第2期。
④ 参见冯庆余《"甘之战"简析》,《社会科学辑刊》1983年第2期。
⑤ 顾颉刚、刘起釪:《尚书校释译论》,中华书局2005年版,第868页。
⑥ 参见郑杰祥《夏史初探》,中州古籍出版社1988年版,第110—115页。
⑦ 李民:《〈尚书·甘誓〉所反映的夏初社会——从〈甘誓〉看夏与有扈的关系》,《河南文博通讯》1979年第4期。

扈氏历史地理问题考辨》一文对有扈氏的族属、活动区域、战败后迁徙路线进行了考证。① 肖华忠等《有扈氏地望变迁考辨》一文则对有扈氏在甘之战前后地望的变迁进行了整体分析。②

六 大禹的其他研究

大禹传说内容丰富，除上文相关内容外，还有禹娶涂山氏、禹会诸侯、禹定都、禹铸九鼎等，学者们对这些问题亦有关注与研究。此外，近年来，不少学者开始从文化学、民族学、人类学等角度研究大禹传说，并涌现出一批有价值的成果，这些成果极大地丰富了大禹传说的研究。

（一）大禹娶涂山女与大禹会诸侯研究

大禹娶涂山氏传说，在文献中记载颇多。如《尚书·益稷》载："予创若时，娶于涂山，辛壬癸甲，启呱呱而泣。予弗子，惟荒度土功。"关于涂山的具体地望，由于现存文献均未明确记载，因此学界存在诸多争议，大致有浙江绍兴说、安徽怀远说、安徽当涂说、重庆江北说、河南嵩县说五种说法。如闻一多《天问疏证》、顾颉刚《古代巴蜀与中原的关系及其批判》中均认为涂山即三涂山，在今河南嵩县。③ 梁刚《涂山再考》一文认为涂山氏为居于淮河流域的东夷人，禹娶涂山氏是为取得东夷对其治水的支持，涂山地望当为今安徽怀远涂山。④ 熊笃《禹娶涂山氏地址考》认为涂山地望当属江州涂山。⑤ 彭邦本《禹娶涂山新探》一文结合文献和考古资料，指出涂山氏地望应为"今安徽怀远县涂山一带为中心的淮水流域上古巢居族群徐夷"⑥。宁业高《"禹娶涂山"在巢湖甄

---

① 参见王琳《夏代有扈氏历史地理问题考辨》，《陕西师范大学学报》（哲学社会科学版）2015年第1期。
② 参见肖华忠、陈晨、祝进《有扈氏地望变迁考辨》，《江西师范大学学报》（哲学社会科学版）2016年第6期。
③ 参见闻一多《天问疏证》，生活·读书·新知三联书店1980年版，第48页；顾颉刚《论巴蜀与中原的关系》，四川人民出版社1981年版，第47页。
④ 参见梁刚《涂山再考》，《唐都学刊》2001年第S1期。
⑤ 参见熊笃《禹娶涂山氏地址考》，《重庆大学学报》（社会科学版）2002年第5期。
⑥ 参见彭邦本《禹娶涂山新探》，《西南民族大学学报》（人文社科版）2004年第5期。

辨》认为"禹娶涂山"的发生地在安徽巢湖。①

文献中还有大禹于涂山会诸侯的记载。《左传·哀公七年》载："禹合诸侯于涂山，执玉帛者万国。"部分学者认为禹会诸侯的涂山和禹娶于涂山是同一个地方，如李学功、张广志《涂山考源》一文认为两处"涂山"当属一处，即杜预所谓的"在寿春东北"。②还有学者认为禹娶于涂山与禹会诸侯之涂山并非一地。如陈立柱认为禹合诸侯于涂山，在故陆浑县南，略可当《山海经·中山经》之堵山，《水经·伊水注》之孤山，在二里头夏文化区的中心地带；禹娶之涂山氏，本为蜀山氏，在汝颍上游至南阳一带，以独（蜀）山为宗山，考古文化上属二里头文化的南部地区。③黄中模《大禹"娶于涂山"考》一文经过考证，指出大禹娶于江州（现为重庆）涂山，会诸侯于安徽当涂或会稽。④王吉怀认为禹会诸侯之涂山应当在蚌埠。⑤

（二）大禹铸九鼎研究

禹铸九鼎是否为信史，学界至今存在争议。顾颉刚等人认为禹铸九鼎来自神话，并不可信。⑥马衡《中国之铜器时代》一文则认为禹铸九鼎说"言之凿凿，不类向壁虚造之辞"⑦。随着考古学的发展，尤其是二里头遗址发现的青铜器，证明夏代甚至夏代以前，已经出现了冶铜铸造业，这为禹铸九鼎的传说提供了一定的依据。如李先登《禹铸九鼎辨析》一文通过考古发现和文献记载，认为夏代初期完全可以制造青铜鼎，夏禹铸造青铜鼎应当是可能的和必要的。⑧还有学者对禹铸九鼎的意义进行了

---

① 参见宁业高《"禹娶涂山"在巢湖甄辨》，《合肥学院学报》（社会科学版）2015年第6期。

② 参见李学功、张广志《涂山考源》，《青海师范大学学报》（哲学社会科学版）2001年第3期。

③ 参见陈立柱《禹娶之涂山与禹合诸侯之涂山非是一地》，《合肥学院学报》（社会科学版）2005年第3期。

④ 参见黄中模《大禹"娶于涂山"考》，《重庆社会科学》2000年第3期。

⑤ 参见王吉怀《"大禹治水"之"禹会诸侯考"》，《蚌埠学院学报》2012年第1期。

⑥ 参见顾颉刚《与钱玄同先生论古史书》，顾颉刚编著《古史辨》第1册中编，上海古籍出版社1982年版，第63页。

⑦ 马衡：《中国之铜器时代》，载顾颉刚编著《古史辨》第2册上编，上海古籍出版社1982年版，第32页。

⑧ 参见李先登《禹铸九鼎辨析》，《中国历史博物馆馆刊》1992年第18—19期。

解读。如李小光《大禹"铸鼎象物"考》一文认为"大禹'铸鼎象物'的做法,实现了对各种信仰对象的集中,这种集中使中国古代具备了国家的因素,大禹也因此而成天下共主"①。

(三) 大禹都城研究

关于大禹都城所在地问题,学者们或主阳城说,或主安邑说。但近年来随着登封王城岗遗址的发掘,禹都登封阳城说在学界支持众多。如安金槐《试论登封王城岗龙山文化城址与夏代阳城》一文认为王城岗龙山文化中晚期城址可能就是夏代阳城遗址。② 裴明相《试论王城岗城堡和平粮台古城》一文也主登封阳城说。③ 李伯谦《登封王城岗考古发现与研究(2002—2005)·序》一文认为"根据地望、年代、等级、与二里头文化关系以及'禹都阳城'等有关文献记载的综合研究,王城岗龙山文化晚期大城应即'禹都阳城'之阳城"④。杨宝成《登封王城岗与"禹都阳城"》一文则对登封阳城说提出了质疑,认为夏代的阳城未必在登封。⑤ 京浦《禹居阳城与王城岗遗址》一文认为王城岗遗址应为禹避居之地。⑥ 除登封阳城说之外,还有其他说法。如沈长云《禹都阳城即濮阳说》认为禹都阳城应在濮阳,"因濮阳连续发现龙山时代的古城,所以说禹都阳城在濮阳是符合实际的"⑦。李宗俊认为禹都阳城应在今陕西韩城。⑧

(四) 大禹传说的文化学研究

关于大禹传说的文化学研究,学界亦有不少成果。如有学者从文化传播、传承的角度解读大禹传说,李得贤《夏禹传说与大夏地理》一文认为大禹传说在很大程度上受到羌戎文化的影响。⑨ 马小龙《从"鲧、禹

---

① 参见李小光《大禹"铸鼎象物"考》,《江西社会科学》2004年第9期。
② 参见安金槐《试论登封王城岗龙山文化城址与夏代阳城》,载中国考古学会编辑《中国考古学第四次年会论文集》,文物出版社1985年版,第1页。
③ 参见裴明相《试论王城岗城堡和平粮台古城》,《华夏考古》1996年第2期。
④ 参见李伯谦《登封王城岗考古发现与研究(2002—2005)·序》,《中国文物报》2007年8月29日第4版。
⑤ 参见杨宝成《登封王城岗与"禹都阳城"》,《文物》1984年第2期。
⑥ 参见京浦《禹居阳城与王城岗遗址》,《文物》1984年第2期。
⑦ 沈长云:《禹都阳城即濮阳说》,《中国史研究》1997年第2期。
⑧ 参见李宗俊《秦汉夏阳为禹都阳城论》,《陕西师范大学学报》(哲学社会科学版)2015年第1期。
⑨ 参见李得贤《夏禹传说与大夏地理》,《中国历史地理论丛》1993年第4期。

治水"看儒家思想中礼乐精神的形成》一文认为儒家礼乐精神的形成在一定程度上受到鲧、禹治水的启发。① 张得祖《鲧禹治水传说与先夏文化东渐新探》一文认为鲧禹治水的传说来自昆仑神话。大禹治水群体自黄河上游向东推进，促使先夏文化东渐至黄河中下游的伊、洛地区。② 周书灿《文化播迁与山东境内大禹传说探析》一文认为今山东境内有关大禹的诸多传说和遗迹是夷夏文化交流的结果。③ 还有学者探讨大禹传说对后世文学作品的影响，如欧阳健《〈有夏志传〉与〈山海经〉之双向探考》一文认为《有夏志传》中有关大禹治水的内容取材于《山海经》，这也反向证明了《山海经》是据大禹治水的原始材料编纂成书的。④ 此外，还有学者对大禹祭祀的文化内涵进行解读，如陈志勤《非物质文化遗产的创造与民族国家认同——以"大禹祭典"为例》一文大禹祭祀在当下地方经济文化建设、非物质文化遗产保护的背景下得到发展，并成为构建地方文化、民间文化和中华文化的重要组成部分。⑤ 孙远太《大禹祭典与大禹文化的传播》一文认为大禹祭祀活动唤起了社会对大禹精神的认同，是推动大禹文化传播的重要载体。⑥

七　关于大禹研究的几点看法

综观近百年以来大禹研究状况，主要呈现出三个特点。一是大禹资料的搜集、整理成果丰硕。不少学者做了这方面的工作，如 1945 年，时任汶川县县长祝世德编著《大禹志》⑦ 4 卷，之后在 20 世纪八九十年代又先后出版了翻印本和校注本。钟利戡、王清贵等人从古代经、史、子、

---

① 参见马小龙《从"鲧、禹治水"看儒家思想中礼乐精神的形成》，《西北民族大学学报》（哲学社会科学版）2004 年第 6 期。
② 参见张得祖《鲧禹治水传说与先夏文化东渐新探》，《青海师范大学学报》（哲学社会科学版）2007 年第 3 期。
③ 参见周书灿《文化播迁与山东境内大禹传说探析》，《河北师范大学学报》（哲学社会科学版）2008 年第 1 期。
④ 参见欧阳健《〈有夏志传〉与〈山海经〉之双向探考》，《中国人民大学学报》1988 年第 6 期。
⑤ 参见陈志勤《非物质文化遗产的创造与民族国家认同——以"大禹祭典"为例》，《文化遗产》2010 年第 2 期。
⑥ 参见孙远太《大禹祭典与大禹文化的传播》，《前沿》2010 年第 9 期。
⑦ 参见祝世德编著，罗晓林校注《大禹志》，巴蜀书社 2012 年版。

集的130多种文献中辑录出有关大禹的史料10万字，编成《大禹史料汇集》①一书。除以上两书外，朱芳圃《中国古代神话与史实》②部分章节对古代典籍中有关大禹传说的资料进行了整理，并进行了一些考证。袁珂、周明合编的《中国神话资料萃编》③、日本学者中岛敏夫编著的《三皇五帝夏禹先秦资料集成》④两书也辑录了不少有关大禹传说的资料。这些文献整理成果为大禹及夏文化研究提供了翔实的基础材料，有利于大禹研究的深入。

二是大禹研究方法多样，研究角度多元。自20世纪80年代以来，大禹研究逐渐跨越单一学科界限，考古学、历史学、民族学、人类学等多学科理论逐渐被引入，许多新观点被提出，极大地拓展了大禹的研究空间。尤其是随着考古事业的不断发展，为学界研究大禹提供了许多新资料。如安徽蚌埠禹会村遗址的发掘、登封王城岗遗址的发掘，还有一些重要文献和材料如"遂公盨铭文"、上博楚简《子羔》《容城氏》等为进一步厘清大禹传说的发展脉络提供了依据。再如一些学者从民族学的角度对大禹传说和早期华夏民族的起源、发展等进行分析。此外，还有不少学者运用文化人类学理论去探讨大禹传说与上古社会生活之间的关系。这些多学科、多角度的研究成果，为人们正确认识大禹和上古历史提供了巨大帮助。

三是大禹研究不同观点并存，学术交锋激烈。学者们根据不同理论，从不同视角，引用不同材料对大禹进行研究，得出了诸多不同的结论。比如关于大禹出生地、大禹治水范围等问题，学者们多持不同的见解，学术交锋甚为激烈。一方面，这些新颖独特的研究视角和研究结论为大禹研究注入了活力，有利于大禹研究的进一步推进。另一方面，我们也应看到大禹研究成果虽然丰富，但也存在一些问题。由于传说久远，文献记载多语焉不详，学者们或根据一书，或对其他文献视而不见，或对文献记载缺乏翔实考证，或对考古文化随意牵合，因此得到的结果之间

---

① 参见钟利戡、王清贵辑编《大禹史料汇集》，巴蜀书社1991年版。
② 参见朱芳圃遗著，王珍整理《中国古代神话与史实》，中州书画社1982年版。
③ 参见袁珂、周明编《中国神话资料萃编》，四川省社会科学院出版社1985年版。
④ 参见［日］中岛敏夫编《三皇五帝夏禹先秦资料集成》，东京：汲古书院2001年版。

存在抵牾，对同一则材料的解释亦不尽相同。这也导致大禹研究成果虽多，但还有很大的研究空间，值得运用科学的研究方法做深入研究。

有鉴于此，笔者认为未来大禹研究可从三个方面着手。一是注重考古材料的发掘和研究。考古遗址的发掘和新材料的出土可以弥补文献记载的不足，帮助学者重新认识和理解许多上古神话传说问题。在大禹研究中，学界已利用考古资料取得诸多成果，但仍有很大的研究空间。在今后的研究中，学者们应继续重视考古材料的利用，以及考古学新方法、新理论的运用，以期在大禹研究中取得突破性进展。

二是注重不同研究方法的综合运用。历代流传下来的大禹史料包含诸多方面，内容极为繁杂，应跨越单一学科的界限，综合运用历史学、考古学、民族学、人类学等多学科交叉的研究方法，对大禹文化进行多角度探讨，以期呈现大禹文化的立体面貌。

三是注重对于大禹整体上的研究。已有研究多是从某一方面探讨大禹，整体性、贯通性的研究较少。因此在以后的大禹研究中，学者可将不同时期、不同题材的文献进行全面梳理，综合研究大禹及其对中华文化的深远影响。

20世纪以来李冰研究综论

——兼论李冰治水与道法自然

李　钊　彭邦本[*]

人类社会发展至今，面临着尽快走出资源枯竭与环境破坏、降低自然灾害，以及探寻可持续发展新路径等诸多亟待求解的问题。虽然人类在认识和处理人与自然相互关系上取得了重大理论创新和技术突破，并且有力地推动了社会的发展，但依然遭受着各种自然灾害的频繁侵扰。其中，洪灾、旱灾等自然灾害因其发生的不确定性和周期性，以及区域性和广泛性，对人类社会的健康发展更具威胁。如何降低此类自然灾害的发生概率或受灾程度，将其变害为利，更好地服务于人类社会的发展，是任何国家和地区在推进社会发展进程中都不能，也不可能规避的问题。中华民族的优良传统之一就是不仅注重借鉴和运用历史经验，而且善于探寻人与自然的和谐相处之道。

在世界文明的发展进程中，人类的水利活动始终扮演着极其重要的角色，在很大程度上体现了人类对自然的理解和利用。放眼全球，在众多的水利工程中，战国时期李冰主持修建的都江堰消除水患的能力举世无双，整个水利工程由鱼嘴分水堤、飞沙堰溢洪道、宝瓶口引水口三大主体工程和百丈堤、人字堤等附属工程构成。它科学地解决了江水自动

---

[*] 作者简介：李钊，山东泰安人，西华大学人文学院副教授，硕士研究生导师，主要研究方向：巴蜀文化、隋唐史；彭邦本，四川乐山人，四川大学历史文化学院教授，博士研究生导师，中国先秦史研究学会副会长、李冰研究学会会长，主要研究方向：先秦史、巴蜀文化。

分流、自动排沙、控制进水量等问题。它的创建,以不破坏自然资源,充分利用自然资源为人类服务为前提,变害为利,使人、地、水三者高度协调统一。早在东汉就因其"水旱从人,旱涝不知饥馑",使成都平原荣膺"天府之国"的桂冠。① 唐代寓居成都的杜甫曾作《石犀行》:"君不见秦时蜀太守,刻石立作三犀牛……蜀人矜夸一千载,泛溢不近张仪楼。"② 说明了自都江堰建成以来近千年间,成都平原很少有水旱灾害的发生。2000年联合国教科文组织第24届世界遗产委员会将都江堰列入世界文化遗产。这座唯一以水利为主题的世界文化遗产以它悠久的历史、独有的科学文化价值将被人类永久地保留和尊重,所蕴含的"道法自然""天人合一"的深邃文化理念,是对今人"可持续发展"理论最好的诠释③,堪称"千古一堰""活的水利博物馆"。

由此看来,都江堰水利工程无疑可以为解决当前社会发展所面临的上述亟待求解的问题提供可靠的历史借鉴。领导设计、主持创建这一举世闻名水利工程的李冰,不仅是华夏文明的杰出创造者,而且也是人类智慧的优秀贡献者。因此,考察李冰治水史迹与都江堰所蕴含的"道法自然""天人合一"的深邃文化理念,在此基础上回顾与梳理20世纪以来李冰研究成果及存在问题,并由此提出未来的研究思考,无疑具有重要的学术价值和现实意义。

一 李冰治水与"道法自然"的史籍所载与考古印证

李冰治水史迹,无论现存传世文献还是出土文物,都清晰地说明了这一史实。参稽史料,李冰治水史迹最早见于《史记》,该书卷29《河渠书》载:

> 于蜀,蜀守冰凿离堆,辟沫水之害,穿二江成都之中。此渠皆可行舟,有余则用溉浸,百姓飨其利。至于所过,往往引其水益用

---

① 参见王双怀《"天府之国"的演变》,《中国经济史研究》,2009年第1期;彭邦本《天府之国的起源和形成——兼论先秦秦汉时期成都的崛起》,《先锋》2017年第12期。

② (唐)杜甫:《石犀行》,载(清)彭定求等编《全唐诗》卷219,中华书局1960年版,第2303页。

③ 参见谭徐明《都江堰史》,中国水利水电出版社2009年版,第3页。

溉田畴之渠，以万亿计，然莫足数也。①

其后，《汉书》卷29《沟洫志》载：

> 于蜀，则蜀守李冰凿离堆，避沫水之害，穿二江成都中。此渠皆可行舟，有余则用溉，百姓飨其利。至于它，往往引其水，用溉田，沟渠甚多，然莫足数也。②

成书晚于《汉书》五十余年的《政论》曰：

> 蜀守李冰，凿离堆，通二江，益部至今赖之。③

清人严可均辑《全后汉文》引应劭《风俗通义·佚文》"新秦"条云：

> 秦昭王听田贵之议，遣李冰为蜀郡太守，开成都两江，溉田万顷，无复水旱之灾，岁大丰熟。④

将上述汉代诸书合观，可以发现，《史记》记载李冰治水史迹仅出现在《河渠书》，而非人物传记中，并且仅有"蜀守冰，凿离堆，辟沫水之害，穿二江成都之中"等寥寥数语，缺乏"蜀守冰"的籍贯、家庭、人生履历、守蜀时间及其"凿离堆"的具体地点、"穿二江"的具体名称和过程等基本史实的记载。对都江堰水利工程的历史作用也仅用"溉田万亿"予以高度概括，并未言及具体的灌溉区域。《汉书》所载李冰治水史迹基本上遵从《史记》，只是增加了两处：一是将"蜀守冰"记为"蜀守李

---

① （汉）司马迁撰，（南朝宋）裴骃集解，（唐）司马贞索隐，（唐）张守节正义：《史记·河渠书》，中华书局1982年标点本，第1407页。

② （汉）班固撰，（唐）颜师古注：《汉书·沟洫志》，中华书局1962年标点本，第1677页。

③ 冯广宏主编：《都江堰文献集成·历史文献卷·先秦至清代》，巴蜀书社2007年版，第11页。

④ （清）严可均辑：《全后汉文》，商务印书馆1999年版，第338页。

冰",明确了"蜀守冰"的姓氏,这大概是受到了扬雄《蜀王本纪》①所记"江水为害,蜀守李冰作石犀五枚……以厌水精"②,以及当时民间传说的影响;另一处是将《史记》中的"溉田畴之渠"记为"沟渠甚多",应根据两汉对都江堰水利工程增修及其所产生的社会效果进行的补记。《政论》在遵从《汉书》所记"蜀守李冰"的基础上,用"益部至今赖之"寥寥数语,记录了都江堰水利工程对成都平原农业发展和社会稳定的重要作用。《风俗通义》则首次将李冰担任蜀守的时间记为秦昭王时期;同时用"溉田万顷,无复水旱之灾,岁大丰熟"赞誉李冰治水的历史功绩。相形之下,对李冰治水史迹记述最为全面的当属东晋蜀人常璩的《华阳国志·蜀志》,为了完整地了解这一史实,兹摘录如下:

> 周灭后,秦孝文王以李冰为蜀守。冰能知天文地理,谓汶山为天彭门;乃至湔氐县,见两山对如阙,因号天彭阙。仿佛若见神,遂从水上立祀三所,祭用三牲,珪璧沈濆。汉兴,数使使者祭之。

> 冰乃壅江作堋,穿郫江、检江,别支流双过郡下,以行舟船。岷山多梓、柏、大竹,颓随水流,坐致材木,功省用饶;又溉灌三郡,开稻田。于是蜀沃野千里,号为"陆海"。旱则引水浸润,雨则杜塞水门,故记曰:"水旱从人,不知饥馑,时无荒年,天下谓之'天府'也。"外作石犀五头以厌水精;穿石犀溪于江南,命曰犀牛里。后转置犀牛二头:一在府市市桥门,今所谓石牛门是也;一在渊中。乃自湔堰上分穿羊摩江,灌江西。于玉女房下(自涉)[白沙]邮作三石人,立三水中。与江神要:水竭不至足,盛不没肩。

> 时青衣有沫水,出蒙山下,伏行地中,会江南安,触山胁溷崖,水脉漂疾,破害舟船,历代患之。冰发卒凿平溷崖,通正水道。或

---

① 注:《蜀王本纪》原本亡佚,目前所存散见于后人所辑的文献中,其中,宋人李昉撰修的《太平御览》、明人郑朴搜求诸书辑集而成的《蜀王本纪》辑本,两书所载甚详。关于其作者,传统观点认为是扬雄所撰;另一说为三国时谯周 [详见徐中舒《论〈蜀王本纪〉成书年代及其作者》,《社会科学研究》1979 年第 1 期;罗开玉《"鳖灵决玉山"纵横论——兼析〈蜀王本纪〉的写作背景》,《四川师范学院学报》(哲学社会科学版)1984 年第 1 期] 等,本文姑从传统观点,即认为《蜀王本纪》为扬雄所作。

② (清)严可均辑:《全后汉文》,商务印书馆 1999 年版,第 737 页。

> 曰：冰凿崖时，水神怒，冰乃操刀入水中与神斗，迄今蒙福。
>
> 僰道有故蜀王兵兰，亦有神作大滩江中。其崖崭峻不可凿，乃积薪烧之，故其处悬崖有赤白五色。
>
> 冰又通（笮通汶井江）〔笮道文井江〕，径临邛，与蒙溪分水白木江会武阳天社山下，合江。又导洛通山洛水，或出瀑口，经什邡，〔与〕郫别江会新都大渡。又有绵水，出紫岩山，经绵竹入洛，东流过资中，会〔江〕江阳。皆溉灌稻田，膏润稼穑。是以蜀川人称郫、繁曰膏腴，绵、洛为浸沃也。又识（齐）〔察〕水脉，穿广都盐井、诸陂池，蜀于是盛有养生之饶焉。①

可见，《华阳国志》对李冰自身素养、担任蜀守的时间、具体治水史迹与民间传说、历史功绩等方面进行了全面的记述。此后历代文献无论是官修正史、编撰地方史志还是私人撰述，所载李冰治水史迹尽管在依从以上汉晋诸书的基础上，相应地融入了编撰者所处时代关于都江堰水利工程的见闻和自我理解，但几乎都将"秉笔直书""传承李冰治水之法""褒扬李冰治水功绩"作为撰修的宗旨所在。

再看出土文物，1974年3月，灌县（今都江堰市，下文同）人民按照都江堰的岁修惯例，在疏浚渠首外江河道泥沙与加固河堤的过程中，先后发现了四尊石像，其中一尊整体高度2.90米，身高1.90米，肩宽0.96米，体型健壮，头梳冠带，身穿长衣，腰间束带，两手放在胸前，衣袖宽大下垂，面部肌肉丰满，略有胡须，微带笑容，神态自然，两袖和衣襟上，刻有隶书题记三行。字内充填朱色，尽管大部分已剥落，但字迹尚可清晰辨识，题刻如下：

> 故蜀郡李府君，讳冰。建宁元年闰月戊申朔廿五日，都水掾尹龙、长陈壹造三神石人，珍水万世焉。②

---

① （晋）常璩撰，刘琳校注：《华阳国志新校注》卷3《蜀志》，四川大学出版社2015年版，第111—116页。

② 四川省灌县文教局：《都江堰出土东汉李冰石像》，《文物》1974年第7期。

经考古人员确认，该尊石像为东汉时期李冰石像，石像上所刻"建宁元年"为东汉汉灵帝在位第一年。"都水掾"，有学者考证是汉代主管地方水利建设的官员。① 可见，汉代不仅高度认可李冰蜀地治水史迹，而且对其治水之法亦有继承和发展。2013年在天府广场东北侧工地上出土一尊躯长3米、重约8吨的石兽，考古初步认定其所属年代为东汉之前。虽然学界至今对其"身份"和作用尚存争议，但亦有学者考证认为该石兽即《蜀王本纪》《华阳国志》等史籍所载"李冰作石犀五枚……以厌水精"中的一枚。② 诚如所考，则史籍所载"李冰作石犀以厌水精"的史实就得到了考古学上的印证。

由于囿于资料的匮乏，目前学界关于李冰治水史迹尚有诸多问题未能达成共识，例如李冰的生平与籍贯、守蜀时间、创建都江堰水利工程的时间及地点、李二郎是否为李冰之子、都江堰水利工程的具体内涵与历史作用等。通过现存传世文献记载和出土文物的相互印证，我们认为李冰蜀地治水史迹基本可以概括为：（1）李冰既然"知天文地理"，那么他应该接受过较高素养的教育或者受到类似教育环境的影响；（2）李冰是接替张若担任蜀守的。此时蜀地行政制度已从郡国并置转化为专设郡守；（3）李冰治水不仅善于观察成都平原的自然地理环境，遵循自然规律，而且还擅长利用当时蜀地的社会文化理念发动和团结广大人民群众参与治水行动，并由此制订了科学合理的规划设计方案；（4）李冰治水涵盖岷江、沱江及其支流，即涵盖整个成都平原的水利工程；（5）李冰治水的核心目的是消除成都平原时常发生的水患，发展成都平原的农业经济，并打通蜀地与外界的水路交通网络，从而贯彻执行秦政府将蜀地视为其谋求全国统一的战略基地这一既定政策。都江堰水利工程"道法自然"的设计理念体现在：（1）依据成都平原从西北都江堰市向东南金堂、成都、新津以平均4%的坡度逐渐递减的扇形冲积平原，有利于开展自流灌溉的自然地理特点；（2）依据岷江、沱江及其支流的水势及汛期运行规律，设计飞沙堰以消除水患，设计人字形分水堤以灌溉农田与发展交通；（3）笼石筑堰，杩槎截流，方法简单，效益巨大；（4）建筑材

---

① 参见唐光沛《关于"李冰"石像的几个问题》，《四川文物》1984年第1期。
② 参见冯广宏《成都新出石犀略考》，《文史杂志》2013年第3期。

料就地取材，既符合经济效益，又合乎生态共养循环利用的科学原则；（5）经久耐用，泽被后世；（6）不破坏自然资源，充分利用自然资源为人类服务，变害为利，使人、地、水三者高度协调统一。

从这个意义上讲，李冰治水是一个系统工程，都江堰水利工程应该是一个宽泛的概念，从地域上讲，不仅仅单指都江堰，而应当涵盖岷江、沱江及其支流的水利工程，即李冰在整个成都平原领导、主持修建的所有水利工程；从历史发展上看，都江堰水利工程又是一个动态发展的水利工程体系，除了指李冰领导、主持修建的都江堰之外，亦应当包括后世历代此基础上，修缮、扩建与新建的水利工程；从历史功绩上看，李冰治水不仅仅表现在推动了当时蜀地农业经济和内外交通的高度发展，更表现在对后世蜀地治水的影响和社会的发展及由此而折射出的处理人与自然相互关系的普世价值上。可以说，李冰不仅是华夏文明的杰出创造者，而且也是人类智慧的优秀贡献者。李冰"道法自然"的治水理念为世界治理洪灾和旱灾提供了典范的历史智慧。①

二 李冰研究的主要内容述评

综合分析20世纪以来学界关于李冰的研究成果，从内容上看，大体可以分为六类。

（一）关于李冰籍贯、生平与家庭的研究

早期传世文献中李冰的记载首见于西汉司马迁《史记·河渠书》，但仅称其为"蜀守冰"②，有名无姓。至东汉，班固《汉书》方始有"李冰"这一完整姓名，但籍贯、家庭信息仍然全无，其生平业绩亦与《史

---

① 泞：2019年11月笔者在什邡·李冰学术研讨会提出这一观点之后，得到了学界同仁的普遍认同。四川省文物考古研究院赵殿增研究员也认为，李冰治理的什邡朱李火堰与都江堰治水原理一脉相承，应纳入世界文化遗产都江堰的范畴之内。人民日报客户端、中国新闻网、中国网、中国经济网、《成都商报》、四川在线、四川新闻网、封面新闻、江西新闻网等多家媒体对这些观点予以了详细报道。参见《李冰还在什邡修了个"小都江堰"》，人民网，http://sc.people.com.cn/BIG5/n2/2019/1125/c379471-33571571.html；《什邡有座李冰修建的"小都江堰"，专家：能否纳入世界文化遗产》，四川新闻网，http://local.newssc.org/system/20191124/002804364_2.htm等。

② （汉）司马迁撰，（南朝宋）裴骃集解，（唐）司马贞索隐，（唐）张守节正义：《史记·河渠书》，中华书局1982年标点本，第132页。

记·河渠书》一样,仅有"凿离堆,辟沫水之害,穿二江成都中"①等文字寥寥的简略介绍,这就给李冰籍贯、生平研究造成了极大困难。

关于李冰的籍贯,迄今学界基本存在蜀人或蜀地羌人说、山西解州郊斜人说、蜀王杜宇一脉相承说,以及不详说四种观点。② 第一种观点发轫于20世纪50年代末,蒙文通先生认为《华阳国志》所载"汶山为天彭阙,号曰天彭门,云亡者悉过其中"是原始宗教巫师的说法,并由此判定李冰是蜀族之人③;任乃强先生进一步将这一观点明确化,认为李冰是"蜀族阳平地区生长的人,他的治水才能,只能从蜀族柏灌氏和开明氏世代积累经验的基础上,再加以改造发展而取得"④;其后,郭发明通过对汉人扬雄《蜀王本纪》所载"李冰以秦时为蜀守,谓汶山为天彭阙","江水为害,蜀守李冰作石犀五枚"两条史料的解读,并结合蒙、任二位先贤的考证,提出了李冰是蜀地羌人的观点。⑤ 但冯广宏先生从时间背景、李冰的观念,以及因果关系三个方面对这两条史料提出了质疑,认为李冰是"依靠军功步步提升的秦人"⑥。第二种观点提出的主要依据是20世纪90年代中期《李氏家谱》的发现。王大奇在对该家谱解读的基础上,结合金代泰和戊辰年(1208)在河东李冰家庙(今山西运城解州镇郊斜村)发现的金石碑文记载,认为李冰是山西运城解州人⑦;张耕亦表达了类似的看法⑧;张长星通过对李氏族源的追溯,也认为李冰故里当在山西。⑨ 第三种观点主要以马百非、罗荣泉为代表。马氏沿袭清代陈怀仁《川主三神合传》李冰为蜀主鱼凫裔孙之说,在《秦集史》中称

---

① (汉)班固撰,(唐)颜师古注:《汉书·沟洫志》,中华书局1962年标点本,第1677页。

② 按:冯广宏等学者认为李冰的出身存在"蜀人说"和"山西人说"两种观点,参见冯广宏等《都江堰创建史》,巴蜀书社2014年版,第106—110页。本文综合学界研究成果,认为存在四种观点。

③ 参见蒙文通《巴蜀史的问题》,《巴蜀古史论述》,四川人民出版社1981年版,第3—49页。

④ 任乃强:《四川上古史新探》,四川人民出版社1986年版,第102页。

⑤ 参见郭发明《李冰是蜀地羌人》,《文史杂志》1989年第2期。

⑥ 冯广宏:《李冰蜀地羌人说质疑》,《文史杂志》1992年第3期。

⑦ 参见王大奇等《"水利始祖"——李冰是山西解州郊斜人》,《沧桑》2001年第3期。

⑧ 参见张耕主编《廉史鉴》,中国检察出版社2014年版,第24页。

⑨ 参见张长星《李冰故里在山西》,《四川水利》2001年第4期。

"李冰者,亦不详其地望。或云:冰姓杜宇,号浮丘,蜀主鱼凫裔孙"①;罗氏则推论李冰与杜宇是一脉相承的,因造福巴蜀人民而被川黔两地奉为"川主"②。第四种观点认为李冰的籍贯、生卒年不详。傅振伦、家有才、李树清、阮荣春等学者均认为李冰的籍贯及生卒年缺乏可靠的史料记载,且现有的考古发现不足以支撑李冰的具体生年和详细籍贯。③

关于李冰家庭的研究主要集中在对其"有子"与"无子"的争论"旋涡"之中。在"李冰有子"论中,冯沅君的观点颇具代表性:"士大夫们相信李冰是个人,古代水利专家。田妇野老们相信他是个神,至少是个超人,能伏龙斩蛟。士大夫们不相信李冰斩蛟,却又无法抛撇民间传说的勇气,因将这件奇异的事实,归到他儿子身上。"④冯氏支持李冰有子,但未言及李冰之子的名讳。李静波、袁珂等学者认为李冰之子,即民间传说中的李二郎。李氏认为李冰担任蜀守之后,与其儿子李二郎齐心协力修建了都江堰水利工程⑤;袁氏则根据《风俗通》李冰智斗江神的记载,认为后人或许感觉李冰"装饰其女""沈江"的做法未免过于冒险,于是假设李冰的儿子二郎假扮美女,就婚于江神,然后父子同心协力和江神相斗,最终制服了江神。⑥李耀先、祁少华等学者则支持"李冰无子"说。李氏经过考证认为,李冰之子李二郎是宋人附会之说⑦;祁氏结合文献记载,认为二郎神的原型当是蚕丛,而李冰的原型则是开明⑧。但从现存传世文献所载来看,《史记》仅载"蜀守冰"⑨,未提及李冰有子;清人严可均《全后汉文》所辑东汉应劭《风俗通义·佚文》转录李

---

① 马百非:《秦集史》,中华书局1982年版,第309页。
② 罗荣泉:《李冰的神化与蜀王杜宇的冤案》,《贵州文史丛刊》1986年第1期。
③ 参见傅振伦《蜀守李冰治水事迹考略》,《说文月刊》1943年第9期;家有才《李冰父子和都江堰》,《山西水利》1994年第3期,李树清《中国历代风云人物大观·先秦风云人物大观》,北京燕山出版社2009年版,第472页;阮荣春、罗二虎《古代巴蜀文化探秘》,辽宁美术出版社2014年版,第112页。
④ 冯沅君:《元剧中二郎斩蛟的故事》,《说文月刊》1943年第9期。
⑤ 参见李静波《李冰父子和都江堰》,《中国水利》1962年第21期。
⑥ 参见袁珂主编《古神话选释》,人民文学出版社1979年版,第502页。
⑦ 参见李耀先《二郎神考》,《四川师范学院学报》(哲学社会科学版)1998年第1期。
⑧ 参见祁少华《二郎神是李冰之子?》,《北京科技报》2004年8月10日第A12版。
⑨ (汉)司马迁撰,(南朝宋)裴骃集解,(唐)司马贞索隐,(唐)张守节正义:《史记·河渠书》,中华书局1982年标点本,第132页。

冰自述"吾自有女"①，未载其有子；同时，出土考古资料亦未发现关于李冰"有子"的确切证据。

综合来看，上述观点都有一定的合理性，但大多是在现有资料的基础上进行推论。应该说，现有的文献记载和考古发现尚未形成完整的证据链，还不足以支撑李冰籍贯、生平与家庭状况的复原工作。因此，上述问题尚需可靠的文献资料和新的考古发现并结合民间传说予以详细考证。

（二）关于李冰入蜀、守蜀时间考证

李冰入蜀、守蜀的具体时间一直是学界讨论的热点问题，迄今无定论。造成这种学术困惑的原因主要有两点。第一，现存传世文献所载不一。最早记载李冰任蜀守史迹的《史记·河渠书》云，"蜀守冰凿离堆，辟沫水之害，穿二江成都之中"②，但缺载李冰守蜀的具体时间。成书晚于《史记》的其他文献留给世人"二说"。一说出自东汉应劭《风俗通义·佚文》："秦昭王听田贵之议，遣李冰为蜀郡太守"③；其后，北魏郦道元《水经·江水注》沿用了这一观点："秦昭王使李冰为蜀守。"④ 另一说以《华阳国志》所载为据，该书卷3《蜀志》记为"秦孝文王以李冰为蜀守"⑤。第二，目前考古资料亦未发现李冰担任蜀守的确切证据。因此，学界关于李冰守蜀的时间，就相应地形成了秦昭襄王时和秦孝文王时两种说法。杨宽《战国史》⑥、林剑鸣《秦史稿》⑦、罗开玉《四川通史》卷2《秦汉三国》⑧、翦伯赞《中国史纲要》⑨等均持"昭襄王说"。由于此四种著作分别为学界较有影响力的断代史、国别史、地方史之专

---

① （清）严可均：《全后汉文》，商务印书馆1999年版，第338页。
② （汉）司马迁撰，（南朝宋）裴骃集解，（唐）司马贞索隐，（唐）张守节正义：《史记·河渠书》，中华书局1982年标点本，第132页。
③ （清）严可均：《全后汉文》，商务印书馆1999年版，第338页。
④ （北魏）郦道元原注，陈桥驿注释：《水经注》，浙江古籍出版社2001年版，第517页。
⑤ （晋）常璩撰，刘琳校注：《华阳国志新校注》卷3《蜀志》，四川大学出版社2015年版，第111页。
⑥ 参见杨宽《战国史》，上海人民出版社1955年版，第18页。
⑦ 参见林剑鸣《秦史稿》，上海人民出版社1981年版，第279页。
⑧ 参见罗开玉《四川通史》卷2《秦汉三国》，四川人民出版社2010年版，第18—25页。
⑨ 参见翦伯赞《中国史纲要》，人民出版社1983年版，第73页。

著，以及通行之教材，而使此说成为学界普遍的看法。杨向奎经过对《史记》《华阳国志》等诸书的考证，认为李冰入蜀的时间当在秦昭王三十年之后①；赵世遑指出，李冰是在秦昭王晚年，即公元前256年至前251年担任蜀守，并在此期间修建了都江堰及其附属水利工程。② 赵氏这一观点得到沈起炜③、王云度④、张习孔⑤、姚汉源⑥等多位学者的赞许和采纳。杨继忠认为"蜀守冰是春秋时蜀国国君鳖灵"，司马迁将"蜀王鳖灵"写成"蜀守冰"的原因主要是因为司马迁不懂蜀语，在都江堰采访时将"鳖灵"误记作"冰"；东汉应劭受封建大一统思想的影响，而将"鳖灵"记为"秦蜀守"⑦；徐中舒以考古资料为据，认为都江堰水利工程浩大，而秦孝文王在位仅一年，一年内不可能完成这一工程，秦昭襄王三十年（前277）之后，秦代对蜀地的控制渐趋平稳，李冰在这一时期修建都江堰是完全可能的⑧；冯广宏结合文献记载和考古资料，推论李冰在公元前273年或稍后秦昭王时任蜀守⑨；徐亮工根据20世纪70年代出土的云梦秦简《大事记》的相关记载，推测李冰是在秦孝文王时担任蜀守的⑩。

由此可见，目前学界对于李冰守蜀和修建都江堰的具体时间尚有分歧。但有一点必须指出，都江堰的兴建，既涉及水文气象、地质结构、建筑材料和生态环境等基本物质技术层面，又受当时社会生产力发展水平、政治、经济、人口等社会环境资源的支撑与制约，是一项极其复杂的建筑工程。可以想象，受限于两千多年以前的社会生产力发展水平和科学认识，如果没有一位善于继承、熟谙水脉、乐于奉献、德才兼备的

---

① 参见杨向奎《中国古代的水利家——李冰》，《文史哲》1961年第3期。
② 参见赵世遑《李冰守蜀的年代问题——校正〈华阳国志〉误字所造成的混乱》，《文汇报》1962年4月27日A3版。
③ 参见沈起炜编著《中国历史大事年表》，上海辞书出版社1983年版，第73页。
④ 参见王云度编著《秦史编年》，陕西人民出版社1986年版，第104页。
⑤ 参见张习孔、田钰主编《中国历史大事编年》第1卷，北京出版社1986年版，第385页。
⑥ 参见姚汉源《中国水利史纲要》，水利电力出版社1987年版，第35页。
⑦ 杨继忠：《李冰是秦蜀守吗？》，《社会科学研究》1983年第1期。
⑧ 参见徐中舒《古代都江堰情况探原》，《四川文物》1984年第1期。
⑨ 参见冯广宏《李冰任蜀守年代新考——兼考李冰生年》，《天府新论》1985年第3期。
⑩ 参见徐亮工《李冰入蜀年代考》，《社会科学研究》2001年第1期。

地方行政长官主持发动人民群众，在短时期内是很难完成的。因此，借助文献记载和现有的考古资料，可以初步认定，都江堰及其附属水利工程是李冰在贯彻秦政府统辖蜀地的政治意图的前提下，继承大禹、开明氏等先辈成功治水经验的基础上，根据蜀地特有的地理构造、充分利用川西平原的砂石、木材、竹子等建筑材料，积极发动人民群众修建而成的；同时，在完全依靠人工"火燎水激"近乎原始的劳动方式下，这一过程至少需要十至二十年的时间才能完成。由此看来，李冰守蜀的时间应该不会短于十五年。

另外一个需要讨论的问题是关于李冰离任蜀守的时间及原因。参稽文献，史亦无明文。冯广宏曾以1979年内蒙古准格尔旗纳林公社出土的秦戈所刻铭文"二年，上郡守冰造"推测，李冰在始皇二年（前245）已调离蜀守之位。① 但据黄盛璋所考，以年代相接的三年上郡戈其守亦名冰，而始皇三年、四年，上郡无守，故由相邦吕不韦监造。上郡冰监造的二年、三年戈不应是始皇在位时期。纳林公社出土的秦戈铭文所刻"二年"当为秦昭王时，即公元前305年，而此时张若出任蜀守，故冯氏之说未安。② 至于李冰离任原因，甘章成认为李冰任蜀守后期，年迈体衰，在带领群众"导洛""治绵"的工程中，因积劳成疾，劳累过度，死于什邡的水利工地上③，但遗憾的是，此说未能进一步深入论证。因此，关于李冰入蜀和离蜀的时间、原因依然是学界未来需要深入思考的问题。

（三）关于李冰与都江堰水利工程的研究

在历代盛称的"李冰治水"系列活动中，李冰与都江堰水利工程的关系无疑是最主要的核心问题，因此，学界关于李冰与都江堰的研究成果也最为丰硕。傅振伦综合《史记》《汉书》等文献的记载，对李冰治水的史迹，以及历代对李冰治水之法的继承与演变状况予以考证。④ 谢忠梁认为李冰是在继承蜀地羌氏等少数民族治水经验的基础上创建了都江堰

---

① 参见冯广宏《李冰任蜀守年代新考——兼考李冰生年》，《天府新论》1985年第3期。
② 参见黄盛璋《新出秦兵器铭刻新探》，《文博》1988年第6期。
③ 参见甘章成《李冰的不朽功绩》，《水利天地》1996年第3期。
④ 参见傅振伦《蜀守李冰治水事迹考略》，《说文月刊》1943年第9期。

水利工程。① 许肇鼎结合文献记载和蜀地的自然地理环境指出，《史记》所载李冰凿离堆的所在地在灌县而不是雅安或者乐山。② 张勋燎以考古资料和都江堰水利工程的科学原理为据，提出了另外一个重要的观点："李冰当年所凿的离堆，不是长期以来人们所说的今灌县城南的宝瓶口离堆，而是距现在都江堰鱼嘴尚有相当距离的另外一个小山堆。现在宝瓶口的形成，是公元十世纪以后的事，和李冰凿离堆并无直接的联系。"③ 刘琳综合诸书记载，认为李冰所凿离堆当是乐山凌云山大佛崖。④ 喻权威考证认为，都江堰水利工程体系之中的宝瓶口和沱江是李冰之前蜀地人民开凿的。⑤ 喻氏观点一经提出，即刻引起学界的争议。王纯五、金永堂等学者认为鳖灵凿宝瓶口、李冰修都江堰应是符合史实的。⑥ 田尚等学者认为《史记》《水经注》等文献关于李冰创建都江堰及其附属水利工程的记载是完全正确的。⑦ 徐中舒从蜀地的自然地理和人文环境角度指出："都江堰工，创始蜀人，他们就地取材，创造竹络笼口，筑堤坝，分水势，灌田畴，种水稻。李冰守蜀后，依其成法，守其规模，使川西平原成为沃野……这是四川古代劳动人民的伟大发明，是科学地适应物质条件的精心创造。"⑧ 郭声波认为李冰做大堰、凿离堆，引江水入郫江，主要目的是恢复和发展当时的成都航运。⑨ 周九香认为目前尚无可靠的史料记载李冰修建都江堰的确切年代，但把公元前256年定为兴修的时间上限是比较恰当的。⑩ 彭邦本结合文献记载和考古发现，认为都江堰分为渠首工程和

---

① 参见谢忠梁《关于都江堰历史的两个问题》，《四川大学学报》（哲学社会科学版）1975年第3期。

② 参见许肇鼎《漫谈四川的离堆——兼谈〈史记〉所载李冰凿离堆的所在地》，《四川大学学报》（哲学社会科学版）1977年第3期。

③ 张勋燎：《李冰凿离堆的位置和宝瓶口形成的年代新探》，《中国史研究》1982年第4期。

④ 刘琳：《离堆辨》，《四川大学学报》（哲学社会科学版）1984年第1期。

⑤ 参见喻权威《宝瓶口和沱江是李冰之前开凿的》，《历史研究》1978年第1期。

⑥ 参见王纯五等《都江堰确为李冰所建——与喻权威同志商榷》，《社会科学研究》1982年第6期；金永堂：《鳖灵凿宝瓶口 李冰修都江堰》，《社会科学研究》1982年第6期。

⑦ 参见田尚等《关于兴建都江堰的几个历史问题》，《史学月刊》1982年第5期。

⑧ 徐中舒：《古代都江堰情况探原》，《四川文物》1984年第1期。

⑨ 参见郭声波《都江堰水利工程技术的历史演进》，《中国历史地理论丛》1992年第4期。

⑩ 参见周九香《试论都江堰修建和李冰崇拜》，《中国史研究》1994年第1期。

广布于川西平原的航运灌溉系统两大部分，是由李冰继承大禹以来蜀地水利优秀传统，并融合中原先进治水经验的集大成之杰作①等。

综合来看，学界尽管对李冰修建都江堰的附属水利工程，以及离堆开凿的具体地点甚至时间尚存歧见，但对于李冰主持修建都江堰水利工程主要包括修建都江堰渠首主体工程，尤其是凿离堆和穿二江航运、溉田等方面还是基本达成了共识。需要特别指出的是，都江堰是人类充分利用自然地质结构、遵循水文原理，并在不断形成的中国特有的传统文化理念指导下修建和逐渐完善的科学体系。从这一角度分析，尚有诸多问题需要学界进一步深入讨论，例如李冰是如何利用当时先民的智慧修建都江堰这一举世无双的水利工程的？李冰是如何发动人民群众修建都江堰的？除了贯彻秦政府对蜀地的政治策略之外，还有哪些因素促使李冰修建了都江堰？都江堰水利工程在历史发展的进程中，历代王朝是如何贯彻、发展和丰富李冰治水理念的？都江堰水利工程的修建与岁修制度的逐步完善，对蜀地社会发展乃至整个中国的社会发展起到了怎样的作用？如果从民族文化走向世界的角度分析，都江堰水利工程是人类与自然和谐相处的典范创举，它与同时期及现代世界其他国家的水利工程设施相比，体现出了怎样的先进性和科学性？它在世界水利发展史上占有怎样的地位？它是如何将水利科技与道法自然、天人合一的人文理念、精神深度融为一体的？它的工程模式、文化理念对人类社会可持续发展有何典范和借鉴意义？这些都是李冰和都江堰研究需要继续深入研究的问题。

(四) 关于李冰历史贡献的研究

学界关于李冰历史贡献的研究基本上围绕李冰的治水功绩及都江堰的科学价值展开。20世纪40年代马兆骧对李冰的历史贡献首次做了全面总结：李冰修建都江堰创造了笼石筑堤法与杩槎节制流量法，留给世人治水六字诀，从而"利济蜀人"②；张幼山认为李冰是我国古代最为卓越

---

① 参见彭邦本《从大禹到李冰：上古水利理念初探——以古蜀治水史迹及其影响为中心》，《纪念都江堰建堰2260周年国际学术论坛论文选编》，中国水利水电出版社2005年版，第146—152页；《上古蜀地水利史迹探论》，《四川大学学报》（哲学社会科学版）2007年第6期。

② 参见马兆骧《李冰治水之伟绩》，《说文月刊》1943年第9期。

的治水专家①；甘章成指出：李冰的历史功绩主要表现在大力兴修水利、开拓水陆交通，以及创建盐井诸陂池工程，造福蜀中大地等方面②；冯广宏对都江堰水利工程创建前后蜀地农业生产在全国的地位进行了比较，从而凸显其贡献和意义③；李映发考察了都江堰水利技术在我国历史上的传播与当今的治水价值④；邹礼洪探讨了李冰修建都江堰所体现的生态环境保护意识与行为⑤；秦泰脊认为秦政府选派李冰担任蜀守修建的都江堰是支撑秦国完成统一的三大水利脊梁之一⑥；邓正龙等学者认为李冰修建的都江堰所折射出的科学精神和科学技术是中华民族最光辉的文明成就，位居所有世界文化遗产之首⑦；谭继和认为李冰创建都江堰为蜀文明作出了奠基性的历史贡献⑧等。

由此可见，目前学界对李冰的历史贡献主要侧重于都江堰水利工程的修建与蜀地农业经济的繁荣之间的关系。相形之下，对于李冰与中华文明的演进、李冰修建都江堰所折射出的哲学思想，以及都江堰科学原理在世界文明体系构建中的历史地位尚缺乏深入的考察和论证。目前，世界正走向多元一体化，任何国家和地区都不可能脱离这一趋势而独立存在。党的十九大报告指出，中国文明走向世界，让世界人民重新解读、认识中国文明，是我国文化建设的一个重要方向。其中，最重要的一点就是让世界人民认识中华文明对世界文明发展所作出的历史贡献。因此，李冰作为中华民族文化走向世界的最佳文化符号载体，尚有诸多问题需要思考，例如，李冰及其兴建的都江堰代表的水文化与中华文明、世界文明演进之间存在怎样的关系？如何让世人更为广泛地了解李冰治水所

---

① 参见张幼山《李冰——卓越的古代治水专家》，《水利天地》1987 年第 4 期。
② 参见甘章成《李冰的不朽功绩》，《水利天地》1996 年第 3 期。
③ 参见冯广宏《李冰创建都江堰的历史启示》，《文史杂志》2000 年第 4 期。
④ 参见李映发《都江堰科学技术的传播与发展》，《四川水利》2005 年第 6 期。
⑤ 参见邹礼洪《从石刻碑铭看都江堰历史上的生态环境保护》，《中国农史》2008 年第 4 期。
⑥ 参见秦泰脊《支撑秦国兴盛的水利脊梁》，《决策与信息》2011 年第 5 期。
⑦ 参见邓正龙等《中华民族最辉煌的文明成就——都江堰水利工程及核心价值》，《今日中国论坛》2013 年第 7 期。
⑧ 参见谭继和等《李冰：为蜀水文明作奠基性的贡献》，《中国社会科学报》2014 年 3 月 28 日第 A5 版。

蕴含的文明因素？如何实现李冰与世人的"隔空对话"等，尚需我们在认真研究李冰其人其事的扎实基础上，进而就李冰和都江堰，李冰文化对中华文明、世界文明的重要贡献，做出更加深入而富有新意的学术研究。

（五）关于李冰文化的研究

关于"李冰文化事项"的研究，罗荣泉在考察杜宇治水史迹的基础上，认为川黔两地人民因李冰筑堰造福巴蜀而将其尊奉为"川主"，永享祭祀①；罗开玉从李冰建堰借助蜀神、都江堰的建堰民族构成，以及建堰过程中所体现的蜀文化因素三个方面，分析了都江堰水利工程与蜀文化的关系②；焦杰认为，二郎神是晚唐或五代时由李冰治水的故事衍生而来的，因得到统治者的提倡，在北宋中后期被引入道教系统③；周九香认为蜀人对李冰的崇拜是同都江堰在现实经济文化生活中所发挥的作用成正比发展的④；干树德指出，李冰之子李二郎是借助李冰治水史迹而转化成的，二郎神的崇拜是民间综合多种传说的结果⑤；李耀先认为历史上本无其人的"李二郎"在宋代取得"合法"地位，与李冰共同享受祠祭，且形象逐渐氐羌化，是民族和睦相处与文化交融的政治反映⑥；申及甫结合都江堰出土的东汉石像及民间传说，认为李冰由人到神，原本属于古代宗教人造神的祖先神类型，客观上起到了传扬李冰伟大功业的作用⑦；周述椿认为都江堰水利工程的修建是大禹、鳖灵等古蜀人集体文化智慧的结晶，李冰则是这种文化智慧的集大成者，这充分证明了蜀文明在当时社会发展进程中的先进性⑧；干鸣丰认为以大禹、李冰父子、赵昱等为川主的民间信仰是一种以治水文化为核心内容，以祖先崇拜为主要形式，以政府官员和广大民众为主体的文化事项，在四川社会经济和文化的发

---

① 参见罗荣泉《李冰的神化与蜀王杜宇的冤案》，《贵州文史丛刊》1986年第1期。
② 参见罗开玉《论都江堰与蜀文化的关系》，《四川文物》1988年第3期。
③ 参见焦杰《灌口二郎神的变化》，《四川大学学报》（哲学社会科学版）1988年第3期。
④ 参见周九香《试论都江堰修建和李冰崇拜》，《中国史研究》1994年第1期。
⑤ 参见干树德《也谈二郎神信仰的嬗变》，《宗教学研究》1996年第2期。
⑥ 参见李耀先《二郎神考》，《四川师范学院学报》（哲学社会科学版）1998年第1期。
⑦ 参见申及甫《李冰由人到神成因探析》，《文史杂志》2003年第1期。
⑧ 参见周述椿《论都江堰工程所表明的古羌、蜀文化的先进性》，《文史杂志》2003年第2期。

展中起过重要的历史作用①；郭祝崧认为李冰的神化，原属"祖先神"遗制，自民间宗教观念盛行之后，旋即被道教作为道仙，李冰及其子李二郎皆属"人造神"②；李映发认为李冰精神集中体现在勤于职守、做事科学、实干作风，以及富于开拓进取创大业等方面，造就了都江堰特有的水文化事项③；王世伟等学者从都江堰放水仪式的缘起、仪式的自然生态关联、官方仪式的社会叙事、仪式现有文化景观等方面讨论了都江堰放水仪式的文化内涵④；吴萌认为李冰治水故事被神化既是官方凝聚人心治水的需要，也与肇始于先秦的水神崇拜有极大的关联⑤等。

通过上述分析，可以看出，目前学界对于李冰文化的研究主要围绕李冰信仰文化展开，李冰文化事项应该是一个以李冰治水的科学认识、继承与创新精神、为官之道、乐于奉献精神为核心内容的民族文化的重要构成，同时也是世界文明体系构建的重要组成部分。因此，未来关于李冰文化展开的学术研究至少应当考虑以下六点：第一，李冰文化的内涵与外延研究；第二，李冰人文精神研究；第三，李冰科学精神研究；第四，李冰文化与中华民族文化的关系研究；第五，李冰文化的传承与传播策略（途径）研究；第六，李冰文化与世界文明的构建研究等。

（六）关于李冰考古资料的整理与研究

自1974、2005、2014年都江堰在岁修过程中先后发现李冰石像以来，学界加强了对李冰考古资料的整理与研究工作。蜀勃首次对东汉李冰石刻像的性质、功能作了解读⑥；四川省灌县文教局对东汉李冰石像出土的时间、地点，肖像特征，石像刻字予以了分析⑦；王文才结合文献资料对李冰石像的刻字、石人作用及其行政职位进行了解读⑧；唐光沛提出了几条重要观点：李冰石像题记"三神石人"当是大禹、李冰和开明；李冰

---

① 参见干鸣丰《简论"川主"信仰及其历史影响》，《西南民族学院学报》（哲学社会科学版）2003年第5期。

② 参见郭祝崧《李冰化神过程》，《四川师范大学学报》（社会科学版）2004年第1期。

③ 参见李映发《李冰精神与都江堰文化》，《四川水利》2004年第5期。

④ 参见王世伟等《都江堰清明祭祀放水仪式解析》，《农业考古》2012年第3期。

⑤ 参见吴萌《李冰治水神化原因探析》，《中华文化论坛》2018年第2期。

⑥ 参见蜀勃《东汉石刻李冰像在都江堰出土》，《光明日报》1974年6月6日第A4版。

⑦ 参见四川省灌县文教局《都江堰出土东汉李冰石像》，《文物》1974年第7期。

⑧ 参见王文才《东汉李冰石像与都江堰"水则"》，《文物》1974年第7期。

石像与水文测量的关系值得商榷；李冰石像当是江边祠庙的祭祀对象，由于洪水冲毁祠庙而沉于河底①；温玉成则认为李冰石像刻字中的"三神"可能是管理都江堰水利工程的水官②；张剑从书法角度认为李冰石像刻字隶书属于桓灵书风，体现了东汉"成教化、助人伦"的社会风气③；周九香对李冰石像的三条铭刻文字逐一做了解释："故蜀郡李府君，讳冰"，"府君"是郡守的通称，"都水掾"相当于今天的水利局，"珍水"当为"献水"（供水之意）④；李绍明认为都江堰先后出土的四尊石人像，其中一尊为李冰像，其余三尊为神像，它们的功能既有纪念和祭祀李冰的性质，又有借助神性镇水的目的⑤；吴晓玲等人对目前三次出土的都江堰石人像进行了综合比较，认为2014年出土的无头石像可能是李冰所立，如能证实，则可佐证李冰高超的治水智慧⑥；2013年天府广场东北侧四川大剧院考古工地中心出土了一头石兽，林向在接受王嘉采访时，认为石兽"身份"可能是《华阳国志》所载"李冰作石犀，以厌水精"中的石犀⑦；陶禹则认为《华阳国志》所记"李冰作石犀，以厌水精"，是后世附会之辞，不可能发生在战国末期的蜀地⑧等。

基于上述分析，我们认为，自1974年在都江堰渠首工程维缮过程中发现李冰石像以来，尽管学界加强了对李冰考古资料的整理与研究工作，但尚有诸多讨论的空间。从学术研究的资料角度分析，李冰研究至少需要对三个方面的资料进行科学的整理与研究，即现存传世文献资料关于李冰和都江堰的记载、李冰和都江堰考古资料（包括出土文字资料），以及围绕二者的学界既有研究成果。

---

① 参见唐光沛《关于"李冰"石像的几个问题》，《文物》1984年第1期。
② 参见温玉成《说李冰石人题刻的"三神"》，《四川文物》1987年第4期。
③ 参见张剑《从东汉李冰石像谈起》，《文史杂志》1991年第5期。
④ 参见周九香《东汉李冰石像题铭浅释》，《四川文物》2002年第5期。
⑤ 参见李绍明《都江堰渠首出土汉石刻人像探讨》，《四川文物》2008年第2期。
⑥ 参见吴晓玲等《都江堰发现无头石人像 或为李冰治水所立》，《四川日报》2014年4月25日第A12版。
⑦ 参见王嘉《石犀 摸到它就像摸到李冰的手》，《成都日报》2014年5月11日第A7版。
⑧ 参见陶禹《李冰石犀厌水辨》，《古代文明》2016年第3期。

三　未来的研究思考

根据以上的简要叙述和评议，可以看出，20世纪以来学者从不同角度关注和探讨李冰，并提出了很多蕴含学术价值的见解，丰富和拓展了李冰研究的学术空间，在相当程度上为李冰研究的继续深入奠定了基础。回顾过去，放眼未来，我们认为日后关于李冰的研究至少需要考虑六点。

第一，宏观层面的科学规划。20世纪以来，学界关于李冰的研究基本上以1974年东汉李冰石像的出土为界分为前后两个时期。前期注重运用文献资料印证民间传说中的史实素地；后期则在对李冰石像考证的基础上更加注重考古发现、文献记载和民间传说相互印证的解读。可以说，考古发现在一定程度上改变了李冰研究的走向，成绩可喜，不过还存在巨大的探索空间。李冰文化是中国传统文化和中华文明的重要组成部分，但长期以来"各自为政""相对分散"的研究格局，制约了研究系统深入地发展，不能形成李冰研究的系统化，也就不能充分展现李冰文化在中国传统文化、中华文明乃至世界文明演进过程中的地位和作用。因此，"四川省李冰研究会""四川省李冰研究中心"和"四川省巴蜀文化研究会"等学术机构、团体，以及四川省水利厅、都江堰管理局等行政机构很有必要加强合作，联合拟订李冰研究课题规划，以便对李冰展开更为全面、系统的研究。这对于进一步深度挖掘李冰文化的重大学术价值和深刻丰富内涵、建设有巴蜀底蕴的中国特色社会主义文化，有着重要的理论价值和现实意义。

第二，微观上的深入探究。除了宏观上的课题规划指导，微观上的深入探究也是必不可少的。兹举一例为证：作为蜀地文明、中华文明乃至世界文明重要贡献者的李冰，却史无传记：开创正史先河的《史记》只是在《河渠书》简单提及："蜀守冰凿离堆，辟沫水之害"①；其后《汉书·沟洫志》在"冰"之前加了姓氏"李"②；《华阳国志》作为专录巴

---

① （汉）司马迁撰，（南朝宋）裴骃集解，（唐）司马贞索隐，（唐）张守节正义：《史记·河渠书》，中华书局1982年标点本，第132页。

② （汉）班固撰，（唐）颜师古注：《汉书·沟洫志》，中华书局1962年标点本，第1677页。

蜀史迹的地方史志，也没有单独为李冰作传，只是在前二书的基础上增加了李冰蜀地治水的具体事迹。① 三书记载所传递的信息显然不符合我国自古以来"史之为务，申以为劝诫，树之风声"，"史之为用，记功司过，彰善瘅恶，得失一朝，荣辱千载"②的传统，这本身就是一个值得深入探究的话题，但至今尚无专文论及，更无一部较为完整的李冰传。究其原因，主要就在于缺乏大量具体细致的深入研究成果。

第三，加强基础研究和应用研究。目前造成李冰研究最大的学术困惑之一就是资料的匮乏。一则，现存传世典籍文献关于李冰的记载相对阙如。从史料价值角度分析，李冰生活在先秦时期，这一时期关于其"史迹"的记载应最具说服力。但证诸现存史乘，成书于李冰年代的记载基本为零，而稍晚的汉代文献亦极其简略；汉以后至明清阶段的文献，李冰"史迹"亦仅散见于零星记载，很不系统。这就为我们从文献方面深入研究李冰造成了极大的学术困难。二则，一个时期以来东汉李冰石像等考古资料的出土，为李冰研究提供了宝贵的实物证据，学界及时给予了报道、公布与探讨，但还缺少有组织的系统整理研究。如果不对这些不同时间出土的考古资料及时人陆续研究的成果进行系统的整理，那么它们就容易停留在碎片化的遗憾状态，也就不能充分发挥其应有的学术效用。因此，很有必要对李冰现存文献资料和考古资料进行系统性的综合整理与研究，为学界持续深入开展李冰研究提供基础性的资料。同时，李冰文化内涵深厚，从精神层面分析，可以高度概括为廉政为民的奉献精神、继承与创造的奋斗精神，以及道法自然的科学精神，是中国优秀传统文化的重要组成部分，这笔宝贵的精神财富对我们构建社会主义文化具有不可取代的价值意义和现实作用。因此，加强李冰文化研究，不能仅仅停留在对其表层的陈述性解释，还应当深度挖掘其精神哲理内涵及其当代价值，以育人资政、传诸后世。

第四，研究旨趣的拓展。李冰和都江堰在相当程度上是同一课题的

---

① （晋）常璩撰，刘琳校注：《华阳国志新校注》卷3《蜀志》，四川大学出版社2015年版，第111—118页。

② （唐）刘知幾撰，（清）浦起龙通释，吕思勉评：《史通》，上海古籍出版社2008年版，第140—143页。

两种表达方式,整体考察李冰文化和都江堰文化形成的内在机制或者说内在规律性日渐成为研究者的共识。纵观 20 世纪以来关于李冰的研究成果,可以发现,将李冰与都江堰分开研究和断代史的研究成果居多。这种范式虽然能揭示某一历史发展阶段李冰文化和都江堰文化的表象及其史实,但并不能充分和深刻地展现李冰文化和都江堰文化及其发展变化的整体有机衔接和内在联系。李冰兴建的都江堰水利工程以至于都江堰灌区两千多年的历史,是整个川西平原及其周邻浅丘地区社会历史的缩影,也可以说是我国整个传统社会发展的一个见证,因此,现在很需要一部社会史、整体史视角的都江堰史。如果局限于断代史的研究视野或者将李冰文化与都江堰文化"割裂"开来进行研究,显然不能充分揭示这一蜀地特有的巨大、广义的文化事项的产生、形成及其内在合理性。因此,从整体性考察李冰文化和都江堰文化的演变,以及历史时期围绕二者形成的"蜀地水文化"才能具有更为深刻的历史意义。

第五,理论基础的构建和创新。在我国传统社会,区域经济和区域文化的发展呈现辩证互动的关系。纵观历史,虽然李冰文化与都江堰文化归根结底是区域经济发展变化的结果,但没有哪一区域经济像成都平原一样,如此近乎完美地受到水文明、水文化和属于水文化的水利科技的滋润呵护,经济社会的发展和以水文明为代表的文化如此水乳交融,因此,这就需要我们运用马克思主义的唯物史观和辩证史观深入考察历史上的这一典型个案,从理论上深刻阐明其因果道理。同时,人类社会发展至今,也面临发展模式出现资源枯竭、环境破坏困境等众所周知的诸多问题,亟待求解,李冰创建的都江堰长葆青春的工程模式,尤其是其道法自然、天人合一的深层哲理,无疑可以为世界的可持续发展提供丰富的智源和深刻的启发,这就需要我们从理论上加以深刻总结和演绎阐发,为人类社会的长治久安,做出中华文明在新时代的理论创新,提供具有世界意义的理论借鉴和指导。

第六,研究方法的丰富。李冰主持设计修建的都江堰,自秦汉以来造就了天府之国,至今仍然对成都平原以至于更广阔地域的经济、文化乃至社会的全方位发展产生不断增长的效益,这就不只是水利科学和历史学的对象,而应成为多学科综合研究的课题。因此,多学科的理论、方法,都应该整合进研究课题和领域中来,展开多面相、多层面和整体性、综合性的研究，在当下和今后一个时期，尤其要注意将研究主要集中在水利、历史以及考古，向文学、哲学、宗教、文化、政治、经济等人文社会科学拓展。同时，要立足巴蜀及全国，放眼世界，都江堰作为举世唯一经历两千多年的历史风雨，至今却依然高度发挥着实际效用的无坝引水大型水利工程体系，折射着闪耀全球的科学原理和中国智慧。如何让这种科学原理和中国智慧走出国门，让世人更加深入地了解和认识，列宁关于比较研究的方法论断带给我们诸多启示：注重"尽量确切地把两件事实研究清楚，使它们彼此对照显现为发展过程中的两个不同的阶段，而特别是注重于同样确切地把一整批连续的相当状态，它们的一贯交替以及各个发展阶段间的联系，都研究清楚"①。因此，将都江堰水利工程与历史时期国内、国外著名水利工程做纵向和横向的比较研究，或许是一个有效的途径。从国际化角度分析，都江堰的知名度远远高于李冰，诚如中国常驻联合国教科文组织副代表马燕生先生所指出：国外除了亚洲的日本、韩国等国家之外，英、法、美等欧美国家的学者更为熟知世界文化遗产——都江堰，而对其创建者李冰却知之甚少。通过将这张世界名片与历史时期国外著名水利工程的横向比较研究，使国外学者在了解都江堰及其所蕴含的中国智慧的同时，激发对都江堰的伟大创建者——李冰及其文化事项的兴趣，从而带动、推广对李冰、李冰文化的学术研究。

第七，需要特别指出的是，都江堰及其系列水利工程的修建，实际上蕴含着从大禹时代，到开明时代，再到李冰时代蜀地广大人民群众的辛勤付出。都江堰水利工程历经两千多年的风雨，依然"福泽蜀地""润泽中华"，也包含着历朝历代对其维缮和管理的具体政策和措施，是中国智慧的集中展现和人民群众的汗水凝结，集中以李冰为象征，并非一人一时之功。这一点也是我们推动李冰研究向纵深拓展不能忽视的又一问题。

---

① 《列宁文选两卷集》第1卷，外国文书籍出版局1950年版，第124页。

20 世纪以来落下闳研究综述

陈祎舒[*]

落下闳（前156—前87），复姓落下，名闳，字长公，巴郡阆中（四川阆中）人。汉武帝元封年间（前110—前104），落下闳经同乡谯隆推荐至京师，与邓平、唐都等人一起创制历法，从同时提出的十八种历法中脱颖而出，被汉武帝采用。汉武帝将历法颁行之年改号为太初元年（前104），新历因此称为《太初历》。为彰其功，汉武帝授之以侍中之职，落下闳辞而不就，归乡隐居，在民间继续从事他的天文学研究。

落下闳是我国古代最著名的天文学家之一，在天文学、数学领域贡献巨大。扬雄在《法言·重黎》篇里写道："或问'浑天'。曰：'落下闳营之，鲜于妄人度之，耿中丞象之，几乎！几乎！莫之能违也。'"他研制了浑仪和浑象，在天文实测的基础上提出"浑天说"的宇宙结构理论；《汉书·律历志》中称"闳运算转历"，他发明了"通其率"的算法，用辗转相除法求渐进分数，为历法计算提供了运算工具，并由此得出日法八十一分法；他以正月为岁首，将新年与春天首次联系起来，极大地便利了农业生产和农事安排；他以无中气之月为闰月，提出了较科学、合理的置闰方式；他将二十四节气正式纳入历法体系，将节气、天象、农业生产、民俗活动相结合；《新唐书·历志》记载："古历星度及汉落下闳等所测，其星距远近不同，然二十八之宿体不异。"他测量了二十八星宿沿赤道广狭的不同度数，奠定了我国二十八星宿测量的基础。

---

[*] 作者简介：陈祎舒，生于1990年，陕西西安人，四川大学古籍整理研究所2017级历史文献学专业在读博士研究生。

落下闳仰观天象，脚踏实地，以实际测量数据为基础进行天文学研究和历法制定，彰显了科技工作者实事求是的科研态度；他功成身退，淡泊名利，是儒家和道家共同的精神楷模；他身怀绝技，不为私藏，在故乡将自己的天文学研究传承下去，使阆中成了民间天文学科技中心。

《太初历》初定夏历正月为岁首，将二十四节气纳入历法，使中华民族从此有了过春节的习俗，因而，落下闳被誉为"春节老人"，他的故乡阆中被称为"中国春节文化之乡"。2004年9月16日，经国家天文学联合会小天体提名委员会批准，中国科学院国家天文台将国际永久编号为16757的小行星命名为"落下闳星"。2017年7月，落下闳被四川历史名人文化传承创新工程评为首批四川十大历史名人之一。2018年1月，由西华师范大学牵头的四川省落下闳研究中心、四川省落下闳研究会相继成立。四川省落下闳研究中心计划支持"阆中落下闳纪念馆"的布展工作，主持召开"落下闳天文学国际研讨会"，推动"落下闳天文望远镜"的命名工作，组织撰写科普读物《天文学家落下闳》，对落下闳天文学、历算学开展专题研究，对落下闳在阆中的历史遗迹进行调查，对落下闳文献资料和传说开展搜集整理，对古今中外利用和研究落下闳的天文学成果进行梳理。这些举措将开启对落下闳及其天文学成就研究的新局面，推动相关学术研究的深入及民间普及工作的开展。

20世纪以来，关于落下闳的研究取得了一系列的丰硕成果。四川大学已故科技史研究专家吕子方教授的天文历法学研究见解独到，成就斐然，被李约瑟誉为"对中国科技史研究有真知灼见的学者"。改革开放以来，思想的解放带动了学术的进步。著名科技史专家查有梁先生在吕子方教授研究的基础上，以大量的计算为数据支撑，以中西比较研究为论证角度，以落下闳的科学方法对后世物理学、数学等领域的启发为落脚点，写就了两部高水平落下闳研究专著——《世界杰出天文学家落下闳》《通天彻地落下闳》及一系列专题论文。另外，落下闳天文学成就的代表作——《太初历》的研究也受到了学界的重视，如斯琴毕力格以其硕士学位论文《太初历再研究》为起点，利用新的史料与研究方法，对《太初历》的科学性、合理性，以及其现实意义展开了系列论证。纵观当前落下闳的研究，大致可以分为以下三类：首先，是有关落下闳其人的考证；其次，是有关落下闳科学贡献的研究；最后，则是有关《太初历》

的研究。

一 落下闳其人研究

有关落下闳其人的研究，主要是通过现存史籍资料，联系落下闳在天文学方面的贡献，考证落下闳的身世情况。相关的研究主要有三个方面。

（一）姓氏考辨

桓谭《新论》中记载了扬雄求教浑仪的制作原理于黄门（宫廷）老工匠之事："扬子云好天文，问之于黄门作浑天老工。"此书后被收入唐代类书《北堂书钞》、宋代类书《太平御览》等，在辗转相引的过程中，误将"黄门"写作"黄闳"，又清代张澍在《蜀典·人物类》中赫然以"落下黄闳"为题，以致错讹传抄，渐以成说。有学者力图从学术的角度对"黄闳"一名做出解释："又称黄闳者，似由闳造历成后，辞侍中归，缘汉习为姓曰黄，盖取黄钟正历之义。子孙遂为黄姓。"① 又《华阳国志》《旧唐书》等书籍将其姓名书作"落下闳"，落下闳的姓氏问题愈显复杂。

吕子方的《落下闳并非黄门老工考》和鲁子健的《落下闳与黄门老工考》两篇论文均通过辨析史料和计算落下闳、扬雄生卒年的方式，对落下闳并非黄门老工这一问题予以澄清。② 李凤能的《落下闳：辉耀在历史的星空》一文也考察了落下闳的姓氏问题，以为"落下""黄"等说皆非。③ 总体来看，落下闳的姓氏为"落下"二字基本成为学术界的定论。

（二）天数在蜀：从巴蜀文化的角度展开研究

天文历法是巴蜀地区的传统学术，蒙文通先生对此早有论述："在文翁以前，巴蜀很早就有天文历数之学，并且属于南方系统，同是浑天一派。"④ 巴蜀地区的天文学研究具有深厚的文化、学术渊源，在中国古代

---

① 任乃强：《华阳国志校补图注》，上海古籍出版社1987年版，第683页。
② 参见吕子方《落下闳并非黄门老工考》，《中国科学技术史论文集》，四川人民出版社1983年版，第269—272页；鲁子健《落下闳与黄门老工考》，《历史研究》1980年第5期。
③ 参见李凤能《落下闳：辉耀在历史的星空》，《文史杂志》2019年第4期。
④ 蒙文通：《巴蜀古史论述》，四川人民出版社1981年版，第106页。

的天文学研究中独树一帜,因而,作为巴蜀地区最重要的天文学家之一,落下闳成为许多学者研究巴蜀文化的重要切入点。

麦青在《汉晋之际的巴蜀学术》中指出,汉晋间,蜀中科技令人称羡,成绩最大者当属天文,而这一时期在天文学方面贡献最突出的是阆中人落下闳。①

邓经武《天数在蜀:巴蜀文化对中国天文学的贡献》从落下闳是确定中国农历编制雏形的最大功臣这一话题入手,梳理巴蜀地区的天文学成就,探讨巴蜀文化对中国天文学的影响和贡献。②

落下闳的家乡阆中在中华文明和巴蜀文明的衍生中占据着重要的地位。据历史学家考证,被尊为"人文始母"的伏羲之母华胥诞生于阆中,伏羲又曾开化巴蜀,留下了不少历史传说。阆中是中国古代民间天文学研究中心,被誉为"天文之乡"。自汉代以来,阆中孕育了数个天文学研究专家,其中不乏出身世家者,如任文孙、任文公父子,周舒、周群、周巨祖孙三代。而在这些天文学家中,无疑以落下闳的名望最高、成果最丰、影响最大。

李永晖的《阆中:四川人无法回避的骄傲》一文提出,两汉时期,阆中是我国民间研究天文学的科技中心,孕育了不少知名天文学家,其中落下闳的名气和取得的成果最大,是阆中和四川人的荣光。③

徐志福的《阆中人文风貌掠影》一文指出,地方文化之根是城市安身立命之本,阆中人落下闳在天文、历法、数学等方面造诣精深,辞官返乡后,在阆中招徒传技,为家乡带出了几个天文风水研究世家。④

(三)从族群角度展开研究

落下闳出身于古巴人聚居的阆中地区,又因其姓氏稀见,加上他所提出的"浑天说"与汉民族自古以来的宇宙构成认知"盖天说"存在着较大的差异,因而有部分学者认为他出身于西南少数民族族群。如任乃强先生所说:"落下闳,賨民之最先进化,能用汉文研究天算历法者也。

---

① 参见麦青《汉晋之际的巴蜀学术》,《文史杂志》2014年第1期。
② 参见邓经武《天数在蜀:巴蜀文化对中国天文学的贡献》,《文史杂志》2017年第4期。
③ 参见李永晖《阆中:四川人无法回避的骄傲》,《文史杂志》2016年第3期。
④ 参见徐志福《阆中人文风貌掠影》,《文史杂志》2017年第2期。

'落下',为其族支系名称之译字,故作落、作洛不一。"①

陈久金、卢央、刘尧汉著的《彝族天文学史》设有"巴人历法家落下闳"一章,对落下闳的天文学成就及其主要事迹进行介绍,同时指出,落下闳在族群上属于巴人(亦称賨人),巴賨是古氐羌的遗裔,即今彝、白、土家等族的先民。落下闳将氐羌与汉族的天文学研究融会贯通,成为当时天文学领域的集大成者。②

庞光华《论落下闳与浑天说》一文指出,上古时期汉民族的宇宙观以盖天说为主,浑天说始于汉武帝时期的落下闳,反映了氐羌民族的宇宙观,进一步提出假设,认为浑天说与古印度文化存在一定的联系。③

刘长东《落下闳的族属之源暨浑天说、浑天仪所起源的族属》一文指出,"落下"之姓出自赤狄支系皋落氏,战国测星和西汉改历的史实、落下闳的族属及其郡望学统、混天思想的神话来源等,均可证明浑天说、浑天仪非华夏族的旧学古器,起源于四夷中的狄、巴之族。④

综上所述,对于落下闳其人的研究,学者依据史书上有关落下闳的记载,做出符合文本的逻辑推理,对他的姓氏进行考证;另外,从地缘的角度,以巴蜀文化或阆中文化为出发点,对他的经历、成就、影响进行探讨;再者,针对"浑天说"最初来自西南少数民族的宇宙观,并非汉文化所有,继而联系落下闳的籍贯、姓氏,从而推测落下闳的族群身世。然而,在当前可见的文献中,有关落下闳其人的史料仍然显得十分有限,记载又往往只是只言片语,这也意味着进一步还原落下闳其人的真实情况依旧存在着一定的难度。另外,从落下闳属于西南少数民族、其"浑天说"反映了少数民族宇宙构成观念的角度来看,对于相关少数民族关于落下闳的文献记载进行整理和解读可能会为落下闳研究提供突破性材料。

---

① 任乃强:《华阳国志校补图注》,上海古籍出版社1987年版,第683页。
② 参见陈久金、卢央、刘尧汉《彝族天文学史》,云南人民出版社1984年版。
③ 参见庞光华《论落下闳与浑天说》,《五邑大学学报》(社会科学版)2014年第1期。
④ 参见刘长东《落下闳的族属之源暨浑天说、浑天仪所起源的族属》,《四川大学学报》(哲学社会科学版)2012年第5期。

二 落下闳贡献的研究

对落下闳天文、历法等科学贡献的研究是落下闳研究的重点问题,相关的研究主要集中在九个方面。

(一) 对浑天说与浑天仪的研究

落下闳首倡"浑天说",并研制了浑天仪(包括测量仪器浑仪、演示仪器浑象),将实际测量结果与宇宙结构学说相互参证,对中国传统哲学、天文学、物理学、机械学等都具有广泛影响。

吕子方在《道家的朴素唯物主义观点与浑天说》一文中指出,落下闳的研究、制造,使浑天象初具规模,张衡在此基础上的改进使浑天象达到较为精密的程度。落下闳用实物演示的方式证实了浑天说的学理,成为我国在实际上奠定浑天学说基础的第一人。①

步近智、张安奇在《略论汉代的科学思想》一文中指出,落下闳等人所制作的《太初历》中关于五大行星的会合时间与现代天文测量数据十分接近,将秦代一年 $365\frac{1}{4}$ 日改为 $365\frac{335}{1539}$ 日,亦与实际时间相近。由落下闳创立并完成于张衡的浑天说是汉代三大宇宙结构学说之一,由于能够十分近似地阐释太阳和月亮运行的规律,浑天说在修订历法时体现出了很高的实用价值。②

鲁子健在他的巴蜀天文学研究专著《巴蜀天数》中设专章介绍浑天仪,其中就包括对世界上最早的天文观测仪器——落下闳浑仪的研究。③

吴坤仪、王金潮、李秀辉的《浑仪、简仪制作技术的研究》一文根据1988年浑仪修复过程中的实体测绘和工艺分析,对浑仪的结构、主要尺寸、各环及支承件的行状特征、圆环结合方式、装配工序等情况进行介绍。④

---

① 参见吕子方《道家的朴素唯物主义观点与浑天说》,《中国科学技术史论文集》,四川人民出版社1983年版,第155—214页。
② 参见步近智、张安奇《略论汉代的科学思想》,《孔子研究》1989年第2期。
③ 参见鲁子健《巴蜀天数》,巴蜀书社2005年版,第39—48页。
④ 参见吴坤仪、王金潮、李秀辉《浑仪、简仪制作技术的研究》,《东南文化》1994年第6期。

(二) 从民俗的角度探讨落下闳的贡献

在改历的过程中，落下闳将岁首由十月移至一月，使人们得以同时迎来新年和新春，他还以历法的形式将二十四节气确定下来，使民间礼俗得以确定并延续下来，形成了具有节令特色的民俗史。

晁中辰在《汉代在中国民俗史上的地位》中指出，汉武帝时期，二十四节气和历法融为一体，推动了节令礼俗的形成和稳定。①

邹安音《"春节老人"落下闳》一文，通过介绍落下闳制定历法、恒定岁首、隐居落亭等事迹，力图还原两千多年前民间天文学家的形象。②

田兆元《中国春节：节庆符号背后的文化叙事》一文指出，春节的创始者是春节文化的核心叙事。汉武帝和落下闳应被视为春节的代言人，他们既是节庆文化的代表，也是中国文化的代表。③

王学理《秦王朝国庆（"十月朔"）与新年的合一》一文从"太初改历"后国庆与新年分离的角度切入研究，"十月朔"是秦朝法定的朝贺庆日，经过"太初改历"后，《颛顼历》被《太初历》取代，而在此基础上形成的各类新年节庆活动也逐渐植根于中国人民的生活习俗当中，成为中华民族独具特色的文化遗产。④

(三) 对落下闳成就的综合研究

部分学者对落下闳的理论、实践及其影响进行综合研究，以形成整体性的总结和评价，或与国外相关领域的科研成果进行横向的对比研究，以探究落下闳在世界科技史上的地位和贡献。

吕子方的《天数在蜀》系四川古代天文历算家列传，通过古典文献记载，对落下闳的天文历法贡献进行专门介绍，并将他的贡献归纳为三个方面：第一，参与制定《太初历》，采用八十一分法；第二，制造浑天仪、浑天象，推动测天学的发展；第三，奠定了测二十八宿的基础。⑤

---

① 参见晁中辰《汉代在中国民俗史上的地位》，《民俗研究》1989 年第 3 期。
② 参见邹安音《"春节老人"落下闳》，《成都日报》2020 年 2 月 7 日第 8 版。
③ 参见田兆元《中国春节：节庆符号背后的文化叙事》，《文艺报》2019 年 2 月 1 日第 4 版。
④ 参见王学理《秦王朝国庆（"十月朔"）与新年的合一》，《长安大学学报》（社会科学版）2014 年第 1 期。
⑤ 参见吕子方《天数在蜀》，载《中国科学技术史论文集》，四川人民出版社 1983 年版。

作为科学史研究的专家，查有梁先生有关落下闳的研究成果颇丰，例如，《落下闳系统与托勒密系统》一文通过数据分析的形式，说明了中国古代物理思想与西方科学一样，有着在系统观测基础上应用数学方法建立逻辑体系的传统。他将《太初历》、浑天说、浑天仪、二十四节气、二十八星宿等所包括的天文系统，通称为"落下闳系统"。并指出，从各个方面来看，落下闳系统都不逊色于"托勒密系统"，且较之早三百年。①《世界杰出天文学家落下闳》文中指出，随着李冰治水与文翁兴学的相继实现，巴蜀大地之上，无论是生态环境，抑或是人文科教环境都得到了极大的改善，为落下闳从事天文学研究奠定了良好的基础。他将落下闳的贡献概括为三：一是集合了农业知识、天文及算法成就于一体，首次将二十四节气纳入了中国历法体系当中；二是将天文历算与宇宙知识相结合，提出浑天说，并研制出了浑天仪；三是创造出了"通其率"的精确计算方法，通过辗转相除的方式，实现了在当时条件下对历法计算的尽可能精确。他还从现代科学发展的角度探讨落下闳系统的意义。②《落下闳的贡献对张衡的影响》一文论述了落下闳研制浑仪、浑象，开创浑天说，制定《太初历》的三大贡献对张衡产生深刻的影响，并通过比较研究"落下闳系统"与"托勒密系统"的方式，凸显落下闳对世界科学发展的贡献。③《落下闳系统的科学意义》文中指出，"落下闳系统"的研究引起钱学森的关注，一系列物理学研究也因受到"落下闳系统"的启发而展开。正是受到"落下闳系统"的影响，加之钱老的来信鼓舞，查有梁先生先后完成了《牛顿力学的横向研究》（四川教育出版社1987年版）与《世界杰出天文学家落下闳》（四川辞书出版社2001年版）两部专著，并陆续发表了《信息测不准关系》（《科学通报》1988年第6期）、《信息测不准关系的意义》（《大自然探索》1990年第4期）、《一般测不准关系与质量—信息关系》（《大自然探索》1995年第2期）、《引力定律的新研究》（《大学物理》1996年第2、3期）等一系列涉及上述物

---

① 参见查有梁《落下闳系统与托勒密系统》，《牛顿力学横向研究》，四川教育出版社1987年版。

② 参见查有梁《世界杰出天文学家落下闳》，四川辞书出版社2001年版。

③ 参见查有梁《落下闳的贡献对张衡的影响》，《广西民族大学学报》（自然科学版）2007年第3期。

理学研究的论文。查先生强调，他的这些研究都是受到"落下闳系统"的启发，据此可见中国古代科学成就具有的现代启示意义。①《落下闳对二十四节气的贡献》一文中提出，落下闳的杰出成就体现在他发明了"赤道式浑仪"，据此对二十八星宿的赤道距度加以测定，又与二十四节气有机地联系起来。用现代的物理学知识进行叙述，即结合时间与空间，对太阳运行周期与月球相位变化的关系加以说明。浑天说与《太初历》是系统观测与逻辑体系相结合的古代科学经典成果。②

此外，查有梁还写有两部以落下闳为主题的专著：《世界杰出天文学家落下闳》从落下闳其人、落下闳的贡献、"落下闳系统""落下闳系统"与"托勒密系统"的比较、落下闳的科学方法、落下闳算法对数学的启发性、"落下闳系统"对物理学的启发七个方面展开研究③；《通天彻地落下闳》一书在此基础上，又增添了落下闳对二十四节气的贡献、落下闳与"岁差"和"章动"、落下闳研究：从历史阐释到公共阐释等主题。④

鲁子健在《巴蜀天数》一书中，对汉武帝征聘四川天文学家改革历法、二十四节气的安排和闰月制度、落下闳卓越的算术才干等方面进行了介绍。⑤

杨晓江、刘甚甫《落下闳：仰望星空后，他"发明"了春节》介绍了落下闳创制《太初历》，提出"浑天学说"和"通其率"等成就。⑥

综上所述，有关落下闳贡献的研究主要体现在其在天文历法上所做出的成就，这方面的研究最突出者当首推科技史专家查有梁先生，作为一位科技史研究专家，查有梁先生具有优良的科学素养和坚实的数理逻辑基础，能够以数字计算的方式具体呈现落下闳算法的合理性和科学性。更为难能可贵的是，查有梁先生将"落下闳**系统**"与西方的"托勒密系

---

① 参见查有梁《落下闳系统的科学意义》，《中华文化论坛》2017年第11期。
② 参见查有梁《落下闳对二十四节气的贡献》，《中华文化论坛》2018年第3期。
③ 参见查有梁《世界杰出天文学家落下闳》，四川辞书出版社2001年版。
④ 参见查有梁《通天彻地落下闳》，四川辞书出版社2019年版。
⑤ 参见鲁子健《巴蜀天数》，巴蜀书社2005年版，第86—97页。
⑥ 参见杨晓江、刘甚甫《落下闳：仰望星空后，他"发明"了春节》，《廉政瞭望》2018年第9期。

统"进行对比研究,从而凸显落下闳在世界天文学上的杰出地位,彰显巴蜀文化、中华文化对世界文明所作出的非凡贡献,其对于落下闳系统的现代意义研究尤其可贵。此外,落下闳制定历法不仅推进了中国古代的天文学研究,更是以点概面地构成了一个整体的科学技术体系,对数学、物理学、技术学、气象学、民俗学等学科皆有一定的启发,因而,学者需要以综合性、系统性的眼光和多学科相结合的手法对待落下闳的成就和贡献的研究,这也是我们在今后对于落下闳贡献的研究中应该注意到的。

（四）有关《太初历》的研究

在利用浑仪对天象进行观测的基础上,落下闳与唐都、邓平等人共同制定了《太初历》。《太初历》是我国现存首部具有比较完整文献记载的古代历法,通行于汉武帝太初元年至汉章帝元和二年（前104—85）,共计189年。新历法颁布于汉武帝太初元年,因此称为《太初历》。天文考古学专家冯时先生指出,"历法是年代学的重要内容,而年代学则是古史研究的框架和基础,历法不明,一切史实便无从附着"①。《太初历》原书已失传,相关原始记载保存在《史记·历书》《汉书·律历志》中,有关落下闳的研究,目前主要还是集中在对《太初历》的研究上,而研究的方法、侧重点各异,涉及天文学、史学、音乐学、医学等不同领域。

（五）《太初历》创制背景、过程、内容、影响的研究

《太初历》是落下闳天文学理论和逻辑体系的主要展现。在太初改历之前,秦王朝和汉代早期使用的是《颛顼历》,旧历使用年久后误差积累较大,渐与天象不符,且改历往往是新王朝彰显气象的重要举措,因而,汉武帝广泛征召民间天文学家进京参与新历制定。最终,落下闳等人所制定的历法出乎其类,被汉武帝采用。因《太初历》研究需要对相关的天文学术语进行解读,并需要相当程度的天文学、数学素养,因而与《太初历》相关的研究是学者开展落下闳研究的难点。

乔国华对《太初历》的创制过程及基本内容进行了叙述。② 饶尚宽《太初改历初探——"古历论稿"之四》一文首先对建正与历法之间的关

---

① 冯时：《殷历岁首研究》,《考古学报》1990年第1期。
② 参见乔国华《太初历》,《历史教学》1998年第3期。

系进行辨析，随后考察太初改历的原因、经过和改历所涉及的年干支之争，并论及《史记》《汉书》相关异文。①

日本学者宫本彻《太初改历及其背景》一文对太初改历的背景、内容及司马迁的参与情况进行介绍，认为"以律起历"、三正说和五行说混淆、方士和儒生共同参与改历是太初改历的三大特点。②

陈克艰《史汉历志初读》一文指出，由于数据例多偏大，一种历法行用年久以后，就会出现"历后天"，只要将新历的历元（起始点）适当前移，就能使新历在一段时期内较好地符合天象，这便是中国历史上频繁改历的基本原理。并以太初改历为例进行具体说明。③

斯琴毕力格以《太初历》作为主要的研究对象，对《太初历》相关的若干问题进行深入的专题研究。其硕士学位论文《太初历再研究》对其优越性和不足之处进行了细致的研究，即《太初历》以回归年和朔望月平均值为基本周期，是对古代阴阳合历的科学继承；以正月为岁首、二十四节气的设定、以无中气月为闰月，极大地方便了农业和畜牧业的生产；对五星会合周期、交食周期进行了较为准确的测定。不足之处是沿用了太岁纪年法，影响了历法的精确性；其测定的回归年、朔望月数值大于天象等。④《太初改历考》一文以《史记·历书》和《汉书·律历志》为基本史料，揭示太初改历事件的历史原貌，并对《史记》《汉书》成书及删补等情况进行考察，以探求有关《太初历》的准确信息。同时，作者认为，《太初历》和《三统历》本质上是相同的。⑤《太初历特殊置闰问题》一文中，作者对比分析了《史记·历书》和《汉书·律历志》分别记述的具有同一起算点，但朔望月与回归年平均值根本不同的两种历，作者根据两部史书记载的数据和算法分别排算出完整的历谱，并结合出土文物（汉简），论证了据《汉书·律历志》排算的"太初历谱"

---

① 参见饶尚宽《太初改历初探——"古历论稿"之四》，《贵州民族学院学报》（社会科学版）1988年第2期。
② 参见［日］宫本彻《太初改历及其背景》，《中国典籍与文化》1999年第3期。
③ 参见陈克艰《史汉历志初读》，《史林》2000年第4期。
④ 参见斯琴毕力格《太初历再研究》，硕士学位论文，内蒙古师范大学，2004年。
⑤ 参见斯琴毕力格《太初改历考》，《内蒙古师范大学学报》（哲学社会科学版）2004年第6期。

是当时真正颁行过的，同时，根据汉简中与"太初历谱"的排算结果不同的三次闰月，对"中气在朔若二日，则前月闰也"的特殊置闰规则加以揭示。①《太初历的纪年问题——太岁纪年法被淘汰的原因》一文认为太岁纪年法是古人使用的一种较粗疏的纪年方法，因周期不准、误差较大，长期使用会造成一定的错乱，因而最终难逃被淘汰的命运。《太初历》沿用了太岁纪年法，所做出的"百四十四岁超一辰"的周期判定并不准确。②

雷宝、詹石窗的《太岁系统差异形成考》一文以《淮南子》《史记》《汉书》等传世文献，结合马王堆汉墓帛书《五星占》等出土文献，将上述文献记载作为中心线索，综合各家学者的研究成果，对太岁系统差异形成原因及其纪年方式演变的影响作出合理解释，进而对汉代太初改历干支纪年之争予以重新解读。③

汉代历谱的实物最早由英国人斯坦因于1908年在敦煌汉长城遗址发现，此后，历次敦煌汉简出土均包含了若干历谱。整体来看，共能考订十三年历谱，其中十一年为《太初历》施用时期，两年为四分历施用时期，殷光明的《从敦煌汉简历谱看太初历的科学性和进步性》一文通过对敦煌汉简历谱的形制和内容等要素的分析，来研究《太初历》的具体特征。历谱形制共有编册横读式、编册纵读式、单板纵读式、数板纵读式四种。历谱内容分为两部分：一为历法，即时辰、日干支、月朔大小、闰月、八节、三伏等；一为历注，即建除、腊、反支、八魁、血忌、天李等关于日之癸祀、吉凶、禁忌事项。《太初历》的进步在历谱的形制和内容上得到了充分的反映。《太初历》是与生产实践相结合的产物，形制多样，内容以历法为主，在当时有一定的科学性和进步性。④

黄敏华在硕士学位论文《汉历若干问题再研究》分别通过《太初历》

---

① 参见斯琴毕力格、关守义、罗见今《太初历特殊置闰问题》，《内蒙古师范大学学报》（自然科学汉文版）2007年第6期。

② 参见斯琴毕力格、罗见今《太初历的纪年问题——太岁纪年法被淘汰的原因》，《科学技术哲学研究》2012年第1期。

③ 参见雷宝、詹石窗《太岁系统差异形成考》，《华中师范大学学报》（人文社会科学版）2010年第1期。

④ 参见殷光明《从敦煌汉简历谱看太初历的科学性和进步性》，《敦煌学辑刊》1995年第2期。

与现代天文学数据误差的对比,《太初历》初创之时有关合朔误差的理解,以及《太初历》的历元之出处三个方面对《太初历》进行探究。得出结论:《太初历》在其制定时期及行用初期的合朔时刻的平均误差在后天 7 时 13 分左右;而在《太初历》初创之时的历法家并未对其中的误差积累有过多的关注,直到东汉时期才受到当时历法家的重视;《太初历》历元之出处可分为阳历与阴历两种因素,前者基本承袭了之前的历法,后者则具有精确性和天命的意义。① 对于"太初改历"造成影响的研究主要有:徐承泰《秦汉正朔之变与史家释年之误》一文对秦汉之际历史事件记录的时间转换的角度展开研究,指出由于太初改历,岁首由之前《颛顼历》的十月改为《太初历》的正月,这也直接导致文献中对于秦末汉初这一段史事发生时间的记录出现前后颠倒、彼此相悖的失误。此外,由于存在阴阳历法的差异,中国古历的月份与公历月份在时间上并不完全对应,两者间往往相差一个月左右,如果不加细察,就容易简单地将文献记载的阴历月份视为阳历月份。②

张存良《略说〈太初历〉及其历史影响——兼谈落下闳其人其事》一文以汉武帝对汉王朝制度建设的角度看待太初改历时间,对《太初历》的科学性,以及太初改历的缘起、经过和"以律起历"原理、岁首建正等情况进行介绍,指出《太初历》得以创造而具有的四大因素:首先在于改进了观测技法;其次在于提高了运算方法;再次即对天文历法的认识进行的革新;最后则是受到西汉中叶以来天命观的影响。《太初历》研究要与汉武帝建立汉家制度的文治思想相结合,才能看出其在历史上的重要地位和影响。③

(六)与其他历法进行对比研究

在对《太初历》研究中,许多学者都运用了比较分析法,通过将《太初历》与中国古代运用过或有所记录的其他历法进行对比,在展现其异同的过程中揭示了《太初历》的基本特征,其中,以与《历术甲子篇》

---

① 参见黄敏华《汉历若干问题再研究》,硕士学位论文,上海师范大学,2017 年。
② 参见徐承泰《秦汉正朔之变与史家释年之误》,《华中师范大学学报》(人文社会科学版)2011 年第 4 期。
③ 参见张存良《略说〈太初历〉及其历史影响——兼谈落下闳其人其事》,《西华师范大学学报》(哲学社会科学版)2018 年第 6 期。

和《三统历》的对比研究为主。

《史记·历书》中含有一篇历术表，名曰《历术甲子篇》，共列出76年的历术信息，据学者判断，《历术甲子篇》是以76年为循环周期、以冬至所在月为岁首的四分历。但由于篇中所列数据并非完整的历谱，因而学界对《历术甲子篇》的认识尚未达成共识。

刘洪涛在《〈太初历〉是指〈历术甲子篇〉》中指出，所谓的《历术甲子篇》即为司马迁、落下闳等人制作、武帝太初元年颁布的《太初历》。至于《三统历》则是在《太初历》之后，新莽之际由邓平首倡、刘歆所发展而来的历法，直至东汉元和改历前一直使用。①

刘次沅《史记〈甲子篇〉历谱及其与〈太初历〉的比较》一文中分析了《甲子篇》的数学逻辑，提出推算完整的《甲子篇》历谱的方法。通过比较《甲子篇》与《太初历》，发现《甲子篇》中所采用的四分历所得年长、月长两个基本数据较《太初历》准确，认为这应该是太初改历后实行的历谱。②

《三统历》是西汉末年由刘歆完善的历法，与《太初历》之间具有一定程度的扬弃关系。据《中论·历数篇》中记载："成哀之间，刘歆用平术而广之，以为三统历。"③《三统历》是我国史书上第一部记载完整的历法，于西汉绥和二年（前7）开始实施，至东汉章帝元和二年（85）为四分历取代。因《太初历》与《三统历》在采用时间和创制理念、历法内容上都有着一定的联系，因此常常成为历法比较研究的对象。

薄树人《试探三统历和太初历的不同点》一文从二十八宿、岁星周期、历元、基本数据、冬至点等角度探究了《太初历》与《三统历》的差异，并得出结论：刘歆在作《三统历》时，并非简单地抄袭《太初历》，而是有改造与发展的。④

莫绍揆《秦汉及以前的古历探微》一文中也讨论了《太初历》与《三统历》的内容，进而论证二者的关系，得出结论：《三统历》更加接

---

① 参见刘洪涛《〈太初历〉是指〈历术甲子篇〉》，《南开史学》1983年第1期。
② 参见刘次沅《史记〈甲子篇〉历谱及其与〈太初历〉的比较》，《陕西天文台台刊》1997年第00期。
③ （汉）徐干撰，龚祖培校点：《中论》，辽宁教育出版社2001年版，第33页。
④ 参见薄树人《试探三统历和太初历的不同点》，《自然科学史研究》1983年第2期。

近于今测值,应当引起重视。①

（七）从易学的角度对《太初历》进行研究

易学是事、物运行规律及其相互关系的哲学,其指导思想为天人相应。孔颖达《周易正义》即言："君子以治历明时者,天时变改,故须历数。所以君子观兹革象,修治历数,以明天时也。"② 因观天时、识历数是易学研究的重要方面,因而易学对中国古代历法具有深远的影响。

邓东的《西汉〈易阴阳〉对冬至特性的阐发》一文阐释了《太初历》中蕴含的易学奥秘,春秋战国到西汉中期,历法的发展分别经历了《物候历》《颛顼历》《太初历》,不同阶段对于阴阳、四象、八风、八卦、五行、九宫等学说的解释都有不同,汉武帝太初改历体现了以冬至为中心的四分术历法思想,而作为一种历理准备,《易阴阳》对于冬至特性作出了独到的哲学概括,并将多种学说加以相应的调整,使之构成一种《易》学性质的历法理论。③

金生杨在《落下闳学术中的易学因素》一文中指出,落下闳是"天数在蜀"的杰出代表。他继承了巴蜀地区的天数学传统,身逢汉武帝大兴儒学,参与"改正朔"的大事,制定了《太初历》。落下闳将律吕阴阳九六与爻象相结合,在制定历法时,充分借鉴、运用了《周易》观象治历、治历明时的观念和方法。他造员仪以考历度,以二十八宿定赤道星度,改《颛顼历》为《太初历》,兼涉了观天、治历两个方面,而观天实为治历。同时,他又深刻领会《周易》观天象以明人事的基本原则,注重治历是为生产生活服务,而预言八百岁后《太初历》差一日。落下闳对易学的领悟和运用体现了深厚的巴蜀易学传统,其天文历法对后世的易学带来了深远影响。④

孙艮陶的《试论三统历对太初历所作的易学诠释转向》以易学诠释

---

① 参见莫绍揆《秦汉及以前的古历探微》,《自然科学史研究》1996 年第 1 期。
② （魏）王弼、（晋）韩康伯注,（唐）孔颖达等正义,黄侃经文句读:《周易正义》,上海古籍出版社 1990 年版,第 113 页。
③ 参见邓东《西汉〈易阴阳〉对冬至特性的阐发》,《山东科技大学学报》（社会科学版）2015 年第 3 期。
④ 参见金生杨《落下闳学术中的易学因素》,《西华师范大学学报》（哲学社会科学版）2018 年第 6 期。

为角度，探讨了《三统历》与《太初历》的异同。此文论证了《三统历》脱胎于《太初历》，并依托《周易》等儒家经典对《太初历》做了诠释层面的转向。通过借助《周易》等儒家经典，《三统历》将历法从元气宇宙论的朴素层面导入融合天人的天道关怀之中，使历法成为沟通天人的媒介。之所以产生如此转变，其原因在于随着儒学经学化的逐渐深入，儒家经典的解释权及其解释范围逐渐扩大。历法的制定亦开始尝试新的发展理路，受到历法与易学一体思维的影响，结合象数易学的丰富成就，从而形成了历法与易学结合的新"范式"①。

（八）从音乐学角度对《太初历》进行研究

"以律起历"是中国古代关于乐律和历法关系的基本认知，历法的制作需要一定的数学运算作为工具，因而会采用律数中的数理逻辑来帮助推导。因此，从音乐、律吕的角度展开对《太初历》的研究，也是中国传统历法研究的重要视角之一。

戴念祖和唐继凯都运用了黄钟律数的计算方法，对律与历的关系作出了切实的解释。戴念祖《"律历志"的由来——解密中国古代乐律与历法相关性的缘由》一文考察了中国古代正史将乐律学与天文历法合写为"律历志"的深层次原因，除了发现两门学科在数字上有对应关系外，《太初历》《三统历》确实以乐律参数作为起算数据，由此产生了以律起历的观念。②

唐继凯的《"以律起历"疑难——"律历合一"学说之数理表述与哲学表述间的纠结》一文则认为，"以律起历"是古代史籍中"律历合一"学说的核心环节，然而宋之后，"律历合一"学说日渐淡出官方史籍。基于此，作者通过深入挖掘律与历的关系，试图说明其曾经存在的必然依据。③

（九）从医学的角度对《太初历》进行研究

中国传统医学以探讨天人关系为哲学依托，形成了一套以干支、节

---

① 参见孙㞾陶《试论三统历对太初历所作的易学诠释转向》，《周易研究》2017年第1期。
② 参见戴念祖《"律历志"的由来——解密中国古代乐律与历法相关性的缘由》，《中国音乐学》2015年第2期。
③ 参见唐继凯《"以律起历"疑难——"律历合一"学说之数理表述与哲学表述间的纠结》，《民族艺术》2017年第1期。

气为重要参考数据的诊疗方法,其中,运气学说是天人合一思想在医学领域的最高体现。运气学说将十天干、十二地支与阴阳五行相配,以形成天五运、地六气,从而探讨气候环境与人体健康之间的互动关系的理论。由此看来,历法的修改对于中医理论的形成和诊断、保健方式均有一定程度的影响。

郝葆华《西汉太初历制定中的年干支变化与中医运气学说》则对五运六气学说中的推理工具——年干支进行了考证,发现不同史书中记载的《太初历》太初元年竟有三种干支,分别是"岁名焉逢摄提格(甲寅)""岁在丙子""岁在丁丑",郝氏分析了造成一岁有三种干支的起因,并进一步认为,历史上的干支纪年在早期有颇多不同之处,其中哪种方法符合运气学说原意,就需重新认真断定。①

柯资能、顾植山《五运六气研究中关于干支纪年若干问题的讨论》一文则在一定程度上解答了郝氏前文留下的疑问,认为太初元年的"岁在丙子"即《颛顼历》将公元前105年12月冬至作为标准的纪元,而"岁在丁丑"则是太初改历后以公元前104年12月冬至为基准的年,至于"岁名焉逢摄提格(甲寅)"的问题则是采用了太阴纪年的缘故。此文还论证了干支纪年并不起源于岁星纪年,因而"岁星超辰"问题与纪年干支无关。②

马蕾在《试论节气灸方穴》中指出,《太初历》正式把二十四节气置于历法当中,因此无论是农业生产,还是个人养生,二十四节气都发挥着重要的作用。民间根据二十四节气的不同形成了种种保健习俗,从而奠定了节气灸方穴的理论依据。③

邹勇《五运六气的历法背景》认为古代历法是以天象为本制定的,反映了天地阴阳万物的变化规律,解读历法背景对学习运气理论具有重要意义。诸如《太初历》《四分历》《十月太阳历》等历法皆见于《黄帝内经》之中。运气理论发扬了《十月太阳历》中的内在意义,且与《太

---

① 参见郝葆华《西汉太初历制定中的年干支变化与中医运气学说》,《陕西中医学院学报》1999年第3期。
② 参见柯资能、顾植山《五运六气研究中关于干支纪年若干问题的讨论》,《中国中医基础医学杂志》2005年第6期。
③ 参见马蕾《试论节气灸方穴》,《四川中医》2013年第7期。

初历》《四分历》相统一。①

综上所述，有关《太初历》的研究，学界的主要关注点在于探讨《太初历》制定的背景、经过、内容及其影响，而与其他历法进行对比研究也是揭示《太初历》特点的重要方式。同时，由于《太初历》相关的天文历法知识涉史料考证、数学计算、哲学表述、五音乐律、中医养生等诸多方面，因此这一类的研究往往是通过跨学科，甚至是多学科的形式完成的，这也为《太初历》的研究提供了不同的方法与侧重点，使得当前有关《太初历》的研究呈现出多样性与多层次性的特点，这种多学科研究及其深入开展也将成为我们今后对于有关落下闳研究的重要突破点。

三　总结与展望

以上叙述主要从落下闳其人研究、落下闳贡献研究、《太初历》研究三个方面，综述了涉及落下闳的相关研究成果。从整体上来看，主要体现了三个特点。

第一，研究角度的多元。作为中国古代最杰出的天文学家之一，落下闳对中华文化的贡献不仅仅体现在天文历法的领域，他为实现天体观测和原理演示所制造的浑仪、浑象，为创制《太初历》所进行的数理逻辑推演，对相关学科的发展具有深刻的影响，对中国民俗文化、节庆礼俗、季节养生等方面更是有持续性的贡献。从多元视角展开对于落下闳的研究，需要学者具有从事交叉学科科研的素养和跨学科认知的眼光，也是更加丰富、真实地还原落下闳历史地位的客观需要。

第二，研究方法的多样。从上述评述可以看出，目前学界关于落下闳的研究主要采用了文本解读、文献考证、对比研究、传世文献与出土文献相结合等研究手法。多种研究方式的呈现可以在一定程度上弥补文献不足征的缺憾，有利于更加立体地展现落下闳和《太初历》的特点。

第三，研究的深入和系统性。作为一位科学技术专家，落下闳所作出的科技贡献需要专家学者进行持续的深入探讨和揭示。吕子方、查有梁、斯琴毕力格等学者以落下闳为主要科研方向，从科学知识本身出发，

---

① 参见邹勇《五运六气的历法背景》，《浙江中医药大学学报》2016年第12期。

对落下闳的算法、逻辑体系进行系统性的解读和深入的阐释，这是我们进行科学技术研究、传承和创新的关键步骤。

从上述特点来看，日后的落下闳研究至少可以从四个方面展开思考。第一，进行落下闳的资料汇编工作。文献资料是从事研究的基础性材料，囿于落下闳相关史料的缺乏，学者目前很难对落下闳的生平及贡献作出更加细致的考证，在新的出土材料面世之前，我们可以将目前可收集或查访到的落下闳相关的史料、民俗学材料、少数民族文字材料、民间传说，以及国外的相关研究成果进行全面的系统性汇编，形成落下闳研究的资料库，为相关史实的对比判断、多方位辨析提供材料依托。

第二，用现代科学术语对史书天文学记载进行翻译。史书对古代天文历法记载的词汇和运算描述与现代科学术语有很大的差异，加上文言文书写所造成的阅读障碍，使很多科技工作者和科学史研究人员很难对相关历法进行科学性的解读和梳理运算。而国外相关领域的研究人员想要进行历法文献阅读则是难上加难，客观上阻碍了落下闳走向世界，使世界天文爱好者了解落下闳的进程。将古代史书的天文学相关记载和运算法则与现代科学术语相互对照，并翻译成多国文字，可以极大地便利学者展开深入研究，使落下闳和他的天文学成就得到更加广泛的传播和关注。

第三，对巴蜀地区天文历算传统进行研究，不难发现，巴蜀地区历代擅于天文历法的学者众多。如先秦时期的苌弘，再到两汉时的落下闳、扬雄、谯周等。唐代李淳风、袁天罡晚年居住阆中，从事天文、风水研究。从这个角度来看，巴蜀地区产生落下闳这样成就卓著的天文学家并非偶然，实乃一定的学术氛围和地域文化孕育的结果。对于巴蜀地区的天文历算学渊源进行文化解读、学理阐释、传承脉络梳理、科研历程剖析，有助于我们对巴蜀文化形成更加清晰的认知，并更深切地了解具有巴蜀特色的中华文化。

第四，推动落下闳文化的创新性传播和发展。首先，推动具有一定深度的科普读物、教材的写作出版。2017年，西南交通大学出版社以"正确导向、立足学术、着眼传承"为工作方针，策划"四川十大历史名人文化读本"的出版工作。2019年，《星耀长河——杰出天文学家落下闳》一书面世，随后便被广泛引入四川阆中各中小学校的课堂和街道社区，此书以弘扬落下闳科学探索精神为目的，引导青少年从小崇尚科学、热爱科学，提升人文素养，坚定人生信念，树立远大的人生理想和奋斗目标，成为打造落下闳相关科普读物的范本。其次，推动多种主题的博物馆、展览馆、主题文化公园的建设。将落垭古庙、高阳山等地的文化资源就地转化为不同形式的展览陈列、天文观测中心、博物馆和相应的旅游品牌，将落下闳精神、科技传承与古蜀道申遗项目相结合。最后，以戏剧、歌曲、舞蹈、绘画等多种形式展现落下闳的人生经历和科学贡献。2019 年，川剧《落下闳》在成都首演，该剧融科学性、艺术性、趣味性为一体，通过川剧这一具有巴蜀特色的传统艺术形式，展现了落下闳求真知、悟科学的特殊经历，具有很强的艺术感染力。以此为基础，我们可以推进相关话剧、音乐剧等剧本的创作和表演，同时，开展落下闳及天文科学主题的音乐、舞蹈、绘画创作，以丰富多彩、具有创新力、亲和力、为市民所喜闻乐见的艺术形式对落下闳的人生经历进行表达，增加历史名人文化传播的趣味性和灵活性。

扬雄著述整理与研究综述

邵莘越　吴龙灿[*]

"南阳诸葛庐，西蜀子云亭。"千古名篇《陋室铭》中所谓"西蜀子云"，正是西汉时期成都的扬雄。扬雄（前53—18），字子云，西汉蜀郡成都（今四川郫县）人，西汉著名经学家、辞赋家，蜀学开创者及代表人物，有"西道孔子"之称。少时好学，博览多识，酷好辞赋。口吃，不善剧谈，而好深湛之思。家贫，不慕富贵。四十岁后，始游京师。大司马王音召为门下史，推荐为待诏。因成帝喜爱辞赋，经蜀人杨庄引荐召入宫廷，侍从祭祀游猎，任给事黄门郎，不好交结，历成、哀、平三世不徙官。王莽称帝后，扬雄校书于天禄阁，召为大夫。扬雄著述除《法言》十三卷外，还有《琴清英》一卷，《训纂篇》一卷，《蜀王本纪》一卷，《续史记》（佚），《太玄》十卷，《太玄章句》（佚），《法言解》（佚），《方言》十三卷，《箴》二卷，辞赋三十二篇。《隋书·经籍志》有《扬雄集》五卷，已散佚。明代张溥辑有《扬侍郎集》，收入《汉魏六朝百三家集》，今有多种《扬雄集》注本。

下面就扬雄的生平及交游、《太玄》《法言》《方言》《自序》，以及史学、文学作品研究、思想及评价、《扬雄集》四个部分，对国内外扬雄著述整理和研究现状进行大概的介绍。

---

[*] 作者简介：邵莘越，生于1991年，黑龙江省齐齐哈尔人，四川大学古籍整理研究所2020级历史文献学专业在读博士研究生；吴龙灿，生于1969年，浙江永嘉人，温州大学人文学院教授、硕士研究生导师，主要研究方向：中国哲学、历史文献学。

一 生平及交游

"不汲汲于富贵,不戚戚于贫贱,不修廉隅以徼名当世。"[①]《汉书·扬雄传》曾这样书写扬雄。"扬雄是中国文化史上的一座丰碑,蜀文化史上第一位具有全国性历史影响、百科全书式的文化巨星,最有代表性的人物。"[②] 国际儒学联合会理事、四川师范大学政教学院教授黄开国先生曾这样评价扬雄。少年时期,扬雄跟随严君平学习《周易》《老子》,他仰慕司马相如的才华,写出了很多文辞与思想兼具的辞赋作品,因其辞赋成就可以媲美于司马相如,后世将两人合称为"扬马"。晚年时期的扬雄经历了王莽篡汉的政治变革,因受到学生刘棻案件的牵连,怕被捕受辱的扬雄决心投阁,却自杀未果。后来,因王莽的变革与扬雄的儒家政治理想有相合之处,扬雄书写《剧秦美新》一文,赞扬王莽的政治和经济改革。晚年的扬雄生活窘迫,靠向人传授古文字学,来换取些许的买酒钱,造就了"载酒问字"的典故。

董作宾的《方言学家扬雄年谱》[③]、汤炳正的《汉代语言文字学家扬雄年谱》[④] 对扬雄的生平事迹进行了较为详细的叙述。此外,陆侃如[⑤]、唐兰[⑥]、施之勉[⑦]、徐复观[⑧]、杨福泉[⑨]等学者对扬雄的具体事迹也进行了考证工作。

对于扬雄与王莽关系的考论,大多是围绕《剧秦美新》一文来论述

[①] (汉)班固撰,(唐)颜师古注:《汉书·扬雄传上》,中华书局1962年标点本,第3514页。

[②] 杨帆、曾洁等:《从大禹到杨慎:蜀文化的巨星们当为川人万代珍视》,《华西都市报》2017年7月12日A5版。

[③] 参见董作宾《方言学家扬雄年谱》,《国立中山大学语言历史学研究所周刊》1929年第8卷。

[④] 参见汤炳正《汉代语言文字学家扬雄年谱》,《论学杂志》1937年。

[⑤] 参见陆侃如《扬雄与王音王商王根的关系(中古文学系年的一段)》,《大公报》(天津版)1947年10月17日第6版。

[⑥] 参见唐兰《扬雄奏甘泉河东羽猎长杨四赋的年代问题》,《学原》1948年第10期。

[⑦] 参见施之勉《扬雄奏〈甘泉〉〈羽猎〉二赋在成帝永始三年考》,《大陆杂志》1952年第2期;《扬雄待诏承明之庭在永始元年考》,《大陆杂志》1975年第2期。

[⑧] 参见徐复观《扬雄待诏承明之庭的年代问题》,《大陆杂志》1975年第6期。

[⑨] 参见杨福泉《扬雄至京、待诏、奏赋、除郎的年代问题》,《上海大学学报》(社会科学版)2002年第1期。

的。王莽篡汉建立新朝之后，扬雄仿司马相如的《封禅文》成《剧秦美新》一文，斥责秦朝，赞美新朝，歌颂王莽的功德。许结指出，《剧秦美新》并非阿谀之文。① 方铭认为，《剧秦美新》并非伪托之文或诡言遁词之文，其文出于扬雄的手笔，反映了他顺应时势的真实想法，扬雄与王莽之间有着君臣知遇之感，《剧秦美新》一文在君臣关系和社会革命方面体现了一定的进步性，不可率尔目之为扬雄的污点。② 刘保贞认为，《剧秦美新》一文既非伪托，更非献媚，而是扬雄出自对王莽真心的赞美所作。儒家经典是扬雄评判事物的唯一标准，而其《剧秦美新》中所美的，正是王莽遵儒典、行儒政、致唐虞之道。③ 蒋文燕对《封禅文》《剧秦美新》《典引》进行对比研究，认为三者都体现了汉代士人在制度和规范下创作心态。④ 高明指出，对于《剧秦美新》一文，不应简单地视之为扬雄趋炎附势的罪证，应从历史的角度，以知人论世的眼光，考察其创作的背景和思想根源。王莽的很多政治措施是顺应了当时社会发展要求的。⑤ 周桂钿指出，在扬雄撰写《剧秦美新》之时，歌颂王莽者甚多。未篡权时，王莽谦谦君子的形象深得人心。而从扬雄一生淡泊名利的性格特点来看，其举并不能谓之为卑鄙。⑥ 刘志伟、邵杰对现有材料进行综合考论，指出《剧秦美新》的创作年代应当在始建国四年夏。⑦ 邵杰《〈剧秦美新〉"帝典"论与汉新之际士人心态》一文重点研究了扬雄对王莽提出的作新《帝典》的建议，扬雄目的是借助古典文献彰显其政权的合法性。新典、新纲昭示着新的王道，重新制《帝典》，不仅能够为新朝的统治提供崭新的理政蓝本，更是"制礼作乐"的圣王垂范。其归根结底是士人

---

① 参见许结《〈剧秦美新〉非"谀文"辨》，《学术月刊》1985 年第 6 期。
② 参见方铭《〈剧秦美新〉及扬雄与王莽的关系》，《中国文学研究》1993 年第 2 期。
③ 参见刘保贞《扬雄与〈剧秦美新〉》，《山东大学学报》（哲学社会科学版）2000 年第 6 期。
④ 参见蒋文燕《关于〈封禅文〉、〈剧秦美新〉和〈典引〉的一点思考》，《宁夏大学学报》（人文社会科学版）2002 年第 2 期。
⑤ 参见高明《扬雄〈剧秦美新〉考论》，《西藏民族学院学报》（哲学社会科学版）2006 年第 2 期。
⑥ 参见周桂钿《重评扬雄〈剧秦美新〉》，《中国社会科学院研究生院学报》2013 年第 2 期。
⑦ 参见刘志伟、邵杰《〈文选〉所收〈剧秦美新〉之作年及涉莽时事考论》，《河南师范大学学报》（哲学社会科学版）2014 年第 5 期。

基于天人关系认知之下的"立言"行为。① 王瑰认为,"美新"是扬雄为完成《方言》争取时间和环境的权宜之举。② 王允亮指出,《剧秦美新》中的"奋三为一"源于"王道通三"观念,是汉代士人王道观念中的核心命题。它在贯通天人的基础上,强调屈民伸君、屈君伸天,是时代精神的高度体现。③

二 作品研究

(一)《太玄》

《太玄》是扬雄仿《周易》而作的易学著作,汉末宋衷为之解诂,三国陆绩、虞翻、陆凯、李譔、王肃皆为之注,而以晋范望、宋司马光集注为长。司马光仿《太玄》而著《潜虚》。此后辽有胡次和著《太玄集注》、赵秉文著《太玄笺赞》,明有叶子奇著《太玄本旨》,清有刘斯组著《太玄别训》、焦袁熹著《太玄解》、陈本礼著《太玄阐秘》,俞樾、孙诒让、王国维、刘师培皆有训校。

当代学界对扬雄《太玄》的研究,主要集中在文献整理和哲学思想研究等方面。

关于扬雄著述整理,以刘韶军的《太玄校注》(华中师范大学出版社1996年版)、刘韶军点校的宋司马光《太玄集注》(中华书局2003年版)、郑万耕的《太玄校释》(中华书局2014年版)为代表,主要是《太玄》文本点校和选择性注释。

关于扬雄《太玄》哲学思想研究,郑文指出,《太玄》体现了二元论的哲学思想,其中既有唯物主义的成分,也有唯心主义的成分。④ 郑万耕指出,扬雄对黄老唯物主义思想进行进一步发挥,把万物统一于"玄"这一物质实体,其哲学具有唯物主义特色。⑤ 黄开国对《太玄》展开了系

---

① 参见邵杰《〈剧秦美新〉"帝典"论与汉新之际士人心态》,《文学遗产》2016年第2期。
② 参见王瑰《也论扬雄"美新"》,《关东学刊》2016年第6期。
③ 参见王允亮《扬雄〈剧秦美新〉与汉代的王道观》,《上海大学学报》(社会科学版)2017年第5期。
④ 参见郑文《〈太玄〉学说初探》,《西北师大学报》(社会科学版)1979年第4期。
⑤ 参见郑万耕《扬雄〈太玄〉中的宇宙形成论》,《社会科学研究》1983年第4期。

列研究，成就卓然，先后发表了《析〈太玄〉构架形式》①、《〈太玄〉与西汉天文历法》②等文章。叶幼明也肯定扬雄的"玄"是一个物质实体、唯物主义命题。③王伦信对《太玄》八十一首中的首符的数字逻辑进行了研究，认为《太玄》的首符具有严密整齐的三进制数字特点。④魏启鹏认为，扬雄通过《太玄》所展现的哲学思考，具有理性主义的色彩，对谶纬神秘主义思想进行了冲击，严君平、扬雄师徒二人的思辨精神和学术特色，影响了魏晋玄学和道家易学。⑤张涛指出，扬雄仿《周易》作《太玄》，其理论构建中所体现的易学思想是对《易传》及西汉易学研究的继承和发展，在一定程度上反映了当时的政治思潮，以黄老之说解《易》影响了以王弼为代表的学者。⑥王萍指出，西汉末年，相当一批士人企图从汉初的黄老之学中找出救世良方。严遵的《老子指归》、扬雄的《太玄》等著作，都融摄、发展了道家思想。⑦刘保贞认为，《太玄》从形式和内容两方面来看，都对《周易》有着明显的模仿。⑧周立升认为，《太玄》一书融汇《周易》和《老子》的精神，从三分法来看，又更加接近《老子》，其思想是汉代经学向魏晋玄学转化的重要环节。⑨问永宁认为，在《太玄》八十一首中，《中》首兼具水、土二行，这是由扬雄所本的宇宙思想决定的。《太玄》在宇宙观上，兼采浑天说与盖天说。⑩金生杨《汉唐巴蜀易学研究》一书中设有《扬雄与〈太玄经〉》一节，就扬雄对《周易》的认知、《太玄》拟《易》的用意、主要表现及失误之

---

① 参见黄开国《析〈太玄〉构架形式》，《孔子研究》1989年第4期。
② 参见黄开国《〈太玄〉与西汉天文历法》，《江淮论坛》1990年第2期。
③ 参见叶幼明《扬雄的"玄"是一个唯物主义命题》，《湖南师范大学社会科学学报》1997年第4期。
④ 参见王伦信《〈太玄〉首符是一组严整的三进制数》，《中国哲学史》1993年第1期。
⑤ 参见魏启鹏《〈太玄〉·黄老·蜀学》，《内蒙古师大学报》（哲学社会科学版）1996年第2期。
⑥ 参见张涛《略论扬雄对汉代易学发展的贡献》，《河南大学学报》（社会科学版）2000年第1期。
⑦ 参见王萍《严遵、扬雄的道家思想》，《山东大学学报》（哲学社会科学版）2001年第1期。
⑧ 参见刘保贞《论〈太玄〉对〈周易〉的模仿与改造》，《周易研究》2001年第1期。
⑨ 参见周立升《〈太玄〉对"易""老"的会通与重构》，《孔子研究》2001年第2期。
⑩ 参见问永宁《读玄释中——试论〈太玄〉所本的宇宙说》，《周易研究》2001年第3期。

处、《太玄》的义例等问题进行阐述。① 魏鹏举认为，《太玄》是扬雄拒绝并对抗体制经学的书写实践，书中所表达的并非道家思想，而是试图重现原始儒学精神的愿望。② 解丽霞指出，《太玄》一书有着儒道互补的特点，其"玄"的概念设定、物极必反、退守无为等思想来源于道家，象数、五常、中和、明君贤臣等思想来源于儒家，从整体上来看，具有"取道宗儒"的思想特点。③ 田小中的博士学位论文《〈太玄〉易学思想研究》从西汉学术思潮的角度审视《太玄》的创作背景，探讨了《太玄》对易象的继承和发展、对易数的读解与开新、对易理的整合与诠释、对易筮的模拟与创变等问题。④ 张思齐认为，《周易》主张二要素论，《太玄》主张三要素论。《太玄》的三要素即天地人三要素，乃是阴阳二要素加上作为批评主体的人。扬雄突出了人在文学批评中的主体作用，并用它建构了一套完整的文学批评的模式，这是扬雄在中国文学批评史上的突出贡献，而且在这一点上西方各国的文学批评家尚无人能与扬雄相比。扬雄在文学创作和学术研究两方面都秉持发展、前进的立场，此可以概括为发展的批评观。⑤

（二）《法言》

《法言》是扬雄仿《论语》而作的儒家哲学著作，汉有侯芭《法言注》六卷，吴有宋衷注十三卷，晋有李轨解一卷，隋有辛德源注二十三卷，唐有柳宗元注，北宋有咸重广注十卷，吴秘注及音义一卷。司马光晚年辑合当时仅存的李、柳、宋、吴四家注并音义，附以己意，纂成《扬子法言集注》十卷。然自宋程颐、苏轼、朱熹批评此书，疑其为人，如"莽大夫扬雄死"（朱熹《通鉴纲目》），遂问津者稀。清代汉学复兴，王念孙、王引之、孙星衍、孙诒让、俞正燮、俞樾等皆有《法言》考订研究，清末汪荣宝所作《法言义疏》，以治经之法治《法言》，取历代注

---

① 参见金生杨《汉唐巴蜀易学研究》，巴蜀书社2007年版。
② 参见魏鹏举《述"事"作"文"：扬雄〈太玄〉旨意探微》，《文学评论》2009年第3期。
③ 参见解丽霞《取道宗儒：〈太玄〉的义理诠释》，《四川师范大学学报》（社会科学版）2009年第5期。
④ 参见田小中《〈太玄〉易学思想研究》，博士学位论文，山东大学，2009年。
⑤ 参见张思齐《扬雄〈太玄〉中的文学批评要素》，《西华大学学报》（哲学人文社会科学版）2019年第3期。

释和研究成果而集大成。2018 年，巴蜀书社出版纪国泰的《〈扬子法言〉今读》，其书兼具学术性与通俗性，注释精准，译文流畅，按语部分阐发书中的意蕴。

黄开国指出，扬雄的人伦有着鲜明的儒学伦理主义色彩，扬雄的人伦具有如下显著特点：以伦理作为唯一的判定标准，以伦理程度的高低对人进行品级的划分，同时强调道德实践的意义。这些都将儒家关于人的理论推到了一个新境界。① 石晓宁认为，从《法言》内容上来看，扬雄过分地强调了儒学作为个人修身内省的自我完善功能，鄙弃儒学提倡的积极入世、汲汲于政治事功的社会理想。为此，扬雄尊孔孟之学为学术正宗，斥实用荀学，旨在建立纯而不杂的"纯儒学"体系。然而，"纯儒学"的倾向，又使儒学"内圣外王"的两大特色陷入了十分矛盾的分化状态，但从思想史的角度来看，它开了宋明心性之学的先河，具有一定的积极意义。② 杨海文指出，《法言》的语言学策略和儒学史建构都体现了一定的文化守成主义倾向，尽管其文化守成主义在他的思想发展历程中落实得并不彻底，但他留下的理论遗产在今天的民族文化重建运动中具有启迪意义。③ 张兵认为，由于生活的社会环境，以及师学渊源，扬雄在《法言》中体现出了道家思想。具体而言，这些思想主要表现在两个方面。尚玄崇道和因循革化。这些道家思想的存在与扬雄所推崇的儒家学说并不矛盾，而恰恰正是为其儒家思想而服务的。④ 王博从思想史及文学史两个角度，以儒本兼道为切入点，对《法言》进行全面探讨和研究。研究兼及《法言》本身独特的艺术特色及其对后世文学思想的影响。文章着重探讨了《法言》儒本兼道的思想特色及其形成的原因、《法言》的文学思想、《法言》的艺术特色、《法言》的价值及其影响。⑤ 张兵指出，《法言》是扬雄拟《论语》而作的语录体散文著作。在语言艺术上，吸收

---

① 参见黄开国《扬雄〈法言〉的人论及意义》，《江西社会科学》1989 年第 4 期。
② 参见石晓宁《试谈扬雄〈法言〉的思想倾向》，《沈阳师范学院学报》（社会科学版）1994 年第 3 期。
③ 参见杨海文《扬雄〈法言〉的文化守成主义》，《学术研究》1997 年第 9 期。
④ 参见张兵《扬雄〈法言〉中的道家思想》，《济南大学学报》（社会科学版）2001 年第 5 期。
⑤ 参见王博《扬雄〈法言〉研究》，硕士学位论文，广西师范大学，2004 年。

和承继了《论语》等先秦散文所运用的修辞手法,丰富、发展了散文语言。此外,扬雄还将辞赋和散文创作相互融合,使《法言》呈现出《论语》所未有的华彩气息和骈俪化的时代风貌。这些都应促使我们对《法言》在散文史、骈文发展史上的地位进行重新评价。① 马辉芬梳理并考证了扬雄《法言》的著录及版本情况,并分析比较了不同时代《法言》的著录情况及版本差异。② 杨金有、宋祥认为,扬雄治学思想的核心是"学者,所以修性也",治学的目标是"求为君子",若想"求为君子",必须树立成为君子的志向、选择品行俱佳的老师,并为此坚持不懈地学习。具体的学习方法则要靠自身的勤学精思、与朋友之间的切磋琢磨,并且努力践行学思所得的圣人之道。③

(三)《方言》

《方言》是扬雄继承前人成果、穷晚年二十七年方言调查研究的基础上撰成的方言学开创性巨著。文渊阁《四库全书》题作《輶轩使者绝代语释别国方言》,简称《方言》,题为汉扬雄撰,晋郭璞注。晋郭璞以晋代词语解释古语而注《方言》。明陈与郊依《尔雅》篇体例,分类重编为《方言类聚》。清有卢文弨撰《方言校正》,戴震撰《方言疏证》,沈龄撰《方言疏证续》,刘端临撰《方言校补》,王念孙撰《方言疏证补》等。钱绎在弟弟钱侗笺疏《方言》的基础上,参考采集诸家之说,完成《方言笺疏》十三卷,是为全面整理《方言》的集大成之作。

20世纪以来的《方言》整理,主要有点校注释和全本整理两类。前者有王国维(《书郭注方言后三》)、吴承仕《经籍旧音辨证·方言郭璞注》、吴予天《方言注商》、刘君惠(《〈方言〉笺记》)、徐复(《〈方言〉补释》)诸家。后者有属于词语疏解型的丁惟汾《方言音释》,属于文本校勘型的周祖谟《方言校笺》,属于版本资料型的佐藤进《宋刊方言四种影印集成》,属于资料整理型的松江崇《扬雄〈方言〉逐条地图集》,以及集校集释型的华学诚《扬雄方言校释汇证》。

---

① 参见张兵《扬雄〈法言〉语言艺术特色初探》,《西华师范大学学报》(哲学社会科学版)2004年第3期。
② 参见马辉芬《〈法言〉著录及版本考略》,《图书馆理论与实践》2006年第4期。
③ 参见杨金有、宋祥《学者,所以求为君子也——扬雄〈法言〉中的治学思想》,《古籍整理研究学刊》2018年第4期。

不少学者针对《方言》的写作方法、特点、影响等展开研究。赵振铎认为，在写作方面，扬雄乐于模仿前人，他仿《尔雅》作《方言》，收集当代语言词汇。①殷孟伦从对《方言》的作者、内容、编纂目的、资料依据、作品、转语问题等方面切入研究。并提出研究者应注意以下事项：重视典籍以明所本，搜集材料以广应用，实际考察或亲身访问，注意不同语言的语词，亲身整理，分析出方言变易的规则。②傅鉴明认为，《方言》运用历史比较法，研究古代汉语词汇与古方言之间的关系，梳理其历史演变，采集四方异语，在《尔雅》训诂之外独树一帜，是我国语言史、训诂史的新纪元。《方言》创造了古方言学和历史比较语言学的研究方法，保存了汉代丰富的方言口语词汇，为研究者提供了宝贵的资料。③徐文炎认为，《方言》的问世，开拓了训诂的新路径，使训诂工作重视当代活着的语言，训诂在着眼于语言的纵向联系之外，还注重语言的横向关系，充实了训诂的内容，扩大了训诂的范围。这一点应当被今天的训诂学研究继承。④康建常指出，扬雄最早具备了语言的时空观，具有研究方言应当深入群众的进步观念，他的《方言》对一些同义词进行了辨析，有助于认知其中的异同；《方言》中采集并解释了很多先秦、汉代的方言和口语词汇，有助于印证古代作品中的词义。⑤李恕豪以扬雄《方言》为主要材料，结合历史人文地理等方面的理论知识，对汉代的秦晋方言展开研究。⑥汪启明指出，林雨堂分扬雄的方言区域为十四系，其中，齐、鲁并为一系，东齐自成一系。在从多个方面对东齐进行考察之后，作者得出结论：东齐语与齐语是同一个系统，东齐语具有部分特有词汇，可

---

① 参见赵振铎《扬雄〈方言〉是对〈尔雅〉的发展》，《社会科学研究》1979 年第 4 期。
② 参见殷孟伦《〈方言〉与汉语方言研究的古典传统》，《文史哲》1983 年第 5 期。
③ 参见傅鉴明《扬雄的〈方言〉与历史比较语言学》，《成都大学学报》（社会科学版）1988 年第 Z1 期。
④ 参见徐文炎《汉扬雄撰〈方言〉开拓了训诂新径》，《新疆大学学报》（哲学社会科学版）1990 年第 2 期。
⑤ 参见康建常《扬雄的语言观及其〈方言〉的价值》，《殷都学刊》1991 年第 1 期。
⑥ 参见李恕豪《扬雄〈方言〉中的秦晋方言》，《四川师范大学学报》（社会科学版）1992 年第 1 期。

作为齐语的次方言区。① 赵振铎、黄峰对《方言》中的外来词进行研究,并指出,对《方言》中外来词的发现和研究还是一个新课题,其研究方法需要进一步研究和总结。② 朱敏、肖福平通过历时比较、方域联系、民族意识、实证考察等方面的研究,对《方言》的思想特征进行阐释,揭示扬雄较为全面、成熟且复杂的语言观,并探讨其意义。③ 谢荣娥指出,扬雄时代的楚地词在今天南方汉语方言及少数民族语言中有所遗存,它见证了楚方言与南方汉语方言及少数民族语言之间的相互接触与影响,透露这些民族语言所在区域源远流长的"桃木崇拜"的文化意蕴。④ 孔玺铭、张喜贵结合当今语言学的研究现状,从共时与历时、田野调查、分类编次三个方面,对《方言》中的语言学研究方法进行分析。⑤

(四)《自序》

扬雄晚年创作《自序》,对自身的家世渊源、行事,以及《甘泉》《河东》《校猎》《长杨》四大赋的创作意图进行较为详细的阐述,班固全录之,以为《汉书·扬雄传》。

陈朝辉认为,扬雄《自序》既非《法言》之序,亦非扬雄著作"三十八篇之总序",而是扬雄在其著作不用于世的情况下,对自己立身行事与思想著述的总结,既"著篇之意",并兼有"自叙风徽,传芳来叶"的性质。⑥ 扬雄早年好赋,扬雄晚年却屡言悔赋,罗红梅以扬雄的《自序》为研究中心,从扬雄的立身行事出发,分析其悔赋的具体语境。儒家的积极有为是扬雄终身秉持的思想,也是考察扬雄好赋或悔赋的必要前提,

---

① 参见汪启明《扬雄〈方言〉中的"东齐"考辨》,《四川大学学报》(哲学社会科学版)1993年第3期。

② 参见赵振铎、黄峰《扬雄〈方言〉里面的外来词》,《中华文化论坛》1998年第2期。

③ 参见朱敏、肖福平《从〈方言〉看扬雄的语言观》,《成都理工大学学报》(社会科学版)2019年第1期。

④ 参见谢荣娥《论扬雄〈方言〉楚地词"赵"与南方民族桃木崇拜》,《广西民族大学学报》(哲学社会科学版)2019年第2期。

⑤ 参见孔玺铭、张喜贵《扬雄〈方言〉语言学研究方法探析》,《现代语文》2019年第5期。

⑥ 参见陈朝辉《扬雄〈自序〉考论》,《四川师范大学学报》(社会科学版)2006年第2期。

晚年，囿于时势的扬雄发出悔赋之语，实属无可奈何的自嘲。① 刘国民认为，扬雄作《自序》的目的首先是求以文章称名于后世，《自序》不仅保留了他的作品，也明确其作者，而且，《自序》还表达了他进行创作的时代背景和创作目的。其创作目的是"述往事，思来者"，向后人表明自己的心志。②

（五）史学作品

扬雄还为蚕丛至秦代的历位蜀王作传，写成《蜀王本纪》一书。该书虽已散佚，但其残存的辑本仍可视为古蜀历史研究的重要参考资料。

徐中舒认为，《蜀本纪》或《蜀王本纪》的作者并非西汉末年的扬雄，而是蜀汉时期的谯周。③ 周生杰对《蜀王本纪》的作者、体例等问题进行考证，并分析其文献价值。关于《蜀王本纪》的作者，先后有三种不同的说法：祝元灵、谯周、扬雄，三种说法中，以扬雄说为实。关于其书的性质，亦主要有三种说法：史部地理类、史体志怪小说、别史类。作者认为，当归为史体志怪类。此外，该书具有很高的史学价值和文学价值，是我们研究古史文明的重要参考资料。④ 辛艳对《蜀王本纪》和《华阳国志·蜀志》展开了比较研究。从保存和流传情况来看，《蜀王本纪》原文早已散佚，后世的多种辑本残缺不全，难以成章。《华阳国志·蜀志》在流传过程中也产生了一些缺漏和错误。这两本文献对古蜀同一史事记载往往有彼此矛盾之处，对人们了解古蜀历史造成了障碍。文章对《蜀王本纪》和《华阳国志·蜀志》的作者、体例进行了介绍。《蜀王本纪》的作者为西汉时期的扬雄，其书具有地方史志和志怪传说的双重性质；《华阳国志·蜀志》的作者为东晋常璩，该书兼有地方史和地方志的性质。此外，文章还对《蜀王本纪》和《华阳国志·蜀志》所记载的古蜀史事进行了比较分析，并结合目前史学界的研究成果和考古发现，对二者记载的合理性进行判断。并从两部书的取材、成书背景、作者的个人背景和人生经历等方面，分析造成这两本文献记载差异的原因，进

---

① 参见罗红梅《扬雄悔赋考辨——以扬雄〈自序〉为中心》，《宜宾学院学报》2009年第9期。
② 参见刘国民《论扬雄之〈自序〉》，《蜀学》2018年第2期。
③ 参见徐中舒《论〈蜀王本纪〉成书年代及其作者》，《史学史资料》1979年第3期。
④ 参见周生杰《〈蜀王本纪〉文献学考论》，《四川图书馆学报》2008年第1期。

而对《蜀王本纪》和《华阳国志·蜀志》两本文献进行评价:《蜀王本纪》中离奇、虚幻的神话传说中包含着对历史真实的讲述,《华阳国志·蜀志》将最基本的史料真实地保存了下来。两部书可以互为补充的同时还可作为古蜀历史研究的重要参考。① 蒙默对《蜀王本纪》中的词语"左言""左衽"进行了辨析。② 张峰屹对严可均辑校的《蜀王本纪》之中的误漏进行了归纳,认为共有体例不严谨、以意删减、妄改原文,缀合多条佚文以成段、佚文见于诸书而遗漏文详者、出处标注不完备、有错误,甚至失据、刻错、妄增字句、佚文遗漏未收等失误,因而,作者认为,严可均所辑校的《蜀王本纪》虽功劳甚大,但其中不乏各种类型的错误,有重新辑校的必要。③ 孙远针对学术界对《蜀王本纪》作者为谯周抑或扬雄的争论展开辨析,结合相关文献,并对扬雄文章的结构、语言、风格等特征进行分析,得出结论,认为"扬雄说"更为合理。④ 李殿元认为,《蜀王本纪》是关于古蜀历史最原始、最直接的文献记载,对《华阳国志》的书写有直接的影响。尽管我们今天所能见到的《蜀王本纪》只有一千多字,所记载的古蜀历史非常有限,其中还包含不少荒诞的神话,但《蜀王本纪》却是关于古蜀历史"现存最可靠之纂辑文字",特别是其中关于古蜀五王的记载、大禹为汶山郡广柔县人、蜀守李冰作石犀等历史资料,对我们今天研究古蜀历史有不可觑的意义。⑤ 黄剑华指出,扬雄的《蜀王本纪》中有关于古蜀传说中五个王朝蚕丛、柏灌、鱼凫、杜宇、开明的记载,为了解和探讨古蜀历史提供了重要的线索。随着成都平原诸多古城遗址,以及三星堆与金沙遗址等重要考古发现的问世,古蜀文明的灿烂辉煌逐渐得到了揭示,证明了传说中的古蜀王朝并非子虚乌有。扬雄的《蜀王本纪》迄今仍是我们了解和研究古蜀历史的重要参考。⑥

---

① 参见辛艳《〈蜀王本纪〉与〈华阳国志·蜀志〉比较研究》,硕士学位论文,四川省社会科学院,2010年。

② 参见蒙默《〈蜀王本纪〉"左言""左衽"辨释及推论》,《文史杂志》2012年第4期。

③ 参见张峰屹《严可均辑校〈蜀王本纪〉之误漏举要》,《文学与文化》2013年第4期。

④ 参见孙远《〈蜀王本纪〉著者考》,《琼州学院学报》2015年第1期。

⑤ 参见李殿元《论〈蜀王本纪〉对古蜀历史研究的意义》,《文史杂志》2018年第2期。

⑥ 参见黄剑华《扬雄〈蜀王本纪〉与古蜀传说探析》,《地方文化研究》2020年第2期。

（六）辞赋等文学作品

扬雄雅好辞赋，他仿司马相如，且成就与其比肩，作为汉赋四大家之一，他的辞赋被杜甫称赞为"赋料扬雄敌，诗看子建亲"。他曾书《上林赋》《羽猎赋》《长杨赋》《河东赋》四大赋以劝君王，其中饱含忧君忧民的儒者仁心，对后世的辞赋创作产生了深远的影响。

王以宪指出，扬雄的大赋并非简单地模仿司马相如，而是有所改革和创新的。他对辞赋提出的评价标准："诗人之赋丽以则，辞人之赋丽以淫"长期影响了后世的文学评论。[①] 陈恩维认为，扬雄的赋在模拟中走向创新，形成了自己独特的风格。哀平新莽时期，扬雄的赋作开始转型，其一表现为篇文的创作，其二表现为言志赋的创作。[②] 吴明贤对扬雄和左思的《蜀都赋》展开对比研究，揭示二者创作旨趣的异同。[③] 王德华认为，扬雄的大赋体现了以颂为讽的写作模式，对东汉赋体理论与创作产生了双重影响：一是创作上使"以颂为讽"的模式得以延续，二是其"以颂为讽"创作实践的失败，促使大赋创作转向以颂美为主的风格。[④] 易闻晓认为，扬雄以"学者型文人"为赋，以事实为本，议论为用，征引《诗》《书》，这对于后来的大赋创作具有深远的影响。[⑤] 王定璋以扬雄的《甘泉》《河东》《羽猎》《长杨》四大赋为研究对象，探讨其中蕴含的文学理念与理论建树。[⑥] 沈曙东认为，作为蜀中文学和文化传统的杰出代表，扬雄对后来的蜀士产生了深远的影响。结合李白还山前后的理想追求来看，扬雄对李白有着更为直接的影响。[⑦] 李秋香深入探讨了巴蜀文化对扬雄文学创作的影响。他的作品不仅彰显巴蜀文化缤纷多彩、浪漫、

[①] 参见王以宪《试论扬雄在汉大赋上对司马相如的因革与发展》，《江西师范大学学报》（哲学社会科学版）1985年第1期。

[②] 参见陈恩维《试论扬雄赋的模拟与转型》，《中国韵文学刊》2003年第2期。

[③] 参见吴明贤《扬雄、左思〈蜀都赋〉比较》，《四川师范大学学报》（社会科学版）2005年第1期。

[④] 参见王德华《扬雄赋论准则及其大赋创作模式》，《浙江师范大学学报》（社会科学版）2011年第4期。

[⑤] 参见易闻晓《论扬雄与汉大赋的转向》，《复旦学报》（社会科学版）2018年第6期。

[⑥] 参见王定璋《扬雄四大赋蕴含的文学理念》，《蜀学》2019年第1期。

[⑦] 参见沈曙东《论扬雄对李白的影响》，《福州大学学报》（哲学社会科学版）2019年第1期。

夸张的美学特色,还为巴蜀文化的建设和推广作出了重要的贡献。① 许结认为,扬雄的《甘泉赋》《长杨赋》等,通过追溯周德以构建汉德,这种建德思想的产生基于经学思维,成为东汉班固、张衡等大赋创作的效仿对象,在魏晋以后的承续中更多表现于赋体的考量,但扬雄赋学建德的肇始之功,仍有着历久弥新的批评价值。② 王志阳对扬雄辞赋创作进行动态的考察,指出出于个人情感变化、阅历的丰富和强烈的经学思想,扬雄的赋论和赋学创作呈现出前后相反的状况。③ 王红霞、熊梓灼对杜甫诗歌中约二十首与扬雄相关的称引进行了研究,认为杜甫对扬雄的人生经历产生了诸多共鸣,在文学风格上,二人亦有相通之处。④ 熊良智认为,扬雄具有文学自觉意识,他关注现实、讽喻现实,这不仅是"其事则述""其书则作"的创作精神的体现,也反映了汉代大赋创作由凭虚转向征实的新特点。⑤ 侯文学指出,扬雄对屈原、司马相如作品的评价贯穿其一生的创作与著述活动。早期作《蜀都赋》《反离骚》,中年作"四赋",或仿屈原,或仿司马相如,以丽辞属文。晚年,扬雄弘扬儒家学说,对包括屈原、司马相如作品在内的骚、赋体文学提出批评。扬雄的辞赋观直接影响班固等东汉以后的学者与赋家。⑥ 陶禹认为,《蜀都赋》文本背后隐含的思想观念是确认其创作时代的关键。通过史学、哲学等多维度的考察,作者指出,扬雄的《蜀都赋》确为托名之作。⑦

三 思想及评价

对扬雄的思想进行总体性评议,从蜀学发展乃至中华文化传承的角

---

① 参见李秋香《扬雄作品地域审美观初探》,《贵州师范学院学报》2019年第4期。
② 参见许结《论扬雄赋学的建德观》,《文学遗产》2019年第5期。
③ 参见王志阳《扬雄赋论与辞赋创作变化成因考论》,《成都理工大学学报》(社会科学版)2019年第6期。
④ 参见王红霞、熊梓灼《杜诗称引扬雄探析》,《四川师范大学学报》(社会科学版)2019年第2期。
⑤ 参见熊良智《扬雄的文学思想与辞赋书写》,《四川师范大学学报》(社会科学版)2019年第6期。
⑥ 参见侯文学《扬雄辞赋观的形成及其文学史意义》,《清华大学学报》(哲学社会科学版)2020年第1期。
⑦ 参见陶禹《扬雄〈蜀都赋〉的知识来源与真伪辨析》,《新疆大学学报》(哲学人文社会科学版)2020年第2期。

度,对扬雄的贡献展开评价,是学界从事扬雄研究的重点内容,也是推动扬雄文化走向民间、得到广大人民群众认可和传承的重要工作。

吴则虞《扬雄思想平议》对扬雄的思想进行了综合性研究。① 黄开国指出,扬雄对于社会发展进程的阐述,具有前进性与曲折性相统一、继承性与变革性相统一的特色,其价值不可否认。他以"德"的有无作为是否受天保护的根源,其社会历史观具有道德决定论的色调。② 叶福翔认为,扬雄是一位不可多得的文化大家。他在哲学、语言文字学、文学等方面对中国文化贡献很多,潜移默化地影响了后世的文化发展和士人心态。③ 魏启鹏指出,扬雄的《太玄》继承了严遵的思想,以有无为中心议题,体现了汉代道家哲学认知的进一步深化,为探究世界本体的魏晋玄学做了较为充分的思想铺垫。因此,《太玄》具有承前启后的作用。④ 谭继和认为,扬雄是孔子思想在汉代传承的集大成者。扬雄关于"三"的创见,以中和精神为内核,是大一统思想的哲学基础,是汉文化统一进程在思维方式变革上的集中反映。它对巴蜀儒风的流布产生了深远的影响,使巴蜀成为与齐鲁比肩的又一个全国性文化重心。⑤ 边家珍指出,扬雄继承并发展了先秦儒学,将孔子、孟子树立为先秦儒学的正宗,并借助道家、墨家的思想对儒学内涵进行补充。他突出儒学"内圣"的一面,促进士人走向人格自觉。⑥ 许晓宇指出,扬雄的《太玄》虽仿《易》而作,但他将《易》的"二"发挥为《太玄》的"三",这与巴蜀地区落下闳的律例之学、黄老学派的天地人三才观、严遵的清和浊三位论有一定的思想渊源。因此,扬雄《太玄》之中的"三",可以看作巴蜀学术发

---

① 参见吴则虞《扬雄思想平议》,《哲学研究》1957年第6期。
② 参见黄开国《扬雄的社会历史观》,《重庆师院学报》(哲学社会科学版) 1990年第2期。
③ 参见叶福翔《试论扬雄对中国文化的贡献》,《中华文化论坛》1996年第1期。
④ 参见魏启鹏《〈太玄〉·黄老·蜀学》,《内蒙古师大学报》(哲学社会科学版) 1996年第2期。
⑤ 参见谭继和《"西道孔子"扬雄的大一统观与儒风在巴蜀的流布》,《中华文化论坛》2001年第1期。
⑥ 参见边家珍《论扬雄对先秦儒学的继承与发展》,《河南大学学报》(社会科学版) 2002年第3期。

展至西汉晚期而集大成的体现。①

舒大刚指出，孔子以"仁智勇"为三达德，经过子思和孟子的发展完善，至董仲舒形成"仁义礼智信"五常，成为影响中国社会两千多年的核心价值。与此同时，西汉末年的哲学家扬雄提出"道德仁义礼"五德说，可谓别开一枝，独具特色。这一观念融汇道家的"道德"与儒家之"仁义礼"，其产生渊源可追溯至老子、孔子、王褒、严遵及《山海经》，由此看来，扬雄的学问既是儒道融合的产物，亦是对巴蜀文化的继承发展。②

蔡方鹿的《扬雄的道统思想及其在道统史上的地位》从道统的角度切入扬雄思想研究，认为扬雄抬高了孟子的地位，坚守儒家一脉相传的圣人之道，并批判阴阳灾异、天人感应、谶纬神秘主义等思想，对后世的道统思想有着很大的影响。③ 他的《扬雄对蜀学的影响》一文，认为扬雄重视道家思想，客观上影响了蜀学的发展，东汉末年，道教在蜀地创教，随后在巴蜀流传演变。扬雄尊孔崇圣的道统观也对蜀学产生了重要影响。后世蜀人对扬雄的批评和评价，亦是扬雄影响蜀学的表现之一。扬雄对蜀学的影响，推动了地域文化与时代思潮的结合，促进了中国传统思想文化的持续发展。④ 潘殊闲认为，扬雄的出现并非偶然，他与蜀文化之间有很深的渊源，从扬雄身上可以窥见众多蜀文化的特质与亮点：扬雄是文翁化蜀、"蜀学比于齐鲁"的典范；是"自古文宗出西蜀"的典范；是蜀人"不鸣则已，一鸣惊人"的典范；是蜀人擅长浪漫思维的典范；是蜀人擅长逆向思维的典范；是"易学在蜀"的典范；是古蜀文化的守望者与拓荒传播者。⑤ 刘韶军、张婷分析了《莹》篇中关于福祸、福乐的关系问题，并与弗洛伊德及康德有关思想进行比较研究。同时，作

---

① 参见许晓宇《从二到三：〈太玄〉蜀学渊源浅探》，《商》2014年第26期。
② 参见舒大刚《道德仁义礼：扬雄虚实结合的"五德"观溯源》，《第十四届东亚实学国际高峰论坛论文集》（二），2017年10月18—19日。
③ 参见蔡方鹿《扬雄的道统思想及其在道统史上的地位》，《四川师范大学学报》（社会科学版）2017年第4期。
④ 参见蔡方鹿《扬雄对蜀学的影响》，《社会科学研究》2018年第5期。
⑤ 参见潘殊闲《扬雄与蜀文化》，《西华大学学报》（哲学社会科学版）2018年第1期。

者通过对扬雄的身世及个性的探讨,分析他思想产生的根源。①

此外,一些对扬雄思想进行整体研究的力作陆续推出。1964年,日本东京明德社出版了铃木由次郎的《太玄易研究》,从《周易》体系下的义理研究入手,展开对《太玄》一书的论述。

1989年,巴蜀书社出版了黄开国的专著《一位玄静的儒学大师——扬雄思想初探》,该书系黄开国先生对扬雄思想研究的总结之作,被钟肇鹏先生誉为"张皇幽渺,弘扬绝学"。全书根据扬雄思想的内在逻辑,共分为上、中、下三篇。上篇论及扬雄的生平及思想出发点等,中篇"天伦"、下篇"人伦"对扬雄思想进行探讨。

1992年,中国社会科学出版社出版了郑军的《太极太玄体系——普适规律的易学探奥》,该书立足于现代自然科学的研究方法,对《周易》《太玄》的基本思想进行新探索。书中将太极体系和太玄体系结合为太极太玄体系,从周期运动和三维角度对太极太玄体系做出介绍,并探讨化学元素的周期变化及其太极太玄时空结构、月地日系统的周期运动及其时空的太极太玄结构、极移钱德勒周期与中医五运六气周期关系的对应、太极太玄模型的内容、普适性和应用前景等。

2000年,南京大学出版社出版了王青的《扬雄评传》,该书对扬雄生活的时代背景,扬雄的生平事迹、经学传承、人生形态及政治态度,学术和文学著作及其影响等进行了详细的阐述。

2001年,华东师范大学出版社出版了徐复观《两汉思想史》,其中设有"扬雄论究"专题,对扬雄的时代、人生经历、学术作品、文学作品、政治思想等问题进行综合性论述。

2005年,上海古籍出版社出版了叶福翔的《易玄虚研究》,《太玄》仿《周易》,《潜虚》仿《太玄》,三部书体系结构上有相似之处,其理论思想则各有特色,反映了不同历史时期的需求。该书对易学史上具有代表性的仿《易》著作进行客观评价,运用比较哲学的研究方法,论述《周易》《太玄》《潜虚》的不同思维模式及其人生哲学。

2011年,广东人民出版社出版了解丽霞的《扬雄与汉代经学》,该书

---

① 参见刘韶军、张婷《论扬雄〈太玄·莹〉中福、祸、乐思想》,《西华大学学报》(哲学社会科学版)2018年第1期。

从扬雄在经学史上的定位出发,论述扬雄模仿《易》而作《太玄》的经学建构和仿《论语》作《法言》的经学转向,并探讨扬雄与汉代今古文经学的关系。

2012 年,巴蜀书社出版了纪国泰的《"西道孔子"扬雄》,对扬雄被称为"西道孔子"和"百科全书式奇才"的原因,以及扬雄之"难懂"和遭人非议,是否该被家乡人引以为傲等问题进行了综合性阐述。

2018 年,巴蜀书社出版了郑万耕的《扬雄及其太玄》,该书系统地介绍了扬雄思想的自然科学基础,扬雄思想的理论渊源,扬雄的自然哲学系统、伦理思想、美学思想、无神论思想、政治思想等,并对扬雄思想的影响及其在汉代思想史上的地位作出客观评价。

四 《扬雄集》

《扬雄集》又名《扬子云集》《扬侍郎集》,《隋书·经籍志》《旧唐书·经籍志》等皆著录为五卷,然其本已佚。宋人谭愈取《汉书》及《古文苑》所载四十余篇,仍辑为五卷,名《扬子云集》。明万历时,郑朴又取扬雄所撰《太玄》《法言》《方言》三书及类书中所引《蜀王本纪》《琴清英》诸条,与其诸文、赋合之,厘为六卷,而以逸篇之目附卷末,今《四库全书》所收即此本。此外,尚有明张燮《七十二家集》本、张溥《汉魏六朝百三家集》本、汪士贤《汉魏六朝诸家文集二十二种》本、严可均《全上古三代秦汉三国六朝文》本等,有六篇文赋入选《昭明文选》。其中严辑本无因袭、无重出,各篇末注明出处,是目前辑录扬雄集最为完善的本子。

今人整理本主要有张震泽《扬雄集校注》(上海古籍出版社 1993 年版)、郑文《扬雄文集笺注》(巴蜀书社 2000 年版)、林贞爱《扬雄集校注》(四川大学出版社 2001 年版)。

五 扬雄研究的特点与不足

2017 年,扬雄被评选为四川省十大历史名人之一,其官方评语为:扬雄的汉赋与司马相如齐名,位列汉赋四大家之一。他潜心经学著述,以经莫大于《周易》,传莫大于《论语》,仿著《太玄》《法言》。《太玄》以方州部家四重三分而成 81 首,构建了以天文历法为基础,以"玄"为最高范畴，以阴阳五行为骨架的独特哲学体系。《法言》极力推尊孔子为圣人，崇奉五经，以圣人之道为判定是非的标准，效孟子辟杨墨，对汉代申韩诸子进行激烈批判；阐扬礼义仁孝等伦常，提出"善恶混"的人性学说。扬雄因此在汉代就获得了"西道孔子"的极高赞誉。所著《方言》，保存西汉各地方言，为研究古代方言必不可少的重要文献。

2017年11月11日，四川省扬雄研究会在"扬雄故里"——成都郫都区正式成立。作为工作性学术研究团体，该研究会将致力于扬雄文化的研究、天府文化的探源、古蜀文明的寻根。四川省扬雄研究会是由四川省历史学会会长，四川省社会科学院重点学科巴蜀文化学首席专家谭继和，西华大学人文学院副院长、四川省巴蜀文化研究会副会长潘殊闲等专家学者以及西华大学、四川省丹郫县豆瓣集团股份有限公司等17个个人和单位共同发起成立的，目前已有99名会员。四川省扬雄研究会的会员中，既有专门从事扬雄研究的专家、教授，又有植根扬雄故里、热爱扬雄文化的地方人士，会员涵盖了哲学、政治、经济、新闻、文艺、历史等诸多领域。四川省扬雄研究会第一届理事会会长潘殊闲教授在任职讲话中指出，扬雄是文翁化蜀，"蜀学比于齐鲁"的典范；是"自古文宗出西蜀"的典范；是蜀人"不鸣则已，一鸣惊人"的典范；是蜀人擅长浪漫思维的典范；是蜀人擅长逆向思维的典范；是"易学在蜀"的典范；是古蜀文化的守望者与拓荒传播者；是文化中国集大成的典范。四川省扬雄研究会的成立，是海内外所有关注扬雄、研究扬雄、传承扬雄文化者的大事、喜事，今后将以研究会为平台，团结海内外扬雄研究领域的专家学者，按照党的十九大文件精神要求，推动扬雄文化的创造性转化和创新性发展，在扬雄文献整理、资料汇编、重点问题研究突破、文化传承普及、遗址遗迹保护、文化产业联动等方面，科学谋划，分工协作，力争将扬雄研究推向新的高度。

2017年11月11日至12日，为纪念"西道孔子"扬雄诞辰2070周年，由西华大学及四川省社会科学界联合会、四川省人民政府文史研究馆、成都市郫都区联合主办，郫都区委宣传部、西华大学人文学院、地方文化资源保护与开发研究中心承办，成都文史研究馆、中华孔子学会、蜀学研究会协办的"纪念扬雄诞辰2070周年暨四川省扬雄研究会第一届学术会议"在郫都区举行。

2018年12月14日至15日,"纪念扬雄逝世2000周年暨四川省扬雄研究会第二届学术会议"在成都市郫都区召开。此次活动是扬雄入选首批四川历史名人后举办的首次高峰论坛。此次纪念活动共有"共论子云·扬雄学术研讨会""共建子云·发布扬雄故里设计方案征集计划""共赏子云·扬雄名句书画展""共话子云·'我心中的扬雄'全国方言决赛""共瞻子云·扬雄文创剧目首映仪式""共拜子云·扬雄逝世2000周年祭祀活动"六项。在研讨会上,10位专家学者从不同的角度展开了扬雄研究,做出了精彩的大会发言。其中,对扬雄生平及其影响作出论述的有:中国社会科学院文学研究所所长刘跃进教授的《扬雄论略》、四川师范大学蔡方鹿教授的《扬雄对蜀学的影响》、四川师范大学熊良智教授的《扬雄文学思想的意义及其贡献》、中国社会科学院文学研究所范子烨教授《对千秋孤圣扬雄的传神写照——陶渊明〈五柳先生传〉发覆》。针对扬雄的学术作品展开研究的有:中国社会科学院文学研究所吴光兴教授的《扬雄〈法言〉的目录地位与文集体制的构建》、四川师范大学黄开国教授的《〈太玄〉与西汉天文历法》、西华师范大学文学院伏俊琏教授的《〈古文苑〉收录扬雄〈百官箴〉二首校注》。另有学者对扬雄的辞赋创作展开论述:南京大学许结教授《论扬雄赋学的建德观》、贵州师范大学长江学者易闻晓教授《论扬雄与汉大赋的转向》、中国社会科学院文学研究所孙少华《"壮夫不为"与"不讽则劝"——扬雄对汉赋理论的改造与两汉之际文学批评思想的定型》。

2019年11月16日至17日,由中共成都市郫都区委,郫都区人民政府主办,四川省扬雄研究会和西华大学地方文化资源保护与开发研究中心、文学与新闻传播学院等单位联合承办的"西道孔子·首批四川历史名人第二届扬雄高峰论坛"暨"四川省扬雄研究会第三届学术会议"在郫都区隆重举行,来自中国大陆及中国台湾、美国、日本、新加坡的众多海内外知名扬雄研究专家学者及扬雄文化爱好者齐聚一堂,共谋扬雄文化的传承发展及宣传推广。论坛以"探历史真相、游子云故道、寻文化脉络、讲子云故事、展子云成就"为主题,设置了扬雄学术研讨会、扬雄文物文献全球征集成果展、百姓故事会扬雄故事专场、扬雄经典辞赋诵读、扬雄主题文艺节目表演、祭拜扬雄等内容丰富、形式多样的活动。在学术研讨会上,来自日本小樽商科大学的嘉濑达男教授、"新加坡国立大学"的苏瑞隆教授、美国华盛顿大学的罗洁敏博士、中国台湾辅仁大学的陈福滨教授、中国台湾乐龄大学的江澄格教授、中国社会科学院文学研究所的范子烨教授、华中师范大学的刘韶军教授、中共河北省委党校的郭君铭教授、四川省社会科学院的谭继和教授、西南民族大学的祁和晖教授、四川师范大学的王红霞教授、乐山师范学院的杨胜宽教授、西华师范大学的金生扬教授、西华大学郑家治教授等扬雄研究专家分别就扬雄著作《法言》《太玄经》《方言》中的分章分篇与编纂、玄的溯源、《太玄经》与《易经》的关系及扬雄的海外传播、扬雄的辞赋创作等问题作了大会主题发言。

现当代的扬雄著述整理和研究，当代学界对扬雄著述《太玄》《法言》《方言》《扬雄集》均在文献整理、哲学思想和经学思想等方面，取得了一定的文献整理成绩和学术研究成果，但还存在一些不足。

第一，总体来看，扬雄全集的各部分文献整理目前还各自为政，整理点校和注释的规范性和专业水平良莠不齐，哲学、历史学、文学、语言学等各方面研究也在起步阶段，各方面扬雄研究都有待推进。一方面，现有成果还不足以组合成专业化文献整理点校的《扬雄全集》，有必要组成历史文献学专业学者去完成这项时代任务。另一方面，扬雄学术非常深奥，且涉及很多学科，有的如《太玄》属于多学科交叉领域，因此有必要汇聚历史上已有扬雄研究文献资料、研究目录，以方便各领域专家学者更全面学习和了解扬雄学术研究史料，并编撰扬雄学术研究编年，更好引导和帮助有志研究扬雄文化学术思想的学者更好地开展工作，而这两项工作也将有力推进扬雄研究热潮和蜀学进一步地创造性转化和创新型发展。

第二，扬雄早年仿屈原和司马相如而作讽谕劝诫的辞赋，中晚年又仿《周易》作《太玄》，仿《论语》作《法言》，并仿古代文字训诂经典而作《训纂篇》和《方言》，其深刻的哲学思想、玄远的思想境界和广博的语言学成就，不断被后人认识、发掘和发展。作为"圣人"型儒家学者、蜀学代表人物和方言学开创者，历代扬雄学术思想的研究成果可谓洋洋大观，有待加以全面总结，以推动扬雄学术思想研究的进一步发展。

第三，因为近百年中国传统传承的衰微和西方学科体制的独尊，扬雄研究的立场偏颇和文史哲分家导致的学术割裂，都对扬雄学术思想的恰当把握和传承发展造成了内在的伤害。为此，当代学人有责任辨章学术、追本溯源，通过扬雄学术思想诠释史、研究史的梳理和思考，吸取歧路亡羊的教训，寻找、回归学术思想诠释和研究正道，更好地把握扬雄学术思想的实质，也为中国传统文化的研究和复兴提供有益的启示。

一百多年来诸葛亮研究综述

胡涛涛[*]

作为中国古代知名度很高的政治家、军事家、思想家，诸葛亮传奇的一生，给中华民族留下了一笔宝贵的物质文化遗产。认真深入研究诸葛亮，继承和发扬其所代表的中华传统文化精华，早已为历代仁人志士所重视，且在涉及诸葛亮的政治、军事、经济、思想和人品道德等方面均有全面探讨。在今天，肯定诸葛亮在历史上的作用，指出其不足之处，以坚持"古为今用"的原则为导向，为现实服务，对诸葛亮进行全面系统、客观科学的整体评价具有特殊的意义。本文回顾和梳理了自辛亥革命以来学术界关于诸葛亮研究的主要观点和文章著作，并对其中的重要论述进行简要评议，以期对推动诸葛亮研究的广度和深度有所裨益。

近现代的诸葛亮研究可以从辛亥革命算起，迄今已百年有余。百余年来的诸葛亮研究，深受其所处时代背景影响，各个研究阶段皆具有各自的鲜明特色和时代烙印。今以时间发展为序，将一百多年来诸葛亮研究分为三个大的部分：第一部分为中华民国时期的诸葛亮研究；第二部分为中华人民共和国成立至改革开放前的诸葛亮研究；第三部分为20世纪80年代改革开放以后的诸葛亮研究。

一 中华民国时期

从中华民国初年至中华人民共和国成立前的30余年间，对诸葛亮的

---

[*] 作者简介：胡涛涛，生于1992年，河南商丘人，四川大学2018级中国史专业在读硕士研究生。

相关研究和评价受到诸多学者的关注。在这期间,从诸葛亮生平、思想及功业等方面落笔的文章著作,无不以颂扬为主,以此鼓舞时人砥砺自强,为国分忧。代表作有皖寿凌虚《诸葛武侯秘史》① 等。这一时期关于诸葛亮研究的专著,多系各类丛书中的一个组成部分,如孙毓修"点评中国历史人物系列丛书"中的《诸葛亮》一册,用简练的文笔勾勒描绘了诸葛亮躬耕陇亩之间、决胜庙堂之外的传奇故事。②《诸葛忠武侯年谱》按照编年叙事的形式,博取史料,记录了诸葛亮纵横捭阖、呕心沥血的辉煌一生。③ 吕金录等《诸葛亮》、韩非木《诸葛亮》等皆系青少年启蒙读物。④ 王缁尘《诸葛孔明评传》,着重介绍了诸葛亮一生的丰功伟绩。⑤ 周佐治"青年模范丛书"第一辑之《诸葛亮》,谓诸葛亮为我国历史上知识青年从军之先例,这是出于服务当时国内政治需要的目的。⑥ 朱杰勤《诸葛亮》属"精神教育丛书"之一种。⑦ 徐楚樵《诸葛亮》是"非常时期之模范人物丛书"中的一种。⑧

从论文方面看,束世澂、赵大煊、卫聚贤、江应樑、王绍曾等人对"征南中"进行了考证和评论。⑨ 白眉初针对诸葛亮北伐进行了相关研究。⑩ 霖苍、陆懋德、吴鼎南等人开展了古迹遗址的考证。⑪ 任访秋、郭

---

① 参见皖寿凌虚《诸葛武侯秘史》,古史编辑社1917年版。

② 参见孙毓修《诸葛亮》,商务印书馆1915年版。

③ 参见古直《诸葛忠武侯年谱》,中华书局1919年仿宋聚珍版。

④ 参见吕金录、杜迟存《诸葛亮》,商务印书馆1934年版;韩非木《诸葛亮》,中华书局1935年版。

⑤ 参见王缁尘《诸葛孔明评传》,上海国学正理社1936年版。

⑥ 参见周佐治《诸葛亮》,南京青年出版社1946年版。

⑦ 参见朱杰勤《诸葛亮》,昆明空军军官学校政治部1941年版。

⑧ 参见徐楚樵《诸葛亮》,中华书局1937年版。

⑨ 参见束世澂《蜀汉开辟南蛮考》《蜀汉开辟南蛮考(续)》,《史地学报》1922年第1卷第3、4期;赵大煊《诸葛武侯南征故道考》,《华西学报》1934年第2期;卫聚贤《"五月渡泸深入不毛"考》,《说文月刊》1944年第5卷第1、2期;江应樑《诸葛武侯与南蛮》,《西南边疆民族论丛》,珠海大学出版社1948年版,第253—276页;王绍曾《诸葛武侯南征始末(附图)》,《新宁远月刊》1941年第6—7期。

⑩ 参见白眉初《诸葛亮出师六次路线考略》,《地学》1930年第18卷第4期。

⑪ 参见霖苍《孔明八阵图考》,《新民报》1939年第12期;陆懋德《汉中各县诸葛武侯遗迹考》,《西北论衡》1939年第24期;吴鼎南《成都惠陵·昭烈庙·武侯祠考(下)》,《风土什志》1945年第1卷第5期。

化若、张民权等人对诸葛亮的言行思想、学术著述进行了研究。① 王墨园等人从社会学角度展开相关探索。② 史久光、傅孟真、谢富礼、赵西陆、金毓黻等人进行了文献考证与史料辑佚方面的研究。③ 史念海、王之容等人从军事外交方面作了相关研究探讨。④

中华民国后期，学术界从思想、用人、功业等诸葛亮研究中的重点问题出发展开了一场大规模的争鸣。1945年2月8日至10日，《大公报》以连载的方式，刊登了王芸生一篇题为"论诸葛亮"的长文，文章共分七个部分。第一部分说明写作动机；第二部分论证诸葛亮的思想流派为"法道合抱"；第三部分论述诸葛亮的"军略"存在极大问题；第四部分论述诸葛亮"养才与用才皆嫌不足"这一观点；第五部分批评诸葛亮"琐细明察"；第六部分评论诸葛亮与后主刘禅的关系；第七部分称赞诸葛亮的民族政策。对此，易君佐等人撰文与之商榷。⑤

总的来说，因为在此之前历代文人墨客对于诸葛亮的研究向来较为积极，这也为革故鼎新之后诸葛亮研究奠定了很好的基础，提供了很好的素材。因此，中华民国时期的诸葛亮研究，在辛亥革命后的百年诸葛亮研究中，具有承上启下的重要作用。但是从研究成果、研究力量，以及研究方法和手段等方面来看还较为单薄。这一时期学者虽在普及诸葛亮人物形象方面做过有益实践，但多数研究诸葛亮的文章、专著皆有其特定之目的，如教育、政治等，且远没有形成系统。同时，全国范围内还没有成立诸葛亮研究会性质的机构，亦没有专门的诸葛亮研究刊物，研究成果远无法与中华人民共和国成立后的70年相比。但是，中华人民

---

① 参见任访秋《诸葛武侯的学术》，《力行月刊》1944年第3、4期；郭化若《孔明兵法之一斑》，《群众周刊》1943年第8卷第16期；张民权《诸葛亮的生平思想及其事业》，《建国青年》1946年第2卷第5期。

② 参见王墨园《诸葛亮之社会学的分析》，《社会学杂志》1932年第5卷第2期。

③ 参见史久光《关于诸葛亮〈心书〉之研究》，《新中国》1945年第3、4、5期；傅孟真《谁是〈后出师表〉之作者？》，《文史》1941年第8期；谢富礼《〈后出师表〉辨伪》，《现代史学》1933年第1卷第1期；赵西陆《〈三国志·诸葛亮传〉集证》，《国文月刊》1942年第12—15期；金毓黻《〈出师表〉脱文》，《文史哲季刊》1943年第1卷第1期。

④ 参见史念海《诸葛亮之攻守策略》，《文史杂志》1948年第6卷第2期；王之容《诸葛亮与蜀国外交》，《人物杂志》1948年第1卷第7期。

⑤ 参见易君佐《诸葛亮论》，《军事与政治》1945年第8卷第1期。

共和国成立后的诸葛亮研究却正发轫于此,继承并发扬了其所代表的鲜明的时代特色。尤其是当新文化运动席卷整个中国思想界、学术界之后,诸葛亮研究也随之呈现出一派新气象。

二 中华人民共和国成立后

(一) 中华人民共和国成立初期至"文革"前

中华人民共和国成立之初,学术界经常就诸葛亮研究的某些问题展开讨论,也引发了几次大的争鸣。自20世纪50年代起,历史学家开始用唯物史观和阶级分析的理论方法来研究诸葛亮。1954年,周一良发表的《论诸葛亮》[①]是中华人民共和国成立后全面评价诸葛亮的第一篇文章。作者认为,诸葛亮对待南中的一系列政策并未脱离封建统治者一贯的做法,这引发了学界关于"平南中"问题的探讨。针对周一良对诸葛亮南中政策的评价,以及徐德嶙《三国史讲话》主张诸葛亮平定南中是"害多利少"的看法,柳春藩著文予以讨论[②],他认为诸葛亮平定南中之乱,本质上是对地主阶级分裂国家行为的镇压,并在客观上推动了南中少数民族地区文化和经济的发展。其次,此次南征在客观上减轻了少数民族百姓此前曾受到的残酷剥削,同时密切了边疆地区和西南内地的联系,增进了各民族间相互了解等。1957年,张思恩在《人文杂志》发表《关于诸葛亮"南中"留兵的研究》《诸葛亮在"南中"的用兵及统治政策》两文[③],前文明确了《三国志·诸葛亮传》注引《汉晋春秋》中所谓诸葛亮在南中"不留兵"的谈话,后文内容观点与柳春藩文近似。同年,江应樑作《诸葛亮与孟获》[④]一文,认为诸葛亮征南中的目的是"掠夺资财'以供国用'",并同时大肆掠夺其人力资源,因此南中的反叛应看作尖锐的阶级矛盾。华峨、康峻撰《诸葛亮为什么要南征——对〈诸葛亮与孟获〉一文的商榷》与之商榷,认为诸葛亮征南中是为北伐中原奠

---

① 参见周一良《论诸葛亮》,《历史研究》1954年第3期。
② 参见柳春藩《关于诸葛亮平定"南中之乱"的评价问题》,《史学集刊》1956年第1期。
③ 参见张思恩《关于诸葛亮"南中"留兵的研究》,《人文杂志》1957年第2期;《诸葛亮在"南中"的用兵及统治政策》,《西北大学学报》(哲学社会科学版)1957年第3期。
④ 参见江应樑《诸葛亮与孟获》,《云南日报》1957年4月26日第4版。

定一个稳固的后方,且诸葛亮实行的一系列政策惠及南中百姓甚多。①

1962年蒙文通、李有明联合撰文,论证诸葛亮率军南征绝非镇压南中人民反叛,而叛乱事件本身,也并非此前认定的南中豪酋趁机煽动南中人民反蜀。该文还对诸葛亮南征路线进行了考辨。② 谭宗义和方国瑜也对诸葛亮南征过程与进军路线等问题进行了考证。③ 戴良佐另辟蹊径,将"征南中"这一事件同诸葛亮执政期间在蜀汉施行的宏观经济政策和蜀汉国内的经济形势联系起来加以分析。④

另一次讨论在马植杰与季为章之间进行,以对诸葛亮的评价为主要出发点。马植杰的文章重点论述了诸葛亮协助刘备建立蜀汉政权、执掌大权治国理政、南中少数民族政策、北伐曹魏等问题,从阶级斗争角度分析,肯定了诸葛亮人物本身,认为其为古代第一流的人才,但同时指出不能够过度拔高其历史作用。⑤ 对此季为章撰文与马植杰商榷,认为其对诸葛亮评价过于简单化。⑥ 马植杰对此又撰文予以辩驳。⑦

1958年,李西成撰《论诸葛亮在历史上的地位和作用》一文,肯定了诸葛亮的用人策略和其在蜀汉国内实施的法治政策,认为诸葛亮不能完成统一的根本原因在于蜀汉缺乏可靠的经济基础,并指出经济不强在客观上阻碍了统一大势。⑧《香港大学中文系学会年刊》发表的马智修《诸葛亮之北伐策略》一文,是从战略全局角度对诸葛亮北伐曹魏进行的探讨。⑨ 李则芬则对诸葛亮领导的北伐战争从军事历史思想方面进行梳理分析。⑩

---

① 参见华峨、康峻《诸葛亮为什么要南征——对〈诸葛亮与孟获〉一文的商榷》,《云南日报》1957年5月24日第3版。
② 参见蒙文通、李有明《论诸葛亮南征》,《光明日报》1962年8月1日第4版。
③ 参见谭宗义《诸葛亮南征考》,《文史学报》1964年第2卷;方国瑜《诸葛亮南征路线考说》,《文史学报》1964年第3卷。
④ 参见戴良佐《诸葛亮治蜀时期的经济情况及"南中"之征》,《教学与研究汇刊》1958年第3期。
⑤ 参见马植杰《诸葛亮论》,《新史学通讯》1956年第8期。
⑥ 参见季为章《读〈诸葛亮论〉》,《史学月刊》1957年第7期。
⑦ 参见马植杰《答季为章〈读诸葛亮论〉》,《史学月刊》1957年第9期。
⑧ 参见李西成《论诸葛亮在历史上的地位和作用》,《山西师范学院学报》1958年第2期。
⑨ 参见马智修《诸葛亮之北伐策略》,《香港大学中文系学会年刊》1965—1966年。
⑩ 参见李则芬《诸葛亮伐魏战史》,《军事》1964年第33卷第7期。

(二)"文革"十年的诸葛亮研究

"文化大革命"的十年中,诸葛亮研究工作基本处于中断状态。但1974年"批林批孔""评法批儒"运动的兴起,使被列入法家的诸葛亮成为当时研究和宣传的热点。在这些研究中,除有少数学者参与其中外,大多署名工人"理论小组"、部队"理论小组"或"工农兵学员",研究内容也基本圈定在论述诸葛亮与法家之间的关系。发表此类文章的学者,主要有马曜、王炳南、周一良等。[①]

"文革"后期,学术界中关于诸葛亮征南中的研究也有拓展,如学者马曜、都淦等有相关论述。[②]

三 改革开放后

党的十一届三中全会后,诸葛亮研究重新走上正轨,对于历史上存在较多争议的问题,学者们进行了重新探讨。

诸葛亮治国政策、军事思想、用兵方略一直以来是诸葛亮研究的重点和热点。朱大渭认为诸葛亮军事思想在继承先秦军事思想的基础上,总结了实践经验,有不少创新之举。[③] 施光明、唐士文亦对此进行了有益探索。[④] 君才、陈鹏生、杨文秀、剑锋、伍攀椿、陈玉屏、余明侠、王正明等学者从诸葛亮法家思想出发,展开对其治国理政原则观念及其深刻影响的探索。[⑤]

[①] 参见马曜《诸葛亮的法家政治与民族政策》,《云南大学学报》(社会科学版)1974年第3期;王炳南《路线正确与否决定一切——浅谈诸葛亮的法家思想》,《福建师范大学学报》(哲学社会科学版)1974年第4期;周一良《诸葛亮和法家路线》,《历史研究》1974年第1期。

[②] 马曜《论诸葛亮安定南中》,《历史研究》1975年第4期;都淦《论诸葛亮"南征"》,《资料》1974年第2期。

[③] 参见朱大渭《诸葛亮军事思想略论》,《史学月刊》1980年第2期。

[④] 参见施光明《诸葛亮军事思想研究》,《南都学坛》1989年第3期;唐士文《诸葛亮的军事战略思想》,《临沂师专学报》1990年第2期。

[⑤] 参见君才《诸葛亮治蜀》,《新长征》1981年第1期;陈鹏生《略论诸葛亮的法治观》,《法学》1981年复刊号;杨文秀《试论诸葛亮的法治政策》,《云南师范大学学报》(哲学社会科学版)1987年第1期;剑锋《论孔明"攻心"战略的妙用》,《海南大学学报》(人文社会科学版)1987年第1期;伍攀椿《评以法治国的诸葛亮》,《萍乡教育学院学报》(哲学社会科学版)1987年第3期;陈玉屏《试论诸葛亮的道德风范及其对蜀汉政治的影响》,《西南民族学院学报》(哲学社会科学版)1986年历史研究专辑;余明侠《诸葛亮外交思想探析》,《江海学刊》1993年第2期;王正明《不隐恶,不虚美:诸葛亮政风浅议》,《成都大学学报》(社会科学版)1988年第1期。

从 20 世纪 80 年代初开始到 20 世纪末，国内史学界围绕《隆中对》的实践过程、历史作用和思想源流等问题展开了热烈讨论，既有传统观点的延伸，也有全新角度的重新审视，逐渐在诸葛亮研究中形成了一个以《隆中对》研究为主的分支。1980 年，薛国中撰文论述《隆中对》的形成过程，并评价了其在历史上的重要地位。① 在薛之后，众多学者也相继开始对《隆中对》展开研究，发表各自看法。张大可认为益州、荆州孰轻孰重本是客观存在，非诸葛亮主观安排可以改易，荆州失守正是隆中路线未能很好执行的严重后果。② 与张大可观点相同，朱维权认为《隆中对》完全预估到了荆州的重要战略地位，问题只在于其中对策过于缜密。③ 与薛国中看法稍有不同，谢求成认为《隆中对》对策有其失误之处，但其失不在荆、益战略位置关系的处理不当，而在于主要战略方向的轻重判断失误。④ 傅克辉和杨德炳对《隆中对》进行了新的探索，两人文章分别论证《隆中对》的成败得失和其思想的形成与意义。⑤

田余庆指出了后人对诸葛亮及其《隆中对》的评论缺乏客观评判这一现象。他分析了历史上的一些前人观点，认为王夫之关于弃荆入蜀的评价可以借鉴。⑥ 对于田余庆的某些观点，王汝涛撰文进行商榷。⑦ 吴洁生也作《再论〈隆中对〉——兼与田余庆先生商榷》一文，对刘备不以《隆中对》策略为重的说法提出了不同看法。⑧ 部分学者见解独到，拓展了新的研究路径，三奇将视角放在了《隆中对》与《论持久战》两篇不

---

① 参见薛国中《诸葛亮与〈隆中对〉》，《江汉论坛》1980 年第 1 期。
② 参见张大可《诸葛亮并非"重益轻荆"》，《江汉论坛》1981 年第 2 期。
③ 参见朱维权《〈隆中对〉简论》，《南充师院学报》（哲学社会科学版）1983 年第 3 期。
④ 参见薛国中《诸葛亮与〈隆中对〉》，《江汉论坛》1980 年第 1 期。
⑤ 参见傅克辉《论〈隆中对〉的成功和失误》，《文史哲》1986 年第 3 期；杨德炳《从〈隆中对〉的形成看信息在汉末魏晋政治军事生活中的重要作用》，《武汉大学学报》（哲学社会科学版）1987 年第 6 期。
⑥ 参见田余庆《〈隆中对〉再认识》，《历史研究》1989 年第 5 期。
⑦ 参见王汝涛《〈隆中对〉平议——〈隆中对再认识〉读后》，《临沂师专学报》1990 年第 3 期；《〈隆中对〉平议之二——刘备与其三谋士》，《临沂师专学报》（社会科学版）1994 年第 2 期。
⑧ 参见吴洁生《再论〈隆中对〉——兼与田余庆先生商榷》，《甘肃社会科学》1992 年第 3 期。

朽名篇的对比研究上。①

以《出师表》为代表的诸葛亮相关各类文献资料的研究在这一时期也得到了全面拓展。李星、朱维权、尤旭等学者对此有所贡献。②《后出师表》真伪之辨仍然是研究的热点，王秀藏、郭挺之、庞怀清、方建斌、杨柄等人的文章对此都作了有益探索。③

诸葛亮为了实现"兴复汉室，还于旧都"之夙愿，在其人生的最后七年中，先后六出祁山北伐曹魏。田耕滋、施光明对学界向来持有的诸葛亮北伐策略是"以攻代守"的说法提出质疑④，杨荣新等试图从文献史料中寻找导致北伐失败的诸葛亮的心理、决策和思想因素。⑤

诸葛亮奉行的民族政策，在《隆中对》中已有所体现，主要表现在平南中后施行的各类举措中。岭光电对诸葛亮深为钦佩，他将诸葛亮南征功绩集中归纳为采用攻心策略、重用当地少数民族人才、移风易俗、休养生息，批评了一些持否定诸葛亮平定南中策略的人。⑥ 对羌族的民族政策也是诸葛亮民族政策实践中的重要组成部分，黎尚诚、杨福华等学者的文章发掘了诸葛亮治下的蜀汉政权与羌族之间关系的研究价值。⑦ 陈

---

① 参见三奇《〈隆中对〉与〈论持久战〉——未来研究史例对比分析》，《未来与发展》1980年第2期。

② 参见李星《〈出师表〉在文学史上应占一席位》，《文化与生活》1983年第6期；朱维权《从蜀汉的政治格局谈前〈出师表〉的真实趋旨》，《四川师范学院学报》（哲学社会科学版）1995年第1期；尤旭《出师一表真名世，千载谁堪伯仲间——读〈出师表〉》，《中学语文》1979年第6期。

③ 参见王秀藏《〈后出师表〉真伪辨》，《台州师专学报》（教与学）1980年第1期；郭挺之《漫谈诸葛亮〈后出师表〉的真实性》，《湘潭师专学报》（社会科学版）1980年第2期；庞怀清《论〈后出师表〉非伪作》，《人文杂志》1983年第2期；方建斌《古代"奏章"的典范之作——〈出师表〉》，《殷都学刊》1994年第4期；杨柄《诸葛亮的〈出师表〉只有一个》，《甘肃社会科学》1994年第5期。

④ 参见田耕滋《诸葛亮伐魏不是"以攻为守"——兼论诸葛亮北伐的思想基础》，《汉中师范学院学报》（社会科学版）1997年第1期；施光明《诸葛亮北伐"以攻为守"说质疑》，《宝鸡师院学报》（哲学社会科学版）1987年第3期。

⑤ 参见杨荣新《从诸葛亮北伐的战略思想看北伐失败的原因》，《天府新论》1993年第2期。

⑥ 参见岭光电《能攻心则反侧自消——我对诸葛亮的看法》，《文史杂志》1987年第2期。

⑦ 参见黎尚诚《羌族名将姜维与诸葛亮的"和戎"政策》，《西北史地》1983年第1期；杨福华《论诸葛亮"西和诸戎"的战略地位》，《西北大学学报》（哲学社会科学版）1986年第4期。

翔华、傅光宇对我国周边地区国家流传的诸葛亮传说进行了概括梳理。①

对于木牛流马的形制特点，古人就曾作过相关研究。宋人高承《事物纪原》称"木牛即今小车之有前辕者；流马即今独推车是，民间谓之江州车子"②。中华人民共和国成立后，木牛流马研究有了较大进展。谭良啸认为木牛与流马都是可用人力推拉的木制四轮车，木牛运载量大而行迟，流马运载量小而行速。③ 但也有不少学者指出木牛与流马应该是两种运输工具，后者是在前者基础上改进的，此外还有学者认为流马是一种用于水上运输的小船。

谭良啸、余大吉对八阵图的研究较为深入。谭良啸认为，现存的白帝城八阵图遗迹系后世附会之说，实际上是古人煮盐留下的盐灶遗存。他指出，研究八阵图应着眼于历史上的真实战例，还应从诸葛亮留下的著作中发现蛛丝马迹。④ 余大吉认为八阵图是由先秦流传至当时的八阵经改良而成的，是冷兵器时代阵法作战运用的高峰。他还在文章中论及了八阵图的流传与失传情况。⑤

进入20世纪80年代，众多学者先后进入诸葛亮文化现象研究领域。谭良啸论述了诸葛亮文化现象的各种形式、主要成因及其现实意义。⑥ 于联凯着重研究了诸葛亮文化现象的组成部分，包括诸葛亮生平功业和个人品格对后世的影响、史书中的诸葛亮形象，以及关于诸葛亮的各类著作及影响、历朝历代关于诸葛亮的各类文艺作品，以及口碑等。⑦

改革开放以后，关于诸葛亮的研究专著也越来越多地呈现在读者面

---

① 参见陈翔华《孔明故事在我国少数民族地区与国外的传播和影响》，《社会科学研究》1983年第4期；傅光宇《诸葛亮南征传说及其在缅甸的流播》，《民族艺术研究》1995年第5期。

② （宋）高承：《事物纪原》卷8《舟车帷幄部》，中华书局1985年版，第284页。

③ 参见谭良啸《八阵图与木牛流马》，巴蜀书社1996年版。

④ 参见谭良啸《试论诸葛亮的八阵图》《再论诸葛亮的八阵图》《白帝城八阵图遗址考》，《八阵图与木牛流马》，巴蜀书社1996年版。

⑤ 参见余大吉《诸葛亮八阵图及阵法试探》，《中国史研究》1994年第3期。

⑥ 参见谭良啸《概论诸葛亮文化现象》，《中华文化论坛》1995年第1期。

⑦ 参见于联凯《民族文化、沂蒙文化与诸葛亮文化》，《诸葛亮研究三编》，山东文艺出版社1988年版。

前。章映阁、柳春藩、谭良啸、陈文德、余明侠等学者著作影响较大①，对人们全面认识诸葛亮发挥了很好的作用。

陈翔华的《诸葛亮形象史研究》是为数不多的研究诸葛亮艺术形象的专著②，书中分析了诸葛亮艺术形象的形成与演变，以及诸葛亮历史故事的流传与影响。缪钺在该书序言中称其为一部开创性的著作，填补了中国小说史研究的空白。

随着诸葛亮研究的逐步深入，全国范围内一些地方性诸葛亮研究机构如雨后春笋般涌现。1983年春，四川成都、陕西汉中、湖北襄樊三地的史学、文物工作者在湖北襄樊隆中集会，决定各自成立诸葛亮研究会，展开联系合作。截至2019年11月，诸葛亮学术研讨会已成功举办了二十五届，三十多年来，来自全国各地高等院校、研究机构、文博单位的三国历史文化研究专家、诸葛亮研究会代表和各地诸葛氏宗族后裔代表，围绕诸葛亮研究的各个领域展开了卓有成效的交流探讨，取得了诸多学术成果。

这段时期的研究尤其侧重于诸葛亮家族、故里、生平和躬耕地等问题。王汝涛提出了诸葛亮与其兄诸葛瑾相继离开阳都的具体时间的新说，否定了旧观点。③ 湖北襄樊与河南南阳两地长期在诸葛亮躬耕地望问题上存在争议。为此各高校及研究机构邀请专家学者，从不同角度探讨论证诸葛亮躬耕地和古"隆中"确切所在，最终达成较为广泛的共识，认定诸葛亮躬耕地在今湖北襄阳隆中。同时，专家学者们也指出，出于学术严谨考虑，有必要厘清历史事实，但就纪念诸葛亮而言，却不应有地域分别。

另外，这一时期在地理考证和文化遗产的研究方面也有不少成果问世。张崇琛、谭良啸、哈光韶、郭荣章、陈显远、邹锡汇等学者都有相

---

① 参见章映阁《诸葛亮新传》，上海人民出版社1985年版；柳春藩《诸葛亮评传》，中国青年出版社1997年版；谭良啸《卧龙辅霸》，四川人民出版社1994年版；陈文德《诸葛亮大传》，九洲图书出版社1994年版；余明侠《诸葛亮评传》，南京大学出版社1996年版。
② 参见陈翔华《诸葛亮形象史研究》，浙江古籍出版社1990年版。
③ 参见王汝涛《诸葛亮故里暨离阳都年代诸异说辨正》，《成都大学学报》（社会科学版）1987年第3期。

关研究论述①，涉及诸葛亮躬耕地、北伐南征线路遗迹等多方面。甘肃天水文史学者和考古工作者通过实地踏勘诸葛亮北伐所遗留的古战场遗迹如上邽街亭、祁山等，深入探讨了古战场地望、战争进程及魏蜀双方争夺这一地区的深层次原因等问题，其中以洪桥、陈显远、陈可畏等为代表。②

总结来看，改革开放初期至20世纪90年代中，诸葛亮研究主要集中在《隆中对》的意义及再认识、诸葛亮的政治思想、治蜀方针及其用人思想、北伐的性质及其战略得失、民族政策等领域。诸葛亮廉政思想是这一时期开辟的一个新的研究领域。古往今来，历代贤达对于诸葛亮个人品格及廉洁奉公的评价研究多有涉及，但不系统也不深入。因此，这一时期对该问题进行进一步的深入研究，具有重要的学术价值和现实意义。

20世纪90年代中期以后，"诸葛亮文化"现象再次成为研究热点，陈翔华、谭良啸、陈翔华以古代对诸葛亮文化的宣扬和流传的视角审视诸葛亮文化的强大生命力。③ 张晓刚、刘霞概述了诸葛亮文化现象的内涵，指出其智慧过人、忠贞不渝、清正廉洁、严以自律的人物形象是诸葛亮文化现象的核心。④ 王群力认为诸葛亮躬耕陇亩与出将入相之间的身份转化就是儒道互补的人格化，从儒道互补这一新颖角度作了深入探讨。⑤ 关于诸葛亮文化现象的成因方面，也有许多不同角度的论述，于平

---

① 参见张崇琛《诸葛亮籍贯考》，《地名知识》1982年第6期；谭良啸《木牛流马制作地点考辨》，《地名知识》1983年第5期；哈光韶《孔明何处擒孟获》，《旅游天府》1982年第2期；郭荣章《诸葛亮兴兵攻魏所走的褒斜栈道》，《汉中师院学报》（哲学社会科学版）1984年第2期；陈显远《诸葛亮在汉中的活动遗迹考略》，《汉中师院学报》（哲学社会科学版）1984年第2期；邹锡汇《泸州发现的武侯祠遗址及石刻》，《历史知识》1983年第6期。

② 参见洪桥《论〈失街亭〉》，《书评》1979年第4期；陈显远《马谡失守"街亭"在今何处》，《历史知识》1981年第2期；陈可畏《街亭考》，《地名知识》1981年第4、5期。

③ 参见陈翔华《唐代咏怀诸葛亮的诗歌》，《文献》1980年第3辑；谭良啸《谈杜甫对诸葛亮的咏赞》，《草堂》1983年第2期；陈翔华《魏晋南北朝时期的诸葛亮故事传说》，《河北大学学报》（哲学社会科学版）1981年第2期。

④ 参见张晓刚、刘霞《诸葛亮文化现象浅论》，《南都学坛》1994年第4期。

⑤ 参见王群力《儒道互补——诸葛亮智慧的文化特征》，《社会科学辑刊》1995年第5期。

认为这一文化现象是经过千百年来正史和民间演义、传说共同塑造完成的①，李明山认为诸葛亮形象的最终形成和广泛传播，分别得益于人物本体、社会需要和传播三个有利条件。②阎春新以魏晋士人对诸葛亮的评价作为切入点，提出诸葛亮"智慧""忠贞"的形象特点在东晋时期已然定型。③

进入21世纪以来，诸葛亮文化现象及内涵、古人视角下的诸葛亮形象及其演变、诸葛亮民族政策研究的拓展等新的研究领域得到深化和加强。但总体来讲，研究重点仍集中在诸葛亮成才之道、高尚品德、治国理政、用人之道及北伐、南征等方面。

李景焉《诸葛亮与〈管子〉》一文从诸葛亮思想形成、政治运作等方面进行分析，认为其经世治国之方略与《管子》一书多有契合。诸葛亮以《管子》作为自己政治运作的指导，是他治理蜀汉的一大特色。④耿振东《诸葛亮治蜀对〈管子〉的借鉴》也持有类似看法。⑤

王子宽《华容道新解——诸葛亮博弈之释析》则以当代的博弈理论为指导，阐述三国纷争中各方策略的博弈论依据，其中主要以诸葛亮的博弈实践为例。如以"纳什均衡"理论解读华容道战役，以"智猪博弈"理论解读刘备集团之占领荆州，以"信息不对称的博弈"理论解读空城计，以"权力指数"概念解读三国鼎立的不稳定状况，并分析诸葛亮"六出祁山"在博弈决策上的失误，揭示诸葛亮超凡的"神机妙算"后面的一种策略必然，阐明诸葛亮博弈实践的成与败，研究手段新颖。⑥

对于诸葛亮的经济思想，有不少文章有所涉及。对蜀汉经济有重大影响的煮盐和织锦等手工业，诸葛亮一直予以很大关注，蜀锦更是蜀汉

---

① 参见于平《三国志、三国演义与诸葛亮文化现象》，《西南民族学院学报》（哲学社会科学版）1994年第6期。

② 参见李明山《诸葛亮现象成因论》，《河南大学学报》（社会科学版）1994年第6期。

③ 参见阎春新《试论诸葛亮文化现象的衍生——诸葛亮文化现象初步形成的历史考察》，《天府新论》2003年第4期。

④ 参见李景焉《诸葛亮与〈管子〉》，《成都大学学报》（社会科学版）2005年第6期。

⑤ 参见耿振东《诸葛亮治蜀对〈管子〉的借鉴》，《成都大学学报》（社会科学版）2009年第1期。

⑥ 参见王子宽《华容道新解——诸葛亮博弈之释析》，《厦门教育学院学报》2005年第2期。

重要的外贸物资。对此，粮食作物收成及蜀锦的制作与贩售皆可以成为研究的重要着眼点。陈金凤在《诸葛亮军事经济思想与战略论析》一文中认为诸葛亮的一系列政治、经济、军事的活动表明，诸葛亮发动北伐战争，军事经济目的才是最主要的考量。① 石军红《论诸葛亮的战争经济观》立论相似，文中谈到诸葛亮对战争与经济关系的认识，以及富国强兵、农战、军事屯田、人口政策、储备等思想构成了其独特的战争经济观。②

诸葛亮成才之路一直以来都是研究热点，其幼年所受文化熏陶对其日后作为影响极为深远。张崇琛认为，诸葛亮十四岁以前生长在兼得齐鲁文化之长的琅琊文化地区，因此其人格中也带有明显的琅琊文化色彩。总结起来即为"观其大略"的读书方法、淡泊宁静的人生境界、深思谨慎的处事态度、鞠躬尽瘁的奉献精神，作为琅琊文化的代表人物，诸葛亮对中国传统文化产生了深远影响。③《诸葛亮成才与襄阳隐士群体》一文将诸葛亮成才之路的视角移向了汉末襄阳隐士这一较为人所熟知的群体。④ 宫源海认为诸葛亮的成长与成就深受齐文化的影响，尤其受姜太公和管仲的影响至深。⑤

有关诸葛亮的文化遗产和历史遗迹同样一直是研究的热门。滕兰花《历史与记忆：从明代云南武侯祠看诸葛亮南征》一文从明代云南各地武侯祠的地理分布状况着眼，致力于挖掘当地民众祭祀活动所呈现的历史记忆与诸葛亮平定南中之间的关系。⑥ 贾利民经过仔细考察，认定在今甘肃礼县及其周边一些地区，与祁山这一魏蜀交战期间战略要地相关的三国历史遗迹，至今尚有许多遗存。⑦ 刘森垚《论历代的诸葛亮崇祀——以

---

① 参见陈金凤《诸葛亮军事经济思想与战略论析》，《社会科学辑刊》2004年第2期。
② 参见石军红《论诸葛亮的战争经济观》，《河南师范大学学报》（哲学社会科学版）2009年第2期。
③ 参见张崇琛《琅琊文化与诸葛亮人格的形成》，《潍坊学院学报》2005年第5期。
④ 参见漆福刚《诸葛亮成才与襄阳隐士群体》，《伊犁教育学院学报》2005年第3期。
⑤ 参见宫源海《齐文化对诸葛亮的影响》，《管子学刊》2014年第2期。
⑥ 参见滕兰花《历史与记忆：从明代云南武侯祠看诸葛亮南征》，《黑龙江史志》2010年第1期。
⑦ 参见贾利民《诸葛亮与祁山历史遗迹考述》，《天水师范学院学报》2004年第4期。

官方崇祀为中心》一文则梳理了历代诸葛亮祭祀的发展脉络。①

关于"木牛流马",王子今在《诸葛亮"流马""方囊"考议》一文中提到,据记载,"流马"有"方囊"结构,用以盛装谷物。"方囊"取散装方式,自有节省包装材料和方便装卸等优势。就文献记载的"方囊"规格和"流马"的运载量看,明显较通常汉代运车"一车载二十五斛""一车二十五石"为少,这可能是山区运输条件所决定的。作者认为有关"流马""方囊"的考察,或许也可以说明独轮车在蜀地可能在制作和使用方面均处于领先地位的史实。关于"鹿车"和"流马"的名义考论,也有可以拓展的学术空间。②

人物形象的全新阐释和相关文化解读取得了一定的进展,尤以宋代理学视角下的诸葛亮形象和杜甫、陆游两位诗人笔下的武侯形象研究最为突出。王少芳指出,以程颐、朱熹为代表的宋代理学家给予诸葛亮极大认同,誉其具"儒者气象"。在程朱理学看来,诸葛亮的"儒者气象"主要体现在以下方面:审去就、知义利、效忠贞、行王政、为王佐、安天命。理学家们认为诸葛亮具"儒者气象"的原因是个人"天资甚美",不足在于"学术甚杂""习申韩之术",程、朱在治国、修身上亦受诸葛亮影响。③ 陈昌云在文章《北宋的诸葛亮评价与宋代新儒学复兴》中指出,在北宋新儒学构建进程中,儒学家们基于宣扬学术和变法图强的需要,纷纷论说诸葛亮。北宋的诸葛亮评价由前期的盛赞"去就出处行大义"向后期的褒贬才德难两全转变,这与北宋前期儒学呈现的关注现实的"外王"倾向转型至后期强调"内圣外王"、德行双修的演进路径大体一致,从而折射出宋代新儒学复兴的历史进程。④ 陈昌云、张迪迪在文章《南宋的诸葛亮评价与理学内部纷争》中提到,南宋诸葛亮评价的思维走向与理学内部纷争演变关联密切,前期强势的湖湘学派、浙东学派强调经世务实,而陆朱门人则痛心其运用申韩霸术。发展至后期,独尊天下

---

① 参见刘森垚《论历代的诸葛亮崇祀——以官方崇祀为中心》,《成都大学学报》(社会科学版)2014年第2期。

② 参见王子今《诸葛亮"流马""方囊"考议》,《成都文物》2015年第1期。

③ 参见王少芳《"儒者气象"——宋代理学视野下的诸葛亮形象及其思考》,《西南大学学报》(社会科学版)2007年第6期。

④ 参见陈昌云《北宋的诸葛亮评价与宋代新儒学复兴》,《东方论坛》2015年第2期。

的朱学后人主张穷理尽性,一致标榜其道德风范,诸葛亮良将、忠臣、圣人的形象最终确立。①

沈伯俊《诸葛亮形象三辩》一文就《三国演义》中关于诸葛亮形象人们议论较多的三个问题予以辨析:一为《隆中对》究竟是否正确;二为诸葛亮是不是"愚忠";三为如何看待"状诸葛之多智而近妖"。作者认为诸葛亮形象仍然是全书塑造得最为成功、最受人们喜爱的不朽艺术典型。②刘苗《魏晋南北朝时期诸葛亮的神异形象及其文化解读》从接受美学的角度,解读了在魏晋南北朝时期特别是在民间诸葛亮神秘怪诞的形象。③邹书《李光地的诸葛亮评价论略》一文通过研究李光地的《榕村语录》《榕村续语录》等著作,指出这些著述中用较大的篇幅来评论历代著名人物,这其中对诸葛亮的高度评价尤为突出。这些欣羡或出于崇高的理想追求,或出于明确的政治意图,饱含着浓郁的主观情感色彩。④黄丽峰《古代文人对诸葛亮的评价及其思维走向》一文认为从魏晋到明清,文人们对诸葛亮评价的主流,是由客观平直到玄虚空泛,由褒贬不一到绝对肯定,思维方式愈益呈现出道德化、绝对化的倾向。⑤

不少学者从历代诗词入手,展开对诸葛亮的形象解读。钟树梁指出,杜集中歌咏历史人物以诸葛亮为最,这些诗数量大、质量高,表现出杜甫对诸葛亮的倾慕爱惜之情。文章还从历史现实和诗人情怀入手,深入分析了这些诗歌的丰富内涵。⑥梁艳萍通过对杜甫《蜀相》的诗歌分析,展现唐末动荡年代中政治失意者的心声。⑦何红英在《试论杜甫咏赞诸葛亮诗的影响和作用》中指出,杜甫从明君贤相的视角,以道德是非的标准,受民间口碑的影响把诸葛亮推向了人臣的顶峰。同时开启了后世咏

---

① 参见陈昌云、张迪迪《南宋的诸葛亮评价与理学内部纷争》,《东方论坛》2014 年第 1 期。
② 参见沈伯俊《诸葛亮形象三辩》,《明清小说研究》2007 年第 2 期。
③ 参见刘苗《魏晋南北朝时期诸葛亮的神异形象及其文化解读》,《宿州学院学报》2011 年第 10 期。
④ 参见邹书《李光地的诸葛亮评价论略》,《闽西职业技术学院学报》2013 年第 2 期。
⑤ 参见黄丽峰《古代文人对诸葛亮的评价及其思维走向》,《中州学刊》2005 年第 4 期。
⑥ 参见钟树梁《一往情深 千秋论定——读杜甫吟咏诸葛亮的诗》,《杜甫研究学刊》2008 年第 3 期。
⑦ 参见梁艳萍《"诗圣"杜甫与诸葛亮的失意情缘》,《安徽文学》2011 年第 5 期。

怀诸葛亮的先河。① 李茂丽《文章家国梦——杜甫蜀中十一首诸葛亮诗论略》一文认为诸葛亮情结成为杜甫蜀中创作的一个亮点。杜甫诗歌中的诸葛亮文学镜像和三国历史中的诸葛亮形象落差的原因，体现出杜甫在安史之乱后对贤才政治的无限期盼。② 符丽平认为杜甫塑造了一个完美的诸葛亮形象。杜甫晚年生活在成都、夔州两地，有机会探访相关诸葛亮的遗迹，感受蜀人对诸葛亮的热爱。诸葛亮北伐大业未成的功业"残缺美"又激起功业上同样不得意的杜甫的强烈共鸣，杜甫不自主地将诸葛亮作为自己的形象代言人也需要将诸葛亮提升到一个高度。杜诗中的诸葛亮形象也定型化了诸葛亮形象后来的发展。③ 刘丽玲在《杜甫、陆游咏诸葛亮诗之比较》文章中指出，杜甫和陆游正是诗歌发展高峰时代的两个典型代表，但由于他们有着种种不尽相同的遭遇和胸怀，他们的诸葛亮诗也就各有面目。④ 张连科、张连举《位卑未敢忘忧国——陆游咏诸葛亮诗读解》一文提到陆游是借缅怀诸葛亮的志业，以自己的诗篇追寻其先迹，歌颂其勋功德行，并借以抒发自己报国为民的赤子之心和怀才不遇的悲叹之慨。⑤

从元曲入手研究诸葛亮人物形象也可算是另辟蹊径。常崇宜《元代散曲中的诸葛亮——兼谈元杂剧中的三国戏》认为元代民族矛盾和阶级矛盾激烈，散曲来自社会底层，既歌颂诸葛亮的功业，渴望诸葛亮式的抗元英雄出现，又感到前途无望，充满宿命、虚无、世事皆空的观点。元杂剧则传颂了关羽、张飞与诸葛亮等"失败了的"英雄人物的悲剧，反映了"关公崇拜"与"诸葛亮崇拜"的现象，推动了戏剧艺术形式的成熟。⑥ 万攀认为元杂剧中被传奇化的诸葛亮形象，寄托着元代文人渴望

---

① 参见何红英《试论杜甫咏赞诸葛亮诗的影响和作用》，《杜甫研究学刊》2015年第2期。
② 参见李茂丽《文章家国梦——杜甫蜀中十一首诸葛亮诗论略》，《福州大学学报》(哲学社会科学版) 2015年第4期。
③ 参见符丽平《杜甫对诸葛亮形象的完美化及原因》，《襄樊学院学报》2012年第4期。
④ 参见刘丽玲《杜甫、陆游咏诸葛亮诗之比较》，《成都电子机械高等专科学校学报》2005年第6期。
⑤ 参见张连科、张连举《位卑未敢忘忧国——陆游咏诸葛亮诗读解》，《中山大学学报论丛》2007年第6期。
⑥ 参见常崇宜《元代散曲中的诸葛亮——兼谈元杂剧中的三国戏》，《成都大学学报》(社会科学版) 2005年第6期。

参与政治、实现远大抱负的情怀，同时这也是士人"为王者师"的价值追求的体现。此形象对后来的文学创作影响深远。①

诸葛亮军事谋略与实践是诸葛亮研究绕不开的话题。这一时期值得注意的是对其军事成就的评价研究，此外关于北伐问题的研究也有所加强。余明侠提及关于诸葛亮的评价问题，历史上基本是肯定的。但在一些具体问题方面，尚有分歧之处，以北宋苏轼所论最具代表性。②林榕杰在《诸葛亮北伐目的新论——以多重战略目的及其实现程度为中心》一文中认为诸葛亮秉政期间北伐的目的应有三大层次：兴复汉室、推进统一；扩大占领区、联络氐羌、搜罗人才、疲敝魏国等；以弱示强、以攻为守、凝聚内部等。就北伐的成效看，第一层次的目的远未实现，第二层次的目的或多或少有所实现，第三层次的目的大致实现。③晏波在文章《诸葛亮"六出祁山"诸问题新探》中提出三个观点："六出祁山"是诸葛亮驻军汉中后北伐曹魏的重要战略举措，其实际是五次，即两围祁山、三出关中，并无六出之实；北伐时取的斜谷道是褒斜道，建兴十二年（234）兵出斜谷所行经的道路应不经过城固；首次伐魏时魏延"子午奇谋"未被采纳是诸葛亮与魏延行军风格差异所致。④杨德炳《关于诸葛亮北伐的几个问题》一文也认为马谡所谓的"街亭违命"罪难以成立，指出街亭乃至此次北伐失败的根本原因在于蜀军的战斗力不强。⑤李殿元认为诸葛亮为"兴复汉室"而进行的北伐，因形势的变化和实力的悬殊，注定不能成功。诸葛亮之所以坚持北伐，是因为北伐的目的，除了实现"兴复汉室"外，还有一个比较现实的目标即夺取凉州，借以增大蜀国的

---

① 参见万攀《元杂剧中的诸葛亮形象》，《重庆科技学院学报》（社会科学版）2013年第2期。

② 参见余明侠《必须全面客观地评价诸葛亮的军事成就——从北宋苏轼的议论谈起》，《徐州师范大学学报》（哲学社会科学版）2008年第1期。

③ 参见林榕杰《诸葛亮北伐目的新论——以多重战略目的及其实现程度为中心》，《东方论坛》2012年第1期。

④ 参见晏波《诸葛亮"六出祁山"诸问题新探》，《成都大学学报》（社会科学版）2009年第1期。

⑤ 参见杨德炳《关于诸葛亮北伐的几个问题》，《湖南文理学院学报》（社会科学版）2012年第12期。

疆域和国力。①

诸葛亮民族政策研究也有新论。黄崇成、高宏《诸葛亮的民族政策及其对蜀汉政权的影响》一文认为，民族地区还是蜀汉政权的重要物资补给基地，尤其是在诸葛亮数次发动北伐，国力消耗极大的情况下。②

地理考证方面取得的进展颇多，且有不少开创性论述。潘民中《诸葛亮南征之役探微》一文提出了三个新论断：诸葛亮南征的战略重点在于平定蜀汉南方诸郡汉族大姓耆帅和地方官吏叛乱；南征军所达最远地不是滇池，而是今天伊洛瓦底江中游地区；南征及其善后措施收到了显著成效。③ 张保同认为古邓国、邓县的地望与诸葛亮躬耕地密切相关。作者的结论认为"襄阳说"其他材料皆系转抄习凿齿所记，诸葛亮躬耕地在南阳不容怀疑，至于具体地点，有待进一步挖掘。④ 阳国胜文章《诸葛亮七擒孟获地新考：湖南靖州》指出，传统观点认为的"七擒孟获"发生地在云南，这与《三国志》及《三国志注》有矛盾。湖南靖州最有可能是孟获故里和诸葛亮七擒孟获的发生地。⑤

人物关系和不同时期人物对比的重新解读也在这一时期的研究中占有相当比例。如李殿元提出，魏延本身一直受到诸葛亮重用，没有采用"子午谷奇谋"和在对身后人事的安排中冷落魏延，是一个政治家为国家稳定而被迫作出的无奈选择。⑥ 周怀宇《周瑜"时局论"与诸葛亮"隆中对"比较》一文认为周瑜和诸葛亮二人的政治思想基本一致，虽然两篇时论的提出前后相差六年，但却代表了这一时期的社会精英阶层政治思想发展的轨迹，越来越明朗地成为社会反抗思潮的理论前导。⑦ 何向荣比较了刘基与诸葛亮的相似点，认为除了两人人生轨迹之外，还主要体

---

① 参见李殿元《从"兴复汉室"到夺取凉州——诸葛亮"北伐"新论》，《成都大学学报》（社会科学版）2007年第3期。
② 参见黄崇成、高宏《诸葛亮的民族政策及其对蜀汉政权的影响》，《边疆经济与文化》2008年第4期。
③ 参见潘民中《诸葛亮南征之役探微》，《许昌学院学报》2012年第6期。
④ 参见张保同《古邓国、邓县的地望与诸葛亮躬耕地》，《中州学刊》2011年第2期。
⑤ 参见阳国胜《诸葛亮七擒孟获地新考：湖南靖州》，《怀化学院学报》2013年第12期。
⑥ 参见李殿元《诸葛亮与魏延关系新论》，《文史杂志》2012年第6期。
⑦ 参见周怀宇《周瑜"时局论"与诸葛亮"隆中对"比较》，《襄樊职业技术学院学报》2010年第4期。

现在"谋略"上,即他们都以帝师和王佐的身份,运用谋略来治国安邦。二人的极度相似还在于他们相似的历史演变,即由人变为神,由神演化为文化现象。诸葛亮文化和刘基文化,同样都是民间传统文化的重要资源。①

四 结语

通过对一百多年来诸葛亮研究的回顾与梳理,我们可以看到,百年来尤其是改革开放以来,诸葛亮研究取得了前所未有的丰硕成果,研究队伍日益壮大,涌现出一大批研究三国和诸葛亮的专家学者,如王汝涛、王瑞功、谭良啸、李兆成、丁宝斋、晋宏中等是其中的杰出代表,国内著名的老一辈研究魏晋南北朝史学者如缪钺、王利器、何兹全、马植杰、柳春藩、朱大渭、田余庆、黄惠贤、陈翔华、张崇琛、余明侠等教授也时有三国及诸葛亮研究的新著问世。研究范围和选题也逐渐多元化,尤其是进入21世纪以来,关于诸葛亮政治思想属性讨论、成才之路、人物形象的形成过程、人物关系探讨、文献整理等方面都有进一步的探索。

但是,仍然要看到,以新史料、新的交叉学科为代表的研究成果还较少,研究方法依然有所局限,与国外有关诸葛亮研究的团体和学者也缺少必要的交流,研究的广度与深度、普及与提高、微观上的深入探究、对当前社会的贡献等方面也有待加强。在研究方法上,在广征博引、充实资料的同时,也要坚持考核精详、辨析得失、立论公允。

此外,史学工作者一定要重视校勘学在学术研究中的应用,以诸葛亮研究为例,现今流传的所谓诸葛亮兵法如《将苑》《便宜十六策》等,在清代即有学者考证其皆为宋人托名所作,现当代三国史、宋史研究的众多专家学者也都证其为伪作无疑。既然已有定论,或是仍存在极大争议,那么此类托诸葛亮之名而流传至今的书籍,作为诸葛亮研究中的一部分,其功能、性质就发生了改变,研究时就一定要有所取舍,研究方向也应从书中内容转移到该书产生的历史条件和流传介质上来。

---

① 参见何向荣《刘伯温与诸葛亮相似点刍议——刘伯温与诸葛亮比较研究之一》,《浙江工贸职业技术学院学报》2007年第3期。

1919 年以来武则天研究简述

陈 洪*

由于《则天实录》《中宗实录》《睿宗实录》等正面积极评价武则天的唐代史书大多早已失传，自宋代司马光主编《资治通鉴》开始，特别是南宋程朱理学开始占据中国思想的主导地位后，后世学人对武则天的评价几乎呈现"一面倒"地批判趋势，没有客观公正地去评价这位女皇帝，导致武则天研究呈现出不客观、不系统、不深入等问题。20 世纪以来，国内外学者开始重新审视这位中国封建历史上唯一的女皇帝，产生了许多优秀的研究论文、专著和译著，但综述性研究文章较少。《武则天在历史上究竟起了什么作用》一文①，是 20 世纪以来第一篇总结武则天研究的文章，介绍了 1954—1961 年国内学术界对武则天的评价情况。1961 年 9 月，《文汇报》汇总分析了 12 篇关于武则天研究的文章，以"关于武则天评价的若干问题——作者来稿综述"为题进行刊载②，总结并简要描述了每位作者的观点。1985 年，李荷先撰写了《武则天研究的历史回顾与探索》一文③，简要回顾了 1935 年至 1980 年国内武则天研

---

* 作者简介：陈洪，生于 1985 年，四川广元人，现任职于广元市社会科学界联合会，吟诵非遗传人，四川省中国哲学史研究会国学委员会主任。主要研究方向：吟诵及中国传统私塾教育研究、蜀道文献研究。

① 参见中华书局通讯组《武则天在历史上究竟起了什么作用》，《人民日报》1961 年 3 月 9 日第 2 版。

② 参见《关于武则天评价的若干问题：作者来稿综述》，《文汇报》1961 年 9 月 10 日第 3 版。

③ 参见李荷先《武则天研究的历史回顾与探索》，《华中师范大学学报》（哲学社会科学版）1985 年第 5 期。

究，分析了武则天研究中的几个主要问题。这三篇文章只是对学术界研究武则天的情况作了简单的概括总结，并未展开分析探讨。自中国唐史学会武则天研究分会1985年成立后，国内外关于武则天研究的论文、专著日益增多。1990年，胡戟撰《浅谈武则天研究》①，概括总结了20世纪90年代以前的武则天研究成果，提出了一些有待讨论的具体问题。1997年，王双怀发表《本世纪以来的武则天研究》一文②，全面回顾了20世纪海内外史学研究界关于武则天研究的各方面研究成果，并对各个阶段武则天研究的重点和特征进行了阐述。赵文润于2006年撰写《武则天研究二十年述评》③，对1985年至2005年的武则天研究成果进行了分析评论，综述性较强。这些武则天研究的学术成果，是不同作者从他们所处的时代和个人角度对武则天研究作出的总结性回顾。此外，《乾陵文化研究》又先后发表了于冬华、张晶的《武则天研究论著索引》和王双怀的《海内外武则天著作索引》，对20世纪国内外武则天研究著述作了较为详细的梳理和著录。进入21世纪以来，海内外关于武则天的研究又有了许多新的内容，出现了一些新的特色。有鉴于此，本文通过对1919年以来的国内外武则天研究进行系统梳理，简要分析百年来的武则天研究的情况和特色，为今后的进一步研究提供借鉴与参考。

一　1919—1949年关于武则天的研究

1919年五四运动爆发以后，国内学人开始对武则天进行研究和评价，不过由于这一时期战事频繁，学界关于武则天的研究此时才刚刚起步，尚未产出很多学术成果。

史学界在这一时期对武则天的研究主要集中在武则天在历史中的作用。第一种意见是对武则天基本持肯定的态度，武则天被认为是一位杰出的女政治家；第二种意见则是全面否定武则天，认为武则天毫无政绩可言。鲁迅、陈寅恪、邵冲霄等人从倡导女权主义的角度对武则天进行

---

①　参见胡戟《浅谈武则天研究》，载武则天研究会《中国唐史学会论文集》，三秦出版社1991年版，第66—72页。
②　参见王双怀《本世纪以来的武则天研究》，《史学月刊》1997年第3期。
③　参见赵文润《武则天研究二十年述评》，《乾陵文化研究》2006年；载樊英峰《乾陵文化研究》第2辑，三秦出版社2006年版，第5—18页。

了积极肯定的评价，他们先后发表的《论武则天》《武曌与佛教》《伟大的革命政治家——武则天》等数十篇文章①，给予了武则天十分正面的形象定位，鲁迅更是直接写出了"武则天做皇帝，谁敢说男尊女卑"的语句②；同一时期，王桐龄、章嵌、金兆丰等人则先后撰写《女宠之乱政》《武后之代唐》《武韦之祸》等文③，全盘否定武则天的一生，包括其取得的政绩。另外，邓之诚、俞大刚、姚唐翁、蓝文征、向全、张士杰、范文澜、王哲之、汪籛、吕振羽、何正璜等学人也参与到武则天研究中来，撰写了相应的论文或著作，如姚唐翁撰写《武曌之身世与政术》④，张士杰撰写《武则天新论》⑤。

除了学术界，文艺界也出现了部分关于武则天的作品。如剧作家宋之的于1935年撰写了多幕剧《武则天》⑥，该剧描写了在男权统治社会中一个女性的反抗与挣扎，1937年，该剧公演成功，取得了较好的反响；1939年，由剧作家柯灵担任编剧，方沛霖执导的剧情黑白电影《武则天》成功上映⑦，当时的评论一片赞誉之声，纷纷认为《武则天》这部电影不仅使新华影业公司取得了巨大成功，同时也为中国电影产业的发展指出了一个明确的方向。无论是在所下的资本上，还是在艺术的收获上，这部电影都开创了中国电影制片事业一个空前的纪录。⑧剧作家田汉20世纪40年代撰写完成京剧《武则天》⑨，与宋之的的剧本一样，都对武则天持肯定态度，也产生了较大的社会影响，戏剧评论家张真认为，田汉的剧本既没有矫情去歌颂武则天，也没有过分地贬低武则天，没有因为武

---

① 参见鲁迅《论武则天》，载《华盖集》，北新书局1926年版，第132页；陈寅恪《武曌与佛教》，《"中研院"历史语言研究所集刊》1935年版；邵冲霄《伟大的革命政治家——武则天》，《妇女月刊》1945年第4卷第3期。

② 鲁迅：《论武则天》，载《华盖集》，北新书局1926年版，第132页。

③ 参见王桐龄《女宠之乱政》，载《中国史》，文化学社1926年版，第525—546页；章嵌《武后之代唐》，载《中华通史》，商务印书馆1934年版，第819—829页；金兆丰《武韦之祸》，载《中国通史》，中华书局1937年版，第77页。

④ 参见姚唐翁《武曌之身世与政术》，《文化先锋》1946年第6卷6期。

⑤ 参见张士杰《武则天新论》，《妇女月刊》1947年第6卷第5期。

⑥ 参见宋之的《武则天》，生活书店1937年版。

⑦ 参见方沛霖《武则天》，上海新华影业公司1939年版。

⑧ 参见《上海电影志》编纂委员会《上海电影志》，上海社会科学院出版社1999年版。

⑨ 参见田汉《武则天》，连载《大公报》1947年1—3月刊。

则天的卓越功绩而原谅她的残酷杀戮，也没有因为武则天的凶狠而忽略掉她的雄才大略。本着尊重历史原貌、尊重生活本身的逻辑进行创作，这个剧本是一个现实主义的剧本。①总的来看，文艺界对武则天的评价是肯定的、正面的。

二 20世纪50年代的武则天研究

1949年中华人民共和国成立后，史学界开始深入探讨武则天的历史功过，武则天研究进入深水区。20世纪50年代的武则天研究仍然集中在武则天在历史中的地位作用，对武则天持肯定评价的学者有陈寅恪、范文澜、罗元贞、杨志玖、吴枫、张家驹等。1950年10月，张雁南率先在《东北日报》发表了《谈〈武则天〉》②，引起学术界的重视。1951年9月，《光明日报》登载了历史学家罗元贞的《武则天问题批判》一文③，该文一反历代学者对武则天的谩骂和否定，从历史唯物主义观点出发，公正而全面地评价武则天的历史功绩。此后，许多学者都发表了武则天的专门研究论著。1954年，陈寅恪先生发表《论唐代李武韦杨婚姻集团》一文，论述关陇等政治集团对唐王朝的影响，以及从婚姻门族观念的角度阐述李、武、韦、杨的政治婚姻，认为武则天的掌权，虽有不少过失，但"在历史上实有进步之意义"④。1955年，胡如雷在《历史研究》上发表《论武周的社会基础》⑤一文，认为武周的社会基础是新兴地主阶级，武则天打击官僚贵族、限制土地兼并等措施直接推动了武周时期的社会和经济发展。同年，杨志玖在他的《隋唐五代史纲要》中专文论述了武则天的历史功绩，认为关陇集团对政治的垄断被武则天打破，中央集权政治发展得到了有效促进，这是武则天的主要贡献。⑥王家祐则在考察了四川广元皇泽寺这一纪念武则天的重要古迹后，写下了《广元皇泽寺及

---

① 参见张真《田汉同志京剧〈武则天〉上集读后》，《剧本》1984年第2期。
② 参见张雁南《谈〈武则天〉》，《东北日报》1950年10月12日第3版。
③ 参见罗元贞《武则天问题批判》，《光明日报》1951年9月22日第2版。
④ 参见陈寅恪《论唐代李武韦杨婚姻集团》，《历史研究》1954年第1期。
⑤ 参见胡如雷《论武周的社会基础》，《历史研究》1955年第1期。
⑥ 参见杨志玖《武曌的代唐及其行政》，《隋唐五代史纲要》，新知识出版社1955年版，第38页。

其石刻》一文①，详细介绍了皇泽寺的石窟佛像。

到了20世纪50年代后期，学术界对武则天已成基本肯定之势。最具影响力的当属上海《文汇报》于1959年10月发表了翦伯赞、吴晗、吕振羽、尚钺、田汉等人的《武则天应是正面人物》一文②，此文发表于上海越剧团在上海、北京等地演出《则天皇帝》一剧之后，他们对《则天皇帝》的上演高度赞誉，并对武则天进行肯定评价，武则天研究达到中华人民共和国成立以来的第一次高潮。《文汇报》于12月6日刊载了吴泽的《关于武则天在历史中的作用问题》③，12月13日，张家驹的《也谈武则天》一文于《文汇报》登载。④ 这些文章持续肯定评价武则天，吴泽认为武则天稳固和发展了"贞观之治"，把历史推进了一大步，对唐代社会经济的发展起了非常积极的作用。张家驹则认为，武则天为人处世的态度方法，应该深受唐太宗李世民的影响，她在政治上的许多做法是继承并效法了太宗，并且替"开元盛世"打下了坚实的基础，她是那个时代一位了不起的政治家。

最先对武则天持全盘否定态度的学者是岑仲勉，他在其所著的《隋唐史》（"武则天之为人"）中认为武则天就是"暴君"，而且"荒淫、好杀"。他认为即使撇去武则天的私德不讨论，只看武则天在位的二十一年，也没有半点政绩可谈。⑤ 吕思勉与岑仲勉观点态度一致，在他1959年所著的《隋唐五代史》中，他对武则天进行了全盘否定，认为武则天不仅滥刑杀人，奢侈腐化，而且用人失察，"所用皆昧死要利，知进而不知退之徒"⑥。不过，这类一面倒的观点在学术界仍数少数。

20世纪50年代，海外也有不少关于武则天研究的成果。1953年，新加坡华人作家芝青所著历史传记《武则天传》⑦，由新加坡南洋商报社出

---

① 参见王家祐《广元皇泽寺及其石刻》，《文物》1956年第5期。
② 参见翦伯赞等《武则天应是正面人物》，《文汇报》1959年10月31日第1版。
③ 参见吴泽《关于武则天在历史中的作用问题》，《文汇报》1959年12月6日第2版。
④ 参见张家驹《也谈武则天》，《文汇报》1959年12月13日第1版。
⑤ 参见岑仲勉《武则天之为人》，《隋唐史》，中华书局1982年版，第160页。
⑥ 吕思勉：《武韦之乱》，载《隋唐五代史》，中华书局1982年版，第126页。
⑦ 参见芝青《武则天传》，新加坡南洋商报社1953年版。

版。1955年，英国的查尔斯·帕特里克·菲茨杰拉德撰写了《女皇武则天》①一书，不过这两本书都属于大众普及读物，它们的学术价值并不是很大。这一时期研究隋唐史的海外学者主要集中在日本。日本史学家谷川道雄、横田滋是隋唐史研究专家，他们于1956年在《东洋史研究》发表了《关于武后朝末期至唐玄宗初期的政治纷争——唐代贵族制研究的一个视角》②《武周政权成立的前提》③等。两篇文章均认为，武则天之所以能够最终称帝，主要原因在于贵族集团的内部矛盾激化，而武则天背后的新兴地主集团在政治斗争中最终取得了胜利。林语堂曾于1944年游览四川广元，离开后即开始撰写武则天的人物传记。1957年，林语堂的《则天武后》（又名《武则天正传》）在英国伦敦出版，旋即，日本人小昭丹将其翻译为日文出版，进一步掀起了日本学术界研究武则天的高潮。④

这一时期也出现了一些关于武则天的文艺作品。1954年，中国香港著名武侠小说家梁羽生撰写出版了《从秦始皇到武则天》。⑤ 1959年，吴琛等人创作编排的越剧《则天皇帝》⑥，先后在上海、北京等地公演，引起了文史界的高度关注，在一次演出后的座谈会上，吴晗、翦伯赞、吕振羽等史学家应邀参加，他们一致肯定武则天在历史中的地位与影响。

总的来看，20世纪50年代的武则天研究呈现两个特点：一是国内学术界开始理性地讨论分析武则天，尽管学者们对武则天的评价分歧较大，但大多数学者仍在总体上肯定武则天的历史贡献，只有极少数学者完全否定武则天；二是武则天研究开始从国内逐步扩展到海外，研究逐渐走向高潮。

三 20世纪60年代关于武则天的研究

进入20世纪60年代，国内武则天研究进入具体问题研究，武则天研

---

① 参见 Fitz gerald. c. p, *The Empress Wu*, Melbourne. F. W. Ch shine, published for the Australian National University, 1955。

② ［日］谷川道雄：《关于武后朝末期至唐玄宗初期的政治纷争——唐代贵族制研究的一个视角》，《东洋史研究》1956年第14期。

③ ［日］横田滋：《武周政权成立的前提》，《东洋史研究》1956年第14期。

④ 参见林语堂《则天武后》，［日］小昭丹译，日本 Misutsu 书房1959年版；冯羽《日本林学的风景——兼评日本学者合山究的林语堂论》，《世界华文文学论坛》2009年第1期。

⑤ 参见梁羽生《从秦始皇到武则天》，香港自学出版社1954年版。

⑥ 参见吴琛等《则天皇帝》，《上海戏剧》1960年第5期。

究讨论进入深度挖掘状态。《人民文学》1960年5月刊全文登载了郭沫若创作的话剧剧本《武则天》①，在此之前，《上海戏剧》已经全文登载了吴琛等人创作的越剧剧本《则天皇帝》。② 这两个剧本均对武则天的形象作了十分正面的描述。越剧《则天皇帝》在1959年的上演已经引起了社会关注，郭沫若的《武则天》历史剧本一经发表，更是在学术界掀起了武则天研究讨论的热潮。仅1960年至1962年，公开出版发行的武则天研究专著就有4部，期刊论文一共有10篇，报纸文章有27篇。这一时期的研究主要集中在两个方面：一是论述武则天在唐王朝发展中的积极作用；二是讨论武则天的一些具体问题，其中关于武则天的生年生地研究讨论最为激烈。

关于武则天在唐王朝发展中的积极作用，学者们讨论很热烈。由于郭沫若、翦伯赞等人先后提出为曹操"翻案"，他们的文章通过《光明日报》传播至全国，引发了学术界"翻案"的风潮，因此，20世纪60年代的绝大多数学者均是论述武则天在历史发展中的积极作用，很少有学者对武则天持反面评价。郭沫若、吴晗、范文澜、韩国磐等人先后发表了大量论文，从不同角度高度肯定了武则天。郭沫若高度赞扬武则天"政启开元治宏贞观，芳流剑阁光被利州"③，吴晗评价武则天是中国历史上伟大的政治家，封建统治者中的杰出领袖④，范文澜着重论述武则天的善于用人，韩国磐高度称赞武则天称帝和执政。这一时期还有董家遵的《略论武则天政权在历史上的作用问题》⑤、王达津的《两唐书为什么诋贬武则天》⑥ 等许多学人的文章，他们对武则天的看法大多持肯定的态度。

四川大学的缪钺先生是这一时期少见的论述武则天缺点和执政不足的学者，他在《关于武则天的评价问题》一文中提出，武则天虽然是中国古代史中杰出的女政治家……但人无完人，武则天也有缺点，甚至个别缺点相当严重。⑦《四川日报》《光明日报》先后登载了缪钺的文章，

---

① 参见郭沫若《武则天》，《人民文学》1960年第5期。
② 参见吴琛等《则天皇帝》，《上海戏剧》1960年第5期。
③ 参见郭沫若《咏武则天》，题于广元皇泽寺。
④ 吴晗：《关于历史人物评价问题》，《新建设》1961年第1期。
⑤ 参见董家遵《略论武则天政权在历史上的作用问题》，《学术研究》1962年第5期。
⑥ 参见王达津《两唐书为什么诋贬武则天》，《光明日报》1961年4月1日第3版。
⑦ 参见缪钺《关于武则天评价的问题》，《四川日报》1961年5月8日第3版。

缪钺认为武则天虽有功绩，但御边无方、崇尚佛教、支持兼并等行为于人民有害。很快，《光明日报》又登载了《关于评价武则天的几个问题》①，笔名若思的这篇文章认为，武则天的统治并没有缓和贵族阶级和人民群众之间的矛盾，用人和施政也存在许多弊端，武则天晚年出现众叛亲离的局面，根源就在这些方面。因此，1961年8月12日，《四川日报》刊载了赵吕甫先生的文章②，他在肯定武周政权进步性的前提下，逐一反驳了缪钺的观点，将武则天执政时期的若干问题归咎于战争等方面，认为武则天代表着新兴庶族，并美化武则天的所有作为都有着深刻的历史进步意义。由此可见，在全国上下为曹操、武则天等历史人物"翻案"的背景下，缪钺等人公然批评武则天的缺点，必然招致他人的非议。不过，在全国学界对武则天高唱赞歌的大环境下，缪钺与若思对武则天提出批判，这类意见反而显得难能可贵。

关于武则天的生年生地研究在这一时期引起了学界的热烈讨论和争辩。由于现存各类史书都没有记载武则天的出生年份，《旧唐书》《新唐书》等对武则天的年龄也有不同记载，一说83岁，一说81岁，导致学界历来对武则天的生年生地研究看法各不相同，西安说、广元说、扬州说争论不休。1960年郭沫若先生在话剧《武则天》剧本中直接提出武则天生于利州（今四川广元），由此引起学界大争论。张明善、黄展岳等人于1960年发表了《四川广元县皇泽寺调查记》③，用大量图片和文字详细介绍了广元皇泽寺，认为皇泽寺及其寺内文物，足可论证武则天生于广元。历史学家吴晗一度主张武则天生于江苏扬州，他的主要依据为《册府元龟》的相关记载，认为根据武则天的卒年记载，其生年应为武德十年（627），而《册府元龟》中清楚地记载武德八年（625）武则天的父亲在扬州任扬州都督长史。由此推断武则天不大可能出生在四川。④《光明日报》于1961年5月登载了陈振的《也谈武则天的出生地和出身》一文，陈振认为武则天生于武德七年（624），这时期她的

---

① 参见若思《关于评价武则天的几个问题》，《光明日报》1961年6月21日第3版。
② 参见赵吕甫《对〈关于武则天评价的问题〉一文的两点意见》，《四川日报》1961年8月12日第3版。
③ 参见张明善、黄展岳《四川广元县皇泽寺调查记》，《考古》1960年第7期。
④ 参见吴晗《关于历史人物评价问题》，《新建设》1961年第1期。

父亲武士彟还在任工部尚书判六尚书事，也就是说这时候武则天一家居住在京城长安，因此，武则天的出生地点，最大可能应是在当时的国都长安，而不大可能在四川广元或其他什么地方。① 有鉴于此，郭沫若先生又在《光明日报》发表了《武则天生在广元的根据》②，根据李商隐诗作内容、广政碑碑文记载及广元民间传说，推断武则天生于四川广元。吴晗则认为郭沫若仅仅提出了猜想，却没有找到充分的文献证据和考古证据，因此郭沫若的猜想无法作为学术观点存在。不过吴晗在看了陈振的文章后，也放弃了自己的扬州说，转而支持陈振的"武则天生于西安"的观点。随后，敬堂在《天津日报》发表了《武则天不生于广元的根据》③，随后又根据武则天父亲武士彟的《攀龙台碑》和武则天的《大周无上孝名高皇后碑铭（并序）》的记载，于1962年在《光明日报》发表文章，论证武则天不生于广元。④ 胡守为在《中山大学学报》（社会科学版）发表了《关于武则天生年的几段史料札记》⑤，也试图论证武则天不生于广元。董家遵则在《羊城晚报》上发表了《武则天父亲两任利州都督的证据》⑥，试图印证郭沫若的观点。不过由于这些文章都缺乏最牢固的证据链，谁也不能说服谁，使得武则天生年生地至今仍存在较大争议。

1960—1963年国内武则天生年生地研究著述一览表

文章名称	作者	发表期刊	发表年份
《武则天》	郭沫若	《人民文学》	1960年

---

① 参见陈振《也谈武则天的出生地和出身》，《光明日报》1961年5月24日第3版。
② 参见郭沫若《武则天生在广元的根据》，《光明日报》1961年5月28日第3版。
③ 参见敬堂《武则天不生于广元的根据》，《天津日报》1961年9月6日第3版。
④ 参见敬堂《有关武则天的二件资料——"攀龙台碑"与"大周无上孝名高皇后碑铭（并序）"》，《光明日报》1962年7月18日第3版。
⑤ 参见胡守为《关于武则天生年的几段史料札记》，《中山大学学报》(社会科学版) 1962年第3期。
⑥ 参见董家遵《武则天父亲两任利州都督的证据》，《羊城晚报》1962年8月9日学术专页34期。

续表

文章名称	作者	发表期刊	发表年份
《四川广元县皇泽寺调查记》	张明善、黄展岳	《考古》	1960 年
《关于历史人物评价问题》	吴晗	《新建设》	1961 年
《也谈武则天的出生地和出身》	陈振	《光明日报》	1961 年
《武则天生在广元的根据》	郭沫若	《光明日报》	1961 年
《皇泽寺与武则天》	钟荣华	《光明日报》	1961 年
《武则天不生于广元的根据》	敬堂	《天津日报》	1961 年
《在武则天的故乡》	杨山知人	《四川日报》	1961 年
《有关武则天的二件资料——"攀龙台碑"与"大周无上孝名高皇后碑铭（并序）"》	敬堂	《光明日报》	1962 年
《吴晗谈对武则天的评价》	吴晗	《北京日报》	1962 年
《武则天父亲两任利州都督的证据》	董家遵	《羊城晚报》	1962 年
《武则天二三事》	敬堂	《光明日报》	1962 年
《关于武则天的两个问题》	郭沫若	《光明日报》	1962 年
《关于武则天生年的几段史料札记》	胡守为	《中山大学学报》（社会科学版）	1962 年
《广元的皇泽寺和武则天》	向灵	《成都晚报》	1963 年

日本在这一时期也出现了许多关于武则天研究的论文和论著。日本的松井秀一于1966年在《北大史学》发表了《有关则天武后的拥立》[①]，他认为武则天之所以能够逐渐走上帝位，在很大程度上是因为新兴地主官僚阶级与原先的王朝贵族势力对立斗争，而新兴地主官僚阶级占了多数。日野开三郎发表了《武韦两后时代为避免税役盛行伪度与玄宗的肃清》[②]，外山军治出版了专著《则大武后》。[③] 1967年，松岛才次郎发表了

[①] 参见［日］松井秀一《有关则天武后的拥立》（《则天武后の拥立をめぐって》），北大史学会《北大史学》1960 年第 11 期。

[②] 参见［日］日野开三郎《武韦两后时代为避免税役盛行伪度与玄宗的肃清》（《武・韦两后时代税役避免伪度の盛行と玄宗の肃清》），《佐贺龙谷学会纪要》1966 年第 13 期。

[③] 参见［日］外山军治《则天武后》（《则天武后：女性と権力》），东京：中央公论社 1966 年版。

《则天武后的称制与篡夺》①，筑山治三郎出版了专著《唐代政治制度的研究》(《唐代政治制度の研究》)。②

"文化大革命"开始后，国内关于武则天的研究被迫中断，"文革"期间关于武则天的文章大体都是一个模式，毫无学术价值可言。这一时期的论文大多深受"文革"的影响，许多文章打着研究武则天的幌子，实际在为江青歌功颂德。"四人帮"垮台后，学术界又出现了许多批判"四人帮"并全盘否定武则天的文章。因此"文革"十年的国内关于武则天研究大多呈现"要么过左，要么过右"的状态，没有理性、客观地去研究探讨。

四 1978—1985 年关于武则天的研究

"文革"结束后，国内学术界开始重新评价、研究武则天。1978年到1979年，熊德基先后发表了《武则天的真面目》③和《武则天评价问题答客难》④，对武则天研究起到了拨乱反正的作用，不过由于处在"文革"刚刚结束的时候，他的文章仍然未能做到公正客观地评价武则天。

20世纪80年代初期，学界开始对过去武则天研究进行反思。1980年，罗继祖在《社会科学战线》上发表了《也谈武则天》⑤，同年，黄永年在《陕西师范大学学报》上发表了《评郭沫若同志的武则天研究》⑥，1981年，曾立平又发表了《评历史剧创作中的反历史主义倾向》。⑦ 这三篇文章都对郭沫若的武则天研究提出异议，罗继祖反对郭沫若在剧本中对裴炎的处理，黄永年运用大量史实对郭沫若提出的武则天的统治"得到人民拥护"这一论点进行批驳，曾立平更评价郭沫若"为了翻案，把

---

① 参见[日]松岛才次郎《则天武后的称制与篡夺》(《则天武后の称制と篡夺》)，《信州大学教育学部研究论集》1967年3月第19号。
② 参见[日]筑山治三郎《唐代政治制度的研究》(《唐代政治制度の研究》)，东京：创元社1967年版。
③ 参见熊德基《武则天的真面目》，《社会科学战线》1978年创刊号。
④ 参见熊德基《武则天评价问题答客难》，《历史教学》1979年第1期。
⑤ 参见罗继祖《也谈武则天》，《社会科学战线》1980年第1期。
⑥ 参见黄永年《评郭沫若同志的武则天研究》，《陕西师范大学学报》(哲学社会科学版)1980年第3期。
⑦ 参见曾立平《评历史剧创作中的反历史主义倾向》，《戏剧艺术》1981年第1期。

武则天抬高到一个吓人的高度"。这一时期的许多文章都是针对郭沫若的剧本提出"商榷"甚至反对意见，学者们这种理性讨论的态度，在很大程度上是受到了当时"解放思想、实事求是"的思想路线的影响。

1982年，李必忠、陈贤华在《四川大学学报》（哲学社会科学版）发表文章①，对武则天作出了肯定的评价，文章提出武则天的指导思想是"为我所用的实用主义"，这个观点被后来的学者普遍接受。

这一时期，海外也有许多关于武则天研究的论文和专著。1977年，西村元佑发表了论文《则天武后政治的基本态势与科举出身宰相的活跃》。②1979年，崔瑞德、费正清等人编撰的《剑桥中国史》则拿出专门篇章来研究武则天③。1981、1982年，安田治树发表了《唐代则天时期涅槃变相考》④，谷川道雄发表了《则天武后的明堂》⑤，原百代出版了他的传记文学专著《武则天》（《武則天》）⑥。在这些论著中，传播最广的则是原百代的《武则天》，原百代在这本书中，高度肯定了武则天在唐王朝发展中承前启后的作用，赞扬武则天是伟大的政治家。

五 1985年至今的武则天研究

自20世纪80年代初开始，国内学界，尤其是陕西学界发表了大量关于武则天的研究论文，涉及武则天的为人、执政、诗词、书法等各个方面。1982年至1983年，金中笑连续在《西安晚报》上发表关于乾陵的研究文章。为了更深入系统地研究武则天，中国唐史学会于1985年专门成立了关于武则天研究的二级学会，并开始组织主办全国性乃至国际性的

---

① 参见李必忠、陈贤华《有关武则天评价的几个问题》，《四川大学学报》（哲学社会科学版）1982年第2期。

② 参见［日］西村元佑《则天武后政治的基本态势与科举出身宰相的活跃》（《則天武后におはる政治の基本姿勢と科挙出身宰相の活跃》），《竜谷史坛》1977年3月第72号。

③ 参见［英］崔瑞德、［美］费正清编，杨品泉等译《武后》，载《剑桥中国史》第3卷《隋唐史》，中国社会科学出版社2007年版。

④ 参见［日］安田治树《唐代则天时期涅槃变相考》（《唐代則天期の涅盘变相について》）（上）（下），日本成城大学大学院文学研究科《美学美术史论集》第2、3辑，1981、1982年。

⑤ 参见［日］谷川道雄《则天武后的明堂》（《則天武后の明堂》），日本成城大学大学院文学研究科《美学美术史论集》第3辑，1982年。

⑥ 参见［日］原百代《武則天》，东京：每日新闻社1982年版。

武则天研究学术论坛,这一年成为武则天研究的一个重要分水岭。中国唐史学会武则天研究分会的成立,极大地推动了武则天的研究工作。

1985年10月,首届全国武则天学术讨论会在陕西咸阳召开,由于初次召开全国性的武则天研究学术研讨会,与会者人数不多,仅收到论文二十八篇。此次会议从武则天执政时期的政治、经济、文化等多个方面入手,围绕武则天的历史功过进行了热烈的讨论,也涉及关于武则天的生平研究讨论,会后由张玉良、胡戟任主编,将其中的《武则天的生平事业》等十三篇论文选编为《武则天与乾陵》一书,并于1986年由三秦出版社出版,这是国内第一本公开出版发行的武则天研究论文集。①

自1985年至2016年,由中国唐史学会武则天研究分会牵头,先后在咸阳、广元、洛阳、太原、乾陵、偃师、登封等地召开了十二次学术研讨会,出版了《武则天与洛阳》《武则天与文水》《武则天与偃师》《武则天研究论文集》等十余部论文集②,取得了丰硕的研究成果,大力推动了国内外武则天学术研究工作,这些学术成果也进一步丰富了唐史研究的内容。

三十余年来,不少关于武则天的研究专著也纷纷面世。1986年,胡戟的研究专著《武则天本传》由三秦出版社出版,同年,吴枫和常万生的《女皇武则天》由辽宁人民出版社出版。1991年,厦门大学出版社出版王涤武的《武则天时代》,该书叙述武则天生平经历及成败兴衰,进而讨论武则天的功绩与得失。1992年,云南大学出版社出版何磊的《武则天传》,该书紧紧把握武则天与其特殊历史时代的互动关系,在动态的环境中考察她的命运和选择。1993年,赵文润、王双怀的《武则天评传》和杨剑虹的《武则天新传》相继出版③,这两部著作引起了一定的反响。1997年,山西古籍出版社出版刘曼春、梁恒唐的《大周女皇武则天》,该

---

① 参见武则天研究会、乾陵博物馆《武则天与乾陵》,三秦出版社1986年版。
② 参见武则天研究会、洛阳市文物园林局《武则天与洛阳》,三秦出版社1989年版;武则天研究会、文水武则天纪念馆《武则天与文水》,山西人民出版社1989年版;赵文润、刘志清《武则天与偃师》,历史教学社1997年版;赵文润、李玉明《武则天研究论文集》,山西古籍出版社1998年版。
③ 参见赵文润、王双怀《武则天评传》,三秦出版社1993年版;杨剑虹《武则天新传》,武汉大学出版社1993年版。

书展现了武则天上承贞观、下启开元的历史功绩。2001年，雷家骥的《武则天传》由人民出版社出版，该书以严谨的态度、细致的考辨，描述武则天那充满传奇色彩的人生历程，对武则天的一生作了全面总结。2018年，韩林的《武则天形象的文化建构及阐释》由中国社会科学出版社出版，分析了武则天形象从政治符号、消费符号到文化符号的建构与演变过程，剖析了武则天形象对民族文化、民族心理、民族性格所起到的巨大作用。该书兼具科研价值和较强的可读性，是一部跨学科、多视角的研究佳作。

纵观这十余届武则天学术研讨会，共收到论文500余篇，论文的主题内容，从武则天的祖籍、出生地，到武则天的为政、用人，乃至对武则天的诗文研究，可谓全方位涉及。总的来说，武则天研究正从零散研究走向系统研究，并逐渐演变为世界性的学术课题，研究领域也在不断地拓宽。同时，西安、洛阳、文水、广元等地充分利用这些研究成果，助力地方城市建设和文化发展，促进当地旅游开发。

六 武则天称帝研究

在五年的摄政生涯之后，公元690年，身穿帝王衮冕服饰的武则天在洛阳上阳宫的则天楼上正式即位，她定都洛阳，改称神都，立年号周，改元天授，成为中国历史上唯一一位女性皇帝。武则天得以称帝，既由一定的历史机缘、时代氛围促成，更是与她个人的政治水平和手段有着很大程度的关联。关于武则天称帝的相关问题，一直是学术界探讨和研究的重点。

高世瑜以唐代女性的社会地位、时代风貌等因素为切入点，对武则天称帝的社会条件进行了一定的考察。① 马驰认为，"蕃将"这一特定群体，既是支撑大唐、大周帝国大厦统治的有力支柱，也是逼迫武则天退位，再造李唐社稷的重要力量。② 段塔丽从民众信仰的角度出发展开研究，为了使其改朝换代之举具有某种神圣的"合法性"，武则天在很大程

---

① 参见高世瑜《从唐代女性的社会面貌谈武则天称帝》，载武则天研究会、乾陵博物馆《武则天与乾陵》，三秦出版社1986年版，第27—38页。

② 参见马驰《蕃将与武则天政权》，《许昌师专学报》（社会科学版）1991年第4期。

度上利用了唐初社会广为流传的弥勒信仰的力量。① 安冬也对武则天利用佛教称帝这一论题展开了研究。② 林世田以《大云经疏》为中心考察了武则天称帝与图谶祥瑞之间的联系。③ 刘永海以祥瑞问题为观察点,尝试对武则天称帝这一事件进行重新解读,同时,探讨了在武则天称帝过程中祥瑞所起到的具体作用,进而论证武则天对社会舆论控制、引导的方式问题。④ 朱新屋指出,唐初储君制度客观存在的空隙是武则天称帝不可忽视的客观条件。⑤ 马晓霞从政治斗争的角度切入研究,指出武则天在对武周政权存在合法性进行理论构建的过程中,充分利用了佛学典籍、儒学理论,以及用政治操纵历史书写等手段。⑥ 徐嫩棠、武秉礼、胡婷婷、李青峰等⑦,也对武则天称帝的原因展开探讨。

七 武则天统治政策、执政举措研究

武则天在帝位十五年,若从她以皇后身份参与政事(655)起计算,直至退位(705),武则天对中国的统治长达半个世纪之久。她的统治使唐朝社会的各个方面都有了进一步发展,综合国力不断增强,被称为"政启开元,治宏贞观"。不少学者对武则天的统治政策、执政举措展开研究。

何磊从唐代政治、经济、文化等角度考察了武则天的宗教政策。⑧ 王洪军重点考察了唐初至武则天时期的佛道关系。唐初的宗教政策为"道

---

① 参见段塔丽《武则天称帝与唐初社会的弥勒信仰》,《中国典籍与文化》2002年第4期。
② 参见安冬《游走在信仰与权力之间——武则天借佛教称帝的历史源流》,《太原师范学院学报》(社会科学版)2015年第4期。
③ 参见林世田《武则天称帝与图谶祥瑞——以 S6502〈大云经疏〉为中心》,《敦煌学辑刊》2002年第2期。
④ 参见刘永海《略论武则天称帝与祥瑞》,硕士学位论文,首都师范大学,2008年。
⑤ 参见朱新屋《制度的空隙:唐初的储君制度与武则天的上台论略》,《黑龙江史志》2009年第12期。
⑥ 参见马晓霞《政治斗争视野下的武周历史书写》,硕士学位论文,山西大学,2019年。
⑦ 参见徐嫩棠《武则天称帝原因浅析》,《史学月刊》1995年第6期;武秉礼《简析武则天称帝的主客观因素》,载赵文润、李玉明主编《武则天研究论文集》,山西古籍出版社1998年版,第85—93页;胡婷婷《论社会舆论在武则天称帝中的作用》,载裴英峰主编《丝路胡人与唐代文化交流学术讨论会论文集》,三秦出版社2008年版,第435—440页;李青峰《论武则天称帝的偶然性》,载裴英峰主编《乾陵文化研究》2015年。
⑧ 参见何磊《武则天宗教政策初探》,《曲靖师专学报》(社会科学版)1989年第2期。

先佛后",至武则天时期,宗教政策调整为"佛先道后"。宗教领域的这一改变主要与武则天的个人经历、情感体验,以及她当时所面临的政治难题有关。至其晚年,武则天又试图从根本上融合佛道二教,于是,她将宗教政策又调整为"僧道并重",从而试图搭建大周王朝与李唐王朝之间的内在理论联系。而在中宗复位之后,面临着不同时期的政治局面,唐朝的宗教政策又进行了若干次改变。① 商春芳、裴学杰以隋唐东都天堂遗址中的摩羯鱼石刻为研究切入点,揭示石刻艺术与武则天的"转轮王"政教思想的内在关系,认为武则天为了推动其"君权神授"的政治合法性构建,借助了转轮王信仰的宣传力量。② 苏丰将研究视角集中于武则天时期的云纹纹饰,从武则天时期所开凿的敦煌石窟329窟中的壁画"夜半逾城"展开系列研究,探究在武则天统治这一特殊历史时段内,传统云纹文化受到意识形态的深刻影响。③

礼仪祭祀活动是彰显王朝合法性的重要举措,为了给武周统治"正名",武则天不仅在洛阳建立明堂,使之成为国家的礼仪活动中心,还在嵩山举行了声势浩大的封禅大典。仝晰纲、张敏对武则天封禅活动舍泰山而取嵩山的内在原因进行了剖析。对嵩山这一地点的选取,与政治文化中心向洛阳转移、对"天下之中"的尊崇、武则天的崇佛理念有着不同程度的关联。④ 张玉霞指出,武则天的封禅大典呈现出很多道教元素,这与北朝及唐朝初年以来道教的发展壮大并向国家祭祀领域的文化渗透有一定的相关性,也与武则天对道教的浓厚兴趣与嵩山特有的文化背景相关。⑤ 汪鹏针对武则天嵩山封禅活动中的碑刻展开研究,探究碑刻所起到的政治传播作用及其效果。总体来讲,碑刻充分起到了宣扬武则天功

---

① 参见王洪军《信仰与政治之间——论武则天与中宗、睿宗时期的宗教政策》,《东方论坛》2003年第5期。

② 参见商春芳、裴学杰《摩羯鱼石刻与武则天的转轮王政教思想关系研究》,《洛阳理工学院学报》(社会科学版)2017年第4期。

③ 参见苏丰《武则天时期意识形态关照下的云纹纹饰——以敦煌329窟"夜半逾城"为例》,《装饰》2017年第7期。

④ 参见仝晰纲、张敏《嵩山封禅与"武周革命"》,《聊城大学学报》(社会科学版)2015年第5期。

⑤ 参见张玉霞《试析武则天嵩山封禅的道教因素》,《河南科技大学学报》(社会科学版)2018年第2期。

绩的历史效果和传播作用。①

对武则天选官用人、监察管理政策的研究是武则天统治政策研究的重点。李荷先指出，武则天善于在统治集团中采取文治手段，以封建思想统治群臣。②马俊民从武则天统治时期宰相的数字、名字、地区、家世背景、入仕途径、在职时间、政治概况等入手，考察武则天朝政权的基本性质及其用人策略。③勾利军对武则天与慈禧的用人方式和策略展开比较研究。④眭达明认为，武则天对人才非常渴求和宽容，因而培植了属于自己的一股政治力量，扩大其政权统治的社会基础。⑤武玉林指出，武则天的用人策略在唐朝历史上具有承继之功，这一点值得后人称道，也在大力培养人才、开创事业建设新局面方面，给予了后世领导鲜活的历史榜样。⑥张欣以武则天对狄仁杰的选拔、重用这一历史事实为典型案例，探讨了武则天的用人之道。⑦肖燕指出，武则天将对人才的选拔这一举措视为国家长足发展的基本前提。⑧郭武轲指出，武则天在其统治时期，注重对于监察制度的建设，不拘一格地提拔监察官员，因而形成了吏治廉洁、民风清明的政治局面，为随后开元盛世的来临奠定了统治基础，对当今的反腐倡廉也有一定的启示价值。⑨陈娇针对武则天做皇后时期的用人策略和方法展开研究。⑩

治国之要在用人，用人之要在选官，武则天对于科举制度的发展、完善有着举足轻重的作用。尚定在武则天时期科举制度变化及其背景的

---

① 参见汪鹏《唐初武则天封禅活动中的碑刻媒介探析》，《文化创新比较研究》2019年第22期。

② 参见李荷先《从〈臣轨〉看武则天的君臣伦理思想》，《华中师范大学学报》（哲学社会科学版）1986年第5期。

③ 参见马俊民《武则天朝宰相考——兼论武则天政权性质及用人政策》，《天津师大学报》1987年第4期。

④ 参见勾利军《论武则天与慈禧用人特征的差异》，《河南师范大学学报》（哲学社会科学版）1995年第6期。

⑤ 参见眭达明《武则天的用人之道》，《档案春秋》2006年第4期。

⑥ 参见武玉林《旷世女皇武则天用人的承继之功》，《领导科学》2012年第22期。

⑦ 参见张欣《从狄仁杰的选拔任用看武则天用人之道》，《三门峡职业技术学院学报》2013年第2期。

⑧ 参见肖燕《武则天的用人智慧》，《文史杂志》2016年第5期。

⑨ 参见郭武轲《武则天监察思想述评》，《哈尔滨学院学报》2016年第8期。

⑩ 参见陈娇《论武则天皇后时期的用人思想和进步意义》，《汉字文化》2020年第8期。

前提下对"诗赋取士"这一问题进行研究,并指出,武则天要打击强大的关陇集团,建立和加固自己的政治势力,这是改革科举制度、促使进士科兴盛的历史背景。在文化政策上,她也将关陇集团所重视的儒学改为重文辞。而"诗赋取士"这一政策也在相当程度上影响了唐诗的发展。①贾丹丹也探讨了武则天统治时期对科举考试的发展,对学术界以往提出的武则天倚重进士科、以诗赋取士的观点提出了一定程度的质疑。贾丹丹指出,制举比进士科更为受到武则天的重视。②郄楠楠以武则天时期的选官制度为基本考察点,对选官制度中的铨选制度、考课制度、制举、荐举等问题展开研究,以求在还原武则天时期选官制度细节的前提下,探讨制度的发展变化与官员升迁之间的关联。③卢娇对武则天时期的制举、铨选等制度展开研究,认为在武则天实施改制以前,制举和铨选偏向于对文学人才的选拔,提升了文学的影响力。改制以后,制举起到更多地选拔经邦济世、关心时政之才的作用,在一定程度上推动了文人精神风貌的变化。武则天对科举所进行的一系列改革,客观上也影响了相应时期的文学风格。④韩宏韬对武则天科举改制的政治动因进行了考察。认为在科举改制的影响下,产生了科举考试偏重文学、文士儒生相结合的士人类型、诗赋取士的基本政策等。⑤卢娇指出,文学与政事兼通是武则天对人才的双重衡量标准,她对进士科所进行的最重要的改革之一便是加试杂文,这反映了她的人才理想,也体现了她对进士科的期望。而武则天对进士科的态度也呈现了随着实际需要而调整的动态变化过程。⑥何元茂对武则天完善科举制度的措施和贡献进行了梳理。⑦隋丹妮

---

① 参见尚定《论武则天时代的"诗赋取士"》,《中国社会科学》1991年第6期。
② 参见贾丹丹《诗赋或策文的选择——重探武则天的科举态度》,《江淮论坛》2009年第2期。
③ 参见郄楠楠《武则天时期选官研究》,硕士学位论文,东北师范大学,2009年。
④ 参见卢娇《武则天与初唐文学——以制举、铨选为中心》,《阜阳师范学院学报》(社会科学版)2017年第6期。
⑤ 参见韩宏韬《唐代武则天科举改制的政治动因》,《南通大学学报》(社会科学版)2018年第1期。
⑥ 参见卢娇《武则天与进士科关系考辨——从武则天人才理想的角度》,《江苏科技大学学报》(社会科学版)2018年第1期。
⑦ 参见何元茂《武则天对完善科举制的重大贡献》,《乾陵文化研究》2018年。

指出，武则天发展、完善了隋朝以来的科举考试制度，大胆招贤，为自荐为官开辟了渠道。同时，她还首创了殿试制度和武举制度。这些大力改革的措施打破了士族门阀对政治统治的垄断，同时，也为后世人才选拔制度的改革提供了重要参考。①

除了对已有的科举制度进行改革和完善之外，武则天还有一项创举，便是开设武举。许友根认为，武则天创设武举，既为适应当时封建国家统治、军事的需要，又是她巩固自身统治的一种手段。②陈刚通过对相关文献的研究与梳理，论述了武举制产生的历史背景，剖析了武举制度的产生与武则天个人的政治抱负、施政方针之间存在的密切关系。③陈萱、陆松廷认为，武举对封建社会科举制度起到了完善和补充的作用，唐代的武举制度客观上促进了唐代民间武术类体育的迅速发展，推动了唐代社会尚武精神的产生。④任秀红运用文献资料和综合研究的方法，结合历史学科和体育理论学科的相关原理，从多个角度，针对武则天开设"武举"的原因展开分析，并对武则天时期武举实施的具体情况展开探讨，因而论证武则天创办武举这一举措的历史意义，以及对后世所产生的影响。⑤

此外，武则天还设置翰林内教坊，发展对于内廷女性的综合教育。陈婧雅对武周时期的翰林内教坊展开研究，认为翰林内教坊对内廷女性开展了经史、礼乐、诗词、书法、律令等多方面的教育，推动了高素质女官群体的产生，提高了女性的综合素质和社会地位。⑥

在武则天统治时期亦是唐代文化发展承前启后的阶段。在这一时期，诗歌、文学、儒学、乐舞等领域都有了一定程度的发展，并体现出鲜明

---

① 参见隋丹妮《武则天时期科举制度的改革》，《教育观察》2018年第17期。
② 参见许友根《武则天为何创设武举》，《体育文史》1988年第1期。
③ 参见陈刚《试论武举制产生的历史背景——武则天与武举制的产生》，《搏击武术科学》2009年第2期。
④ 参见陈萱、陆松廷《武则天创设"武举制"对唐代体育的推动》，《兰台世界》2014年第33期。
⑤ 参见任秀红《武则天开创武举考科制度的实践及影响考究》，《兰台世界》2014年第33期。
⑥ 参见陈婧雅《武则天与翰林内教坊》，《宁夏大学学报》（人文社会科学版）2019年第4期。

的时代特色。张瑞芳指出,武则天主政期间在政治方面作出了多项变革,对科举制度进行了改革,同时她对文治思想的重视,推动了一大批具有文学素养的下层士人迅速崛起并走上政坛,成为唐王朝国家官僚政治体制的重要组成部分,这不仅提高了文学的地位,同时也促进了诗歌的发展繁荣。除此之外,武则天通过君臣唱和、臣僚竞赛推崇诗歌、文学,极大地鼓舞了文人士子进行创作的积极性,推动了初唐诗词文学的发展。武则天自己创作的诗作辞藻华丽、声势磅礴,在一定程度上引导了初唐宫廷诗的创作发展。这一时期积蓄了盛唐诗歌走向高潮的力量,在唐史发展史上具有承上启下的地位。[①] 胡叶妮指出,武则天精通文史,文学造诣深厚,不仅自己能够创作诗歌,还通过奖励、选拔文士的方式,鼓励诗歌创作,并对科举制度进行改革。[②] 余海涛指出,武则天利用儒家思想,为夺取政权并进一步维持自己的统治而服务,武则天是一个务实主义的"以儒治国"者。[③] 刘俊通过对武则天乐舞思想的分析,结合她对唐代乐舞发展支持的史实,阐述了武则天在推动唐代舞蹈发展方面的杰出贡献。[④]

武则天深明经济的持续发展是政治稳定、人民安居乐业的基础,在称"天后"时,便在《建言十二事》中提出要"劝农桑,薄赋役",并以农业发展状况作为地方官奖惩的重要标准。"田畴开辟,家有余粮"者受奖赏;"为政苛滥,户口流移"者受惩罚。何磊指出,研究讨论武则天的经济思想及其对初唐社会经济的影响,有助于我们认识唐代经济鼎盛期形成的原因。[⑤] 赵亚丽着重论述了武则天对农业生产发展重要性的认识。[⑥] 富岁、余塔山先后撰文《武则天的重农精神》[⑦] 与《武则天的重农

[①] 参见张瑞芳《武则天执政时期的诗坛研究》,硕士学位论文,内蒙古师范大学,2006年。

[②] 参见胡叶妮《武则天时期文学思想的变化》,《安徽文学》2012年第8期。

[③] 参见余海涛《武则天与儒家思想》,《郑州航空工业管理学院学报》(社会科学版) 2013年第1期。

[④] 参见刘俊《武则天的乐舞思想及其对唐代舞蹈的贡献》,《兰台世界》2014年第12期。

[⑤] 参见何磊《武则天的经济思想及其对唐前期社会经济的影响》,《云南民族学院学报》1990年第1期。

[⑥] 参见赵亚丽《略论武则天的重农思想》,《济宁师专学报》2001年第5期。

[⑦] 参见富岁《武则天的重农精神》,《文史杂志》2016年第3期。

精神续篇》①，阐述武则天对于农业经济的重视。

自唐高宗颁布《唐律疏议》以来，礼法并用、重视吏治的观念成为唐代统治者的普遍认同。武则天重视对于司法官员群体的选拔和管理，懂得利用赏赐来拉拢官员和人民，利用刑罚的威慑力来排除异己，巩固自己的统治。但在非常时期也采取非常手段，破坏了固有的法律秩序，刘焕曾就指出"在武则天统治时期，唐朝法制却遭到了严重的破坏"，他从三个方面举证：一是破坏唐的官吏任免的规定，破格重用酷吏；二是破坏唐的诉讼制度，奖励诬告；三是破坏唐的审判制度，滥杀无辜。②康华、方妮对武则天时期的法官群体展开研究，指出酷吏和名臣的两极分化是当时法官群体的显著特征，这一特征的产生与武则天在不同时期对统治策略的调整有着密切的关系，亦与法治与德治二者的平衡有一定相关性。③此外，印娟对武则天时期大赦的原因、背景、影响等问题进行了专题探讨。④王艳对武则天统治时期的大赦和刑狱展开双线对比研究，在论证二者制衡关系的同时，总结出武则天恩威并施的统治策略。⑤

对武则天统治时期的边防研究则体现了一定的学术争鸣。李必忠认为，武则天在执政时期的西北边防基本上是巩固的，基本上能够维持住原有疆域。⑥秦川则认为，武则天统治时期，唐朝北部、西部边防一直处于不安定的状态，面临这种情况，武则天则显得疲于应付，无计可施，而这种情况又与唐初的兵募制度有一定的关系。⑦赵沈亭以武则天执政之前、执政前期、执政后期为线索，考察了武则天对突厥的应对策略，并探讨了其政策的变化对唐代历史的深远影响。⑧

---

① 参见余塔山《武则天的重农精神续篇》，《文史杂志》2019年第1期。
② 参见刘焕曾《武则天对唐朝法制的破坏》，《锦州师范学院学报》（哲学社会科学版）1999年第4期。
③ 参见康华、方妮《论武则天时期法官道德的两极化》，《法律与伦理》2019年第1期。
④ 参见印娟《武则天时期的大赦》，硕士学位论文，暨南大学，2011年。
⑤ 参见王艳《论武则天时代的大赦与刑狱》，《西安文理学院学报》（社会科学版）2018年第4期。
⑥ 参见李必忠《论武则天执政时期的西北边防》，《四川大学学报》（哲学社会科学版）1986年第3期。
⑦ 参见秦川《武则天时期边防及其与兵募的关系》，《社会科学》1989年第4期。
⑧ 参见赵沈亭《武则天执政时期应对后突厥的政策》，《衡阳师范学院学报》2018年第4期。

改字是武则天执政期间极具个人风格的举动，具有深厚的政治、文化和宗教根源。何汉南指出，新字的施行可分为五个时期，往往与新改年号呈现一定相关性，并对字体进行了校正。① 张楠专门考察了武周新字在云南地区的流传情况，进而论证唐朝文化在云南地区的传播及其影响。② 施安昌认为，新字的使用情况在武周时期和武周以后颇有不同，这也为相关文物的鉴别提供了一定的参照。③ 王鸿宾、胡春英以《风峪石经》为切入点，展开对武则天改字的研究。文章对武周改写的字数、字形笔画、佛典翻译等问题均有论述。④ 李静杰根据相关遗存，考察了新字沿用的时间。⑤ 王维坤对新字进行了分期和考订研究。⑥ 陆锡兴采用了出土墓志和传世文本对读的二重证据法，对改字的过程进行考察，认为新字并非全新。⑦ 柯妍对武周新字的时间、个数、分期、分类、结构及造字依据等问题展开研究，同时，对新字从通行至消亡过程中所反映的现象和内涵进行了分析和阐释。⑧

八 武则天历史评价研究

作为一位举足轻重的历史人物，武则天的形象在后世发生了一系列的演变，与此同时，对武则天历史功绩和道德评价也随时代的发展而变迁。

刘健对明代以前、明清及清代以后三个时期文学作品中的武则天形象演变进行了考察。经研究发现，武则天的形象随着时代的变化而变化，具有强烈的时代特色和象征意义。⑨ 部分学者从历史书写的角度展开了研

---

① 参见何汉南《武则天改制新字考》，《文博》1987年第4期。
② 参见张楠《武周新字"囻"在云南的流传考释》，《故宫博物院院刊》1997年第3期。
③ 参见施安昌《武则天造字之讹变——兼谈含"新字"文物的鉴别》，《故宫博物院院刊》1992年第4期。
④ 参见王鸿宾、胡春英《关于〈风峪石经〉中的武周改字和武则天时期的佛典翻译》，《武则天研究论文集》1997年。
⑤ 参见李静杰《关于武则天"新字"的几点认识》，《故宫博物院院刊》1997年第4期。
⑥ 参见王维坤《武则天造字的分期》，《文博》1998年第4期。
⑦ 参见陆锡兴《论武则天制字的几个问题》，《中国文字研究》2011年第1期。
⑧ 参见柯妍《关于武周新字通行与消亡的认识》，《汉字文化》2018年第4期。
⑨ 参见刘健《武则天形象演变研究》，硕士学位论文，陕西理工学院，2013年。

究。梁静以《旧唐书》《新唐书》《资治通鉴》等材料为基础,开展了武则天的形象建构研究。① 王双怀对古人及现代人对武则天的评价进行了梳理。② 赵文润指出,对于历史人物的评价既要看社会标准,又要看道德标准。而从对武则天的评价来讲,应当将社会标准放在首位。从社会标准来看,武则天掌权时期,政治、经济、国力等方面都有较好的发展,为盛世的到来奠定了基础。从道德标准来看,难免有一些不足。从总体上来看,武则天是推动了时代和历史的发展的。③ 于华东认为,武则天不失为中国古代杰出的政治家。其政绩表现在四个方面:平定叛乱、统一国家;发展科举、选拔人才;轻徭薄赋,重视农业;气量宽阔,善于纳谏。她的这些政绩不能因过失而被抹杀,从总体上来看,她是一位基本上值得肯定的历史人物。④ 陈洋以唐宋的毁誉、明清的褒贬、近世的颂扬为脉络,研究对武则天的认识和评价,并指出,武则天是在中国历史进程中诞生出来的芳华绝代的伟大知识女性。⑤ 金子修一、王艳以唐代诏敕中对唐代皇帝及武则天的记录为研究对象,探讨其中有关武则天的评价。其研究关注到了礼仪称呼与政治之间的互动关系,在相关领域研究中别具一格。⑥

九 武则天文化解读研究

作为中国历史上的特殊文化符号,选取不同的切入点,对武则天进行文化解读,是我们今天传承优秀中华文化、树立文化自信的重要步骤。

张佳以武则天传说为主要研究对象,以历史文献、中国民间文化,以及在陕西乾陵地区的田野调查为基本史料,分析研究了武则天民间传说中的民俗文化特征。一方面,文中系统地描绘、分析了武则天民间传说的文化特征;另一方面,文章又对这些民间传说进行了深入分析。通

---

① 参见梁静《武则天形象建构研究》,硕士学位论文,西北大学,2017年。
② 参见王双怀《历代对武则天的评价》,《人文杂志》1996年第3期。
③ 参见赵文润《武则天评价的社会标准与道德标准》,载赵文润、李玉明主编《武则天研究论文集》,山西古籍出版社1998年版,第55—74页。
④ 参见于华东《略论武则天的政绩》,《武汉教育学院学报》2001年第1期。
⑤ 参见陈洋《毁誉于今辨伪真——历史对武则天的正面评价》,《乾陵文化研究》2014年。
⑥ 参见金子修一、王艳《关于唐代诏敕中对武则天的评价》,《唐史论丛》2018年第2期。

过结合民间传说所蕴含的深刻内涵,从民俗文化的角度分析承载特定民间文化的民众思想和大众情感,对武则天传说背后所特有的民俗文化魅力予以揭示。① 韩林采用中国叙事文化学的研究方法,以传统文献学、目录学为研究基础,兼顾心理学、性别文化等领域的研究方法,对武则天故事进行个案研究。总体看来,武则天故事呈现出两个不同的层面,官方文字记载与民间口头传说呈现出贬低和褒扬两种截然相反的倾向。在传统文化中,武则天的形象主要集中在红颜祸水、淫女荡妇、理想明君、民间女神四个方面。而在官方文化中,由于皇权强化的附带作用、男权文化的排斥作用、伦理道德的规范作用、恶魔效应的夸大作用,武则天的形象呈现出每况愈下的发展趋势。再者,武则天形象具有补偿、宣泄、教育等审美文化功能。此外,武则天的地位亦会随着社会上女性地位的起落而有所浮沉。② 谭继和指出,武则天是初唐时期文化中国的一个特殊的文化符号。她适应了南北朝以来文化中国大一统认同的潮流,以《周礼》为号召,推动了隋唐中央集权制度的发展与改革,促进了多元一脉的民族文化国家的发展,提升了大一统的国家形象,继承唐代以文治天下的传统,亲自撰写《臣轨》,提倡"以道德化天下",在中国官德教化的历史上留下了亮丽的一笔。她为文化中国的历史发展作出了自己特殊的贡献。③ 李瑾对如何、怎样进行武则天文化传承及其文化解读展开了研究。④

对武则天视觉形象的塑造也是对武则天进行文化解读的重要一环。熊世羽对三十年来武则天在电视剧中的视觉形象进行了系统性的分析梳理,论证了武则天荧幕形象的演变与大众审美之间的互动关系。⑤

十 武则天人际关系与心理学研究

心理史学是将历史学与心理学知识相结合的跨学科研究。部分学

---

① 参见张佳《武则天传说的民俗文化研究》,硕士学位论文,青海师范大学,2009年。
② 参见韩林《武则天故事的文本演变与文化内涵》,博士学位论文,南开大学,2012年。
③ 参见谭继和《武则天与文化中国》,《西华大学学报》(哲学社会科学版)2014年第6期。
④ 参见李瑾《武则天及其文化解读》,《中华文化论坛》2017年第11期。
⑤ 参见熊世羽《电视剧中武则天视觉形象流变与大众审美比较分析》,《大众文艺》2020年第9期。

者运用心理分析的研究手法，对武则天的性格特质进行深入剖析，揭示了武则天特殊行事风格的内在根源。对武则天的重要人际关系与家族关系展开研究，是把握其心理状态、追溯其决策内在根源的必要环节。

勾利军认为，在武则天的内心深处有着强烈的自卑心理，这一心理导致了她权力欲望强烈、残酷毒辣与迟疑多变的性格特点。① 司海迪运用考证和心理分析的方法，对武则天人格的形成和重要人际关系变化做出了清晰的展示。② 李阿能对武则天入宫前、第一次入宫之后、第二次入宫至成为皇后、临朝称制后、晚年立嗣五个阶段的武氏家族关系展开分析，认为武则天与武氏家族之间的关系并非平顺，更非亲厚，这是武则天最终不得已还政李唐的内因之一。③

十一 从女性视角对武则天的研究

从女性视角展开对武则天的研究、评价是武则天研究领域的新动态。三宅宪子指出，武则天努力提高妇女的社会地位，以及改变重男轻女传统观念等的措施，不仅对唐代女性影响深刻，对日本女性的影响也不容忽视。④ 胡敏对武则天诗文的审美形态进行分析，认为武则天由一个崇拜男性的少女，逐渐成为一个拥有男性化心理，并极度崇拜权力的男权社会最高独裁者。⑤ 余海涛指出，后武周时代是古代女性政治发展的转折时期，在这一时期，女性政治沿袭了此前女性政治的发展轨迹，并且达到顶峰，而且还使之走上了规范化的道路，从根本上扭转了传统女性参政的"乱政"性质。⑥ 毕秋生对武则天及同时代女性的命运展开了研究。⑦

---

① 参见勾利军《武则天的自卑心理与性格特征》，《史学月刊》1998年第1期。
② 参见司海迪《武则天的人格与重要人际关系考论》，博士学位论文，武汉大学，2014年。
③ 参见李阿能《从武氏家族内部关系变迁看武则天晚年还政李唐的必然性》，《洛阳理工学院学报》（社会科学版）2017年第5期。
④ 参见［日］三宅宪子《析武则天对日本女性的影响》，《厦门教育学院学报》2003年第2期。
⑤ 参见胡敏《武则天诗文男性化审美形态研究》，硕士学位论文，湘潭大学，2009年。
⑥ 参见余海涛《后武周时代女性政治研究》，硕士学位论文，西南大学，2014年。
⑦ 参见毕秋生《武则天与武则天时代的女性命运》，《菏泽学院学报》2015年第6期。

王丽萍、李平指出，在唐代前期，国家政坛上出现了一批以武则天为首的女性，在她们的伦理思想中，既体现了传统儒家文化的影响，又彰显了基于女性身份而产生的特有道德经验和道德直觉。在发挥自身价值的过程中，她们的道德意识不断地觉醒，甚至试图重新建构"道德自我"，这些思想对于构建现代女性主义伦理学具有不可忽视的启发。①辛珑豆对武则天女性意识的产生、表现和影响进行了一系列研究，指出，武则天的女性意识推动了中国历史上唯一一位女性皇帝的诞生，同时也影响了唐代女性的社会地位和传统的伦理观念。②

十二　武则天遗存遗迹研究

不少学者对武则天相关的遗存实物展开研究，其中以乾陵和无字碑的研究为首。刘向阳对乾陵遗址的概况与历史沿革、乾陵文化景观的内涵和特色展开论述。指出乾陵文化景观底蕴深厚，具有极大的特殊性和不可替代性，是中华文化及人类文明的财富。③景雪峰从考古发掘成果、文物保护成绩、博物馆建设规模、科研工作成果、肩负使命五个方面展开对乾陵文物保护的探讨。④王净娜对目前有关武则天立无字碑的几种说法进行了评述，并指出，武则天立无字碑实际上是出于一种无奈的心态。⑤张宇通过对无字碑的形制与当时碑碣制度的比较，及其现存各种纹饰的考证研讨，对无字碑所蕴含的复杂的政治、社会及历史内容进行揭示和解读，尤其是其碑体的高大，碑首九龙纹饰和碑侧的线刻龙纹，以及螭首龟趺的特殊形制，无一不是在向世人彰显着武则天至高无上的天子地位。由此看来，意蕴鲜明丰富的"无字碑"就再也不能简单地以"无字"来视之了。⑥甄刚、秦立科、马宏林以乾陵武则天无字碑为研究对象。首先，利用超声无损检测技术对其采用网格法进行探测，估算出

---

① 参见王丽萍、李平《唐代前期参政女性的伦理思想探析》，《云梦学刊》2019 年第 2 期。
② 参见辛珑豆《论武则天的女性意识》，《忻州师范学院学报》2019 年第 6 期。
③ 参见刘向阳《唐乾陵文化景观的内涵与特性研究》，《文博》2011 年第 5 期。
④ 参见景雪峰《肩负起保护乾陵文物的神圣职责》，《乾陵文化研究》2014 年。
⑤ 参见王净娜《武则天立无字碑的原因探究》，《剑南文学》2013 年第 1 期。
⑥ 参见张宇《武则天的"无字碑"真的无字吗？》，《中国国家博物馆馆刊》2014 年第 11 期。

无字碑的风化程度及几条主要裂隙的发育深度。在此基础上,建立了无字碑三维有限元分析模型,分别计算了原始状态、现有状态及风化进一步发展的应力分布,计算结果表明在现有的状态下,无字碑处于安全状态,当裂隙进一步发育,将导致无字碑失稳。最后对无字碑的保护和加固工作提出了几点建议。①

根据史料的记载,武则天登基后,施脂粉钱在四川广元扩建川主庙,后改名皇泽寺,取"皇恩浩荡,泽及故里"之意。寺内的主殿为则天殿,史称"武后真容殿",殿中立有"武后真容石刻像",雕刻的是武则天登基以后的真容。皇泽寺既是中国历史上官方建设寺庙的典型,也是考察武则天时期佛学的文化理念,探讨武则天与巴蜀地区血脉相连的重要环节。林光明指出,广元皇泽寺展现了武则天时代的特殊政治文化元素,是一定历史现状的反映。其中,"二圣殿"是古今中外的特例,显示了武则天在民间的巨大影响。儒释道同处一室,则是三教合一理念的典型体现。② 金耀文③、杨知人④、温声航⑤、翟峰⑥、杨东河⑦等人亦对皇泽寺建设的历史背景及寺内布局及其文化内涵等内容进行阐述。

为了把洛阳打造成货真价实的国家都城,武则天在洛阳建设明堂,完善其国家祭祀功能,先后命名为"万象神宫"和"通天宫"。韩建华对武则天明堂的建设、形制、政治活动进行系统研究,他指出,作为具有祭祀功能的礼仪性建筑,作为武周政权的标志性景观,明堂兼具礼仪空间作用和纪念碑性质。⑧

据粗略统计,国内外近百年来关于武则天的研究论文已有1000余种,关于武则天的研究专著和普及读物也有上百部。总的来看,武则天研究已经取得了若干可喜的成果,不少论文和专著都具有极高的

---

① 参见甄刚、秦立科、马宏林《乾陵无字碑裂隙分布情况调查及其稳定性分析》,《文博》2015年第1期。
② 参见林光明《论皇泽寺的文化内涵及其价值》,《新丝路》2016年第8期。
③ 参见金耀文《皇泽寺》,《对外大传播》1996年第11期。
④ 参见杨知人《皇泽寺与武则天》,《中国老区建设》2002年第3期。
⑤ 参见温声航《广元皇泽寺》,《文史天地》2004年第1期。
⑥ 参见翟峰《"则天故里"——皇泽寺》,《城乡建设》2006年第9期。
⑦ 参见杨东河《历史迷宫——皇泽寺》,《中国统一战线》2012年第10期。
⑧ 参见韩建华《东都洛阳武则天明堂初探》,《中原文物》2019年第6期。

学术水平。当然,武则天研究也还存在选题面窄、选题雷同、研究重复等不少问题。如何深入系统地研究武则天,是我们文史研究者必须思考的问题。

李白研究述略

詹福瑞[*]

在中国文学史上，李白和杜甫两位伟大诗人都曾在四川生活过。李白出生于四川，在绵阳度过了他的青少年时期；杜甫晚年漂泊西南，基本上定居在成都。二人在中国诗歌史上一直以"李杜"并称，但是，在20世纪以前，李白研究一直无法与杜甫研究的盛况比肩。现代意义的李白研究也是从20世纪初开始的。"这一时期李白研究的成就，不仅体现在以传统的学术观念研究方法来校注整理李太白全集，考证李白的生平事迹，取得了超越曩昔的成果；还表现为现代学术思想与研究方法的引入，拓开了李白思想、个性、心态以及李白诗的风格与艺术成就研究的新领域，取得了带有20世纪标志性的新成果。"[②] 20世纪初至今的李白研究，可划分为三个时期。

一 20世纪初至40年代末的李白研究

20世纪初至40年代末的李白研究集中在李白集版本的调查与清理、李白诗歌选本的编选、对李白全面概述性的研究、李白身世的专题研究四个方面。

（一）李白集版本的调查与清理

李白集版本的调查与清理是李白研究中最基本的文献研究工作，但

---

[*] 作者简介：詹福瑞，生于1953年，河北秦皇岛人，北京外国语大学中文学院教授，博士研究生导师。主要研究方向：中国古代文学研究、中国古典文献整理与研究。

[②] 詹福瑞：《20世纪李白研究述略》，《河北大学学报》（哲学社会科学版）1996年第2期。

到目前，介绍20世纪李白研究历史的书与文章，却较少涉及这一领域。这项工作是由詹锳开始的。詹锳是20世纪李白研究的代表性学者。詹锳，1916年生，山东聊城人，1938年毕业于西南联合大学，1948年赴美国留学，1953年获哥伦比亚大学师范学院心理学博士学位。他先后在西南联合大学、安徽大学、山东师范学院、天津师范学院、河北大学任教，曾任国务院古籍整理出版规划小组成员、李白研究会会长。他在李白研究方面撰有《李白诗论丛》《李白诗文系年》、主编有《李白全集校注汇释集评》等。论及詹锳李白研究的成就，都会谈到他的李白诗文系年和注释，其实他的李白版本研究、诗文辨伪与诗文系年工作几乎是同时进行的。1943年8月发表于《浙江大学文学院集刊》第3期上的《李白集版本叙录》一文，对唐宋时期李白集的编辑、刊刻与版本源流作了全面的梳理与叙录。另有《李白〈菩萨蛮〉〈忆秦娥〉辨伪》辨二词非李白之作，发表于1944年《真理杂志》第1卷第1期；《李诗辨伪》发表于《东方杂志》1945年第41卷第2期，对《长干行》其二、《少年行》、《猛虎行》、《去妇行》、《戏赠杜甫》等16首诗，《比干碑》一文，作了真伪之辨。詹锳之后，此时期此项研究工作再无人开展，到了20世纪70年代，才有接续，而且研究的主力主要还是詹锳及其弟子。李白文集今传宋蜀本有宋甲本，此为国家图书馆藏《李太白文集》，为南宋高宗时蜀地刻本，缺卷15至卷24。另有日本静嘉堂文库从陆氏皕宋楼所得《李太白文集》，称宋乙本。杨桦发表于《天津师大学报》1983年第5期的文章《宋甲本宋乙本〈李太白文集〉为同一本版》，比对行格与款式，边栏与版口版心，体例与编次，字体与误字、衍字、脱字、讳字等，考订甲乙本俱为南宋时刊本。詹锳发表于《文学遗产》1988年第2期的文章《宋蜀本〈李太白文集〉的特点及其优越性》进一步考证宋甲本和宋乙本是从一副书版印出来的，并全面论述了宋蜀本优于其他通行本之处。詹文还提供了很多有价值的文献信息：李白作品的分类、李白诗文最早的编年和李白游踪的最早考证等。

（二）李白诗歌选本的编选

李白诗歌选本的代表性选本有《李白诗选》（胡云翼选辑，罗方洲、唐绍吾注释）、《李白诗》（傅东华选注）、《音注李太白诗》（沈归愚选）等。这些选本以普及李白诗歌为出发点，所依注本主要为王琦注本，以简洁明了、简单易懂的方式作注。此外，值得学术界重视的是，一些以现代的学术思想和方法来研究李白的学术论文，出现在选本的"前言"部分。如张立德为胡云翼《李白诗选》撰写的前言"李白研究"，称李白为理想派诗人①，傅东华《李白诗》的前言"李白评传"以"超世"统摄李白思想与艺术②，都是用新的理论方法来研究李白的尝试。这些选本为普及李白诗歌作出贡献的同时也起到了学术引导的作用。

（三）全面、概述性的研究

概述性的研究代表性著作有傅东华《李白与杜甫》③、汪静之《李杜研究》④、李长之《道教徒的诗人李白及其痛苦》⑤、戚惟翰《李白研究》⑥、玄修《说李》⑦、公盾《李白研究》⑧等。这些著作从宏观着眼，对李白的作品、身世、思想与性格等进行了较为全面的概述，其中不乏中肯切当之论，如公盾从任侠、老庄及魏晋玄学，道教和佛教思想等多方面的影响，来研究李白的复杂而矛盾的思想与性格，并以仕宦长安为界，分为前后两个时期，认为：李白前期热衷功名，后期则由魏晋文人式的放歌纵酒的生活、佛道的虚无思想，逐渐代替了前期的慷慨激昂。研究视野开阔，结论也可信。

此类著作中，影响较大、具有代表性的是李长之的《道教徒的诗人李白及其痛苦》。李长之（1910—1978），山东利津人，1936年毕业于清华大学，曾就职于京华美术学院、"中央大学"中文系、"重庆国立编译馆"、"南京国立编译馆"、北京师范大学。其研究李白的著作主要是《道教徒的诗人李白及其痛苦》。该书写于抗战爆发后的重庆，1941年由重庆商务印书馆出版。另有1953年出版的《中国文学史略稿》第八章"唐代诗歌"第四节是李白专节，还有写于1951年的传记《李白——纪念李白

---

① 参见张立德《李白研究》，载胡云翼选辑《李白诗选》第一编，上海教育书店1948年版，第1页。
② 参见傅东华《李白评传》，载傅东华选注《李白诗》，商务印书馆1928年版，第19页。
③ 参见傅东华《李白与杜甫》，商务印书馆1937年版。
④ 参见汪静之《李杜研究》，商务印书馆1938年版。
⑤ 参见李长之《道教徒的诗人李白及其痛苦》，商务印书馆1943年版。
⑥ 参见戚惟翰《李白研究》，中华书局1948年版。
⑦ 参见玄修《说李》，《同声》1941年第1卷第9—11期。
⑧ 参见公盾《李白研究》，《人物杂志》1947年第2卷第12期，1948年第3卷第1、2期。

诞生一千二百五十年》。李长之曾在清华大学学习哲学，颇受康德和尼采思想影响，所以他能够激赏李白的浪漫，从李白身上体验到超人的生命力，并且认识到李白的本质是热爱生命和生活，所以《道教徒的诗人李白及其痛苦》的价值不仅在于研究了李白与道教的关系，勾勒了李白成为道教徒的过程，以及道教对李白的影响，还在于对李白生命力的研究，并从生命力出发对李白人生矛盾与痛苦进行了独到而又深刻的揭示。这是对李白内在世界深刻而又富有个性的发掘。

（四）李白身世的专题研究

李白身世研究是李白研究的热点问题之一，这方面的代表性文章有李宜琛《李白的籍贯与生地》①、陈寅恪《李太白氏族之疑问》②、胡怀琛《李太白的国籍问题》③、詹锳《李白家世考异》④。

关于李白的出生地，旧说多倾向于蜀中。李阳冰《草堂集序》："李白，字太白，陇西成纪人。凉武昭王暠九世孙。蝉联珪组，世为显著。中叶非罪，谪居条支，易姓与名。然自穷蝉至舜，五世为庶，累世不大曜，亦可叹焉。神龙之始，逃归于蜀，复指李树，而生伯阳。惊姜之夕，长庚入梦，故生而名白，以太白字之。世称太白之精，得之矣。"明确提出李白生于蜀地。魏颢《李翰林集序》，"白本陇西，乃放形，因家于绵。身既生蜀，则江山英秀"，亦言李白生于蜀。二人皆为李白当世之人并是切近者，蜀地之说，当来自李白自述。到宋代，刘全白《唐故翰林学士李君碣记》："君名白，广汉人。"范传正《唐左拾遗翰林学士李公新墓碑》："公名白，字太白，其先陇西成纪人。绝嗣之家，难求谱牒。公之孙女搜於箱箧中，得公之亡子伯禽手疏十数行，纸坏字缺，不能详备。约而计之，凉武昭王九代孙也。隋末多难，一房被窜於碎叶，流离散落，隐易姓名。故自国朝已来，漏于属籍。神龙初，潜还广汉。因侨为郡人。父客，以逋其邑，遂以客为名。高卧云林，不求禄仕。公之生也，先府君指天枝以复姓，先夫人梦长庚而告祥，名之与字，咸所取象。"虽然未

---

① 参见李宜琛《李白的籍贯与生地》，《晨报副刊》1926 年 5 月 10 日。
② 参见陈寅恪《李太白氏族之疑问》《清华学报》1935 年第 10 卷第 1 期。
③ 参见胡怀琛《李太白的国籍问题》，《逸经》1936 年第 1 期。
④ 参见詹锳《李白家世考异》，《国文月刊》1943 年第 24 期；又《李太白诗论丛》，作家出版社 1957 年版。

言生于何地，但从文章顺序看，李白亦当为李白父亲潜还广汉后所生。

　　李宜琛文首次提出李白生于碎叶而非四川。陈寅恪文据李白作于唐肃宗至德二年（757）的《为宋中丞自荐表》称年五十七，上推其诞生之岁应为武后大足元年（701），而李白父亲于神龙元年（705）迁居蜀汉之时，李白已经五岁。可见李白生于西域而非中国，其本为胡人无疑矣。胡怀琛文考证，碎叶即玄奘《大唐西域记》记载的呾逻私城，李白即出生在此城，五岁时由他的父亲带他回到巴西，即蜀地。因此，李白可以说是一个突厥化的中国人。詹锳《李白家世考异》亦云："意者白之家世或本商胡。"① 持西域说的主要论据是李阳冰神龙元年迁蜀的记载，不过清人王琦《李太白年谱》怀疑"神龙"为"神功"之讹，即李白父亲于武后神功年间迁来蜀地，如此，生于大足元年的李白，其出生地必蜀地矣。以上讨论和研究，为之后的李白身世研究，奠定了基础、开拓了思路。

二　20 世纪 50 年代至 70 年代初的李白研究

　　20 世纪 50 年代至 70 年代初的李白研究，既相沿了 20 世纪 40 年代前李白研究的路子，又在该时期基础上有了较大的变化与发展。相沿前一时代研究路子，体现在诗歌选集仍是主要出版形式，其身世、思想性格、艺术成就与风格等仍是主要研究方向。而较大的发展与变化则体现在两个方面：第一，李白生平事迹和诗文系年研究，取得了突破性进展；第二，受社会与政治风气影响，这一时期的学者把阶级性、人民性、现实主义与浪漫主义视为马克思主义文艺观，并以此为指导，使得研究成果呈现新面貌的同时也具有一定的局限性。代表性著作有王瑶《李白》②、林庚《诗人李白》③、詹锳《李白诗论丛》④、王运熙等《李白研究》⑤、

---

① 詹锳：《李白家世考异》，《李白诗论丛》，作家出版社 1957 年版，第 24 页。
② 参见王瑶《李白》，华东人民出版社 1954 年版。
③ 参见林庚《诗人李白》，古典文学出版社 1956 年版。
④ 参见詹锳《李白诗论丛》，作家出版社 1957 年版。
⑤ 参见王运熙等《李白研究》，作家出版社 1962 年版。

郭沫若《李白与杜甫》①。流行较广的诗歌选本有舒芜《李白诗选》②、苏仲翔《李杜诗选》③、复旦大学古典文学教研室《李白诗选》。④

詹锳《李白诗文系年》作于20世纪40年代，刊行于50年代，此后又经历多次翻印与再版。该书以年月为纲，对李白三分之二以上的作品进行了系年，考证了其诗文写作时间和背景。该书文史互证，征引史料考证李白的行踪和事迹；征引旧注、诗话、总集中关于李白诗的评论，辨析诗之义旨。该书的考证，多严谨可信，为学术界所推重，为此后的李白研究打下了坚实的基础。郭沫若的《李白与杜甫》在研究李白生平事迹方面获得了具有重要价值的成果。如辨明李白的出生地为中亚碎叶（今吉尔吉斯斯坦境内的托克马克），将旧说条支进一步缩小了范围，此说已获学界普遍认可。稗山《李白两入长安辨》一文，首倡两入长安说。该文依据情感类型，把李白关内诗分为三类，认为如按一入长安说，其中踌躇满志和忧谗畏讥类可以解释，而穷困潦倒、进身无门、渴望遇合类则无法解释，加之时间每每发生抵触，难于安排，因此，稗山提出二入长安说。第一次入长安在开元二十六年（738）夏至开元二十八年（740）秋之间，李白从南阳启程，到长安后住终南山，认识玉真公主和贺知章等人，秋末离开长安出游邠、坊，在那里度过一个冬天，第二年春回到终南山，大约五月间东归梁园。天宝元年（742）秋，李白因贺知章、玉真公主推荐被诏，第二次入长安，此次李白自南陵启程，天宝三年（744）东归，走的是商州大路。郭沫若《李白与杜甫》则在此基础上进一步断定李白一入长安是在开元十八年（730），此说也成为李白二入长安说的重要结论。

这一时期有关李白的思想、性格及艺术成就的研究，最具影响力的当属林庚的《诗人李白》。林庚（1910—2006），原籍福建闽侯，生于北京，1933年毕业于清华大学中文系，曾任教于清华大学、厦门大学、燕京大学、北京大学。林庚既是现代诗人，又是著名古代文学研究家，他

---

① 参见郭沫若《李白与杜甫》，人民文学出版社1971年版。
② 参见舒芜选注《李白诗选》，人民文学出版社1954年版。
③ 参见苏仲翔选注《李杜诗选》，上海古典文学出版社1957年版。
④ 参见复旦大学古典文学教研室选注《李白诗选》，人民文学出版社1977年版。

研究李白的著作为《诗人李白》,1954年由上海文艺联合出版社出版,1956年古典文学出版社再版。该书中李白诗歌为大唐太平盛世之音,代表了人民普遍愿望的观点,以及对李白的布衣精神的实质的探讨,在学术界引起了广泛的讨论。胡国瑞、裴斐、陈贻焮等都参加了这一讨论。这场讨论,虽有一定的局限或有失偏颇,无疑也推动了李白研究的发展。如林庚的两个主要论题,就把握住了李白思想与诗歌内容的精髓。他论李白的布衣感,并不仅仅视为李白个人的思想,而是继承了前代思想中的民族成分,又结合着盛唐精神面貌的"一种要求平等自由的解放情操","是那时代中解放的情操与高涨的民主的意识形态"①,揭示了李白精神的历史底蕴和时代气息。他在论李白诗歌的艺术成就时认为,李白的诗歌成就不仅在于他对盛唐特色的体现,更在于他典型的风格使他成了性格鲜明的诗人,他的浪漫与飞扬,代表了那个时代的精神面貌,既鲜明概括出了李白的诗歌风格,也指出了李白风格所代表的时代面貌。

王运熙也是这一时期李白研究的代表性学者。王运熙(1926—2014),上海金山人,1947年毕业于复旦大学中文系,任教于复旦大学。他的主要学术成就在中国文学批评史和乐府研究方面,于李白研究亦贡献甚大。20世纪50年代到60年代,他与青年教师及学生编写了《李白诗选》和《李白研究》,是这一时期李白研究的重要成果。《李白研究》论述了李白诗歌的思想内容与艺术特色,以及李白作品中的积极浪漫主义精神,在同类论著中讨论得最为深入细致。此外,孙殊青《李白诗论及其他》一书在李白诗中的自然形象、妇女形象等方面也有所建树。②

专题研究方面,俞平伯、任二北关于今传李白词真伪的讨论③和王运熙、俞平伯等人关于《蜀道难》寓意及写作年代的讨论④,使这两个至今

---

① 章思怡:《读李白》,吉林大学出版社2017年版,第12、13页。
② 参见孙殊青《李白诗论及其他》,长江文艺出版社1957年版。
③ 参见俞平伯《李白〈清平调〉三章的解释》,《光明日报·文学遗产》第154期,1957年2月24日;罗蔗园、任二北《与俞平伯先生商榷李白的〈清平调〉问题》,《光明日报·文学遗产》第155期,1957年5月5日;俞平伯《再谈〈清平调〉答任、罗两先生》,《光明日报·文学遗产》第159期,1957年6月2日。
④ 参见俞平伯《〈蜀道难〉说》,北京大学文学研究所编《文学研究集刊》,人民文学出版社1957年版,第5册,第1—27页;王运熙《谈李白的〈蜀道难〉》,《光明日报·文学遗产》第144期,1957年2月17日。

无定论的问题的研究达到了非常深入的程度。这也是这一时期李白研究的重要学术成果。

三　20世纪70年代末以来的李白研究

自20世纪70年代末以来，由于学术思想的解放，研究队伍的不断壮大，中国李白研究会的建立，多处李白纪念馆的建设，使李白研究呈现空前繁荣的景象，并产生了一批高水平的成果。

（一）李白全集的校注、整理等基础性研究工作

20世纪的前70年，李白全集的校注、整理工作，几乎是空白。直到进入20世纪80年代之后，才相继出现了四部李白全集校注著作。

20世纪第一部李白全集校注、整理著作为瞿蜕园、朱金城的《李白集校注》[①]。朱金城，1921年生，南京人，毕业于上海交通大学，曾任上海古籍出版社编审、中国李白研究会副会长。长期从事古籍整理工作，著有《白居易集笺校》[②]。《李白集校注》以乾隆年间王琦注本为底本，辅以宋本、萧本、缪本及唐宋重要总集和选本进行校勘。注释及评笺部分，以杨齐贤、萧士赟、胡震亨、王琦四家注为主，旁搜唐宋以来有关诗话、笔记、考证资料，以及近人研究成果，加以笺释补充与考订其中谬误。

《李白全集编年注释》[③]（安旗主编，薛天纬、阎琦、房日晰参与编写）校勘范围与前书大致相同，而特色则在于编年。该书将李白诗文按编年诗、文和未编年诗、文分别排列，编年诗文约占全部作品的85%。注释简明，多及诗中的题外之旨。主编安旗及其弟子是本时期研究李白的一支生力军。安旗，1925年生，四川成都人，西北大学中文系教授，曾任中国李白研究会副会长。安旗原为文学评论家，后转为研究李白，著述甚多。除《李白全集编年注释》外，安旗和他学生的著作尚有：安

---

① 参见（唐）李白著，瞿蜕园、朱金城校注《李白集校注》，上海古籍出版社1980年版。
② 参见（唐）白居易著，朱金城笺注《白居易集笺校》（全六册），上海古籍出版社1988年版。
③ 参见安旗主编《李白全集编年注释》，巴蜀书社1990年版。

旗《李白纵横探》《李白研究》《李白诗新笺》《李白传》①，安旗、薛天纬《李白年谱》②，安旗、薛天纬、阎琦《李诗咀华——李白诗名篇赏析》③ 等。这些著作对李白的生平及其作品进行了深入的探讨，提出了一些新的见解、取得了一些具有创新意义的研究成果。

第三部校注著作为詹锳主编，葛景春、刘崇德、詹福瑞等八人参编的《李白全集校注汇释集评》。④ 该书以静嘉堂宋本为底本，辅以明正德影印宋咸淳本、元刊萧本、何校陆本等十六种刊本并唐、宋、元、明重要总集及选本进行校勘，是首部带有集校、集注、集评性质的整理本。注释部分，分题解、注文、串解三部分。对较长诗文，都加上题解，说明写作背景、撰写时地，以及诗文义旨。注文主要参照杨、萧注和王琦注，但首次对旧注作了全面清理，以简明出之。旧注不确之处，换为新注，所引古书，一律核对原书，并注明篇名、卷数。为使读者弄清诗句上下的串联和取义，注文部分采纳了朱谏《李诗选注》及清人《李诗直解》等书，分段串讲。集评部分收录了著者所能搜集到的历代对李白诗文的评论材料。备考一项收集了古人和今人对作品的不同解释意见，以备研究者参考。

以上三部书的共同特点是：对李白诗文进行了全面整理，集校勘、注释、评笺为一书，并广泛采纳了新的研究成果，体现了20世纪后期李白研究的水平。

第四部为郁贤皓《李太白全集校注》（凤凰出版社2015年版）。此书体例略同于《李白全集校注汇释集评》，其校勘，以日本京都大学人文科学研究所影印静嘉堂文库藏宋蜀刻本为底本，参校以萧本、郭本、胡本、缪本、王本、咸本以及唐宋重要总集。其注解，主要分为题解、注释、评笺三部分。此书在体例上不同于此前各家整理本的是，在许多诗末，整理者都加了按语，或就诗的写作年代、背景，或就诗意提出个人意见，

---

① 参见安旗《李白纵横探》，陕西人民出版社1981年版；《李白诗新笺》，中州书画社1983年版；《李白传》，文化艺术出版社1984年版；《李白研究》，西北大学出版社1987年版。

② 参见安旗、薛天纬《李白年谱》，齐鲁书社1982年版。

③ 参见安旗、薛天纬、阎琦《李诗咀华——李白诗名篇赏析》，北京十月文艺出版社1984年版。

④ 参见詹锳主编《李白全集校注汇释集评》，百花文艺出版社1996年版。

有的带有明显的概括各段大意或对全篇加以鉴赏的性质，融入了整理者数十年李白研究的心得。就李白作品的注释而言，此书乃后出转精之作。

还有一部李白诗歌的新注本，即管士光《李白诗集新注》（上海三联书店2014年版）。此书注释难字、难词，不列书证，解诗不串讲，习见地名、官名不出注，注典章制度、史实等说明史料来源，但亦不引原文，唯典故及脱意前人的语句皆注明出处，并征引原文。由此可见，此书注释追求简明，而且在李白生平、诗歌作年，以及疑难语词的注释上，充分吸收了该领域研究的最新成果。

工具书的整理与著录也是李白研究基础性工作的一部分。这一时期有两部具有很高参考价值的工具书问世：一是《李白资料汇编（金元明清元部）》①，一是《李白大辞典》。②《李白资料汇编（金元明清部）》的资料来源包括金、元、明、清时期的总集、别集、诗文评、词话、笔记和方志等，收录内容包括总评、作品研究、生平事迹的记述与考证，以及吟咏凭吊之作等。该汇编是一部搜集广博、内容丰富的关于李白的资料书，有很高的参考价值。《李白大辞典》分生平、作品提要、交游、诗文中地名、版本、研究著作、研究学者、海外研究、胜迹、名篇鉴赏十个部分，是我国第一部既为读者提供关于李白的各种基本知识，又反映出学术界已有研究成果的工具书。

（二）李白生平事迹的研究

这一时期，李白生平事迹的研究仍是李白研究的热点之一，詹锳、安旗、乔象钟、裴斐、郁贤皓等人在此方面用力较多。研究内容涉及李白的出生地与家世、李白的长安之行与洛阳之行、李白的经济来源等。李白在四川、湖北、安徽、山东的行踪等方面，著述亦多。关于李白行踪的考辨，仍以长安之行为讨论的焦点。有传统的一入长安说，裴斐主编《李白诗歌赏析集》中的《李白年谱简编》仍持此说。③詹锳主编《李白全集校注汇释集评》对二入长安说亦持审慎的需进一步研究的态

---

① 参见裴斐、刘善良编《李白资料汇编（金元明清之部）》（全三册），中华书局1994年版。
② 参见郁贤皓主编《李白大辞典》，广西教育出版社1995年版。
③ 参见裴斐主编《李白诗歌集赏析》，巴蜀书社1988年版，第395—414页。

度，因此在《李白全集校注汇释集评》中，未作二入长安的编年；但是詹锳为林东海《诗人李白》所写序言中，就采纳了二入长安说。

二入长安说以郁贤皓的研究最为用力。郁贤皓，1933年生，上海人，1961年毕业于南京师范大学中文系，并在该校任教，曾任国务院古籍整理出版规划领导小组成员、李白研究会会长。郁贤皓主要致力于李白生平与交游的研究，其著作《李白丛考》① 收录有关李白生平和交游的考证文章十三篇，考证与李白交游人物40多人。该书力主二入长安说，并考订李白一入长安的路线、居京时间与遭遇，以及二次入京是由玉真公主推荐等。该书及《李白选集》（上海古籍出版社1990年版）还对《蜀道难》《行路难》等诗作了重新系年。在此基础上，2015年出版的《李太白全集校注》对能够编年的作品作了新的编年。②

自稗山《李白两入长安辨》③ 发表后，研究界对"二入长安说"赞同者日多，如《李白集校注·后记》④（朱金城）、《李白年谱》（安旗、薛天纬）⑤ 等。有的学者也对二入长安说提出了不同的看法，如葛景春认为，李白开元年间入的京不是长安，而是东都洛阳，并在此基础上提出了开元二十三年（735）洛阳献赋说。此外，学界尚有三入长安说，该说由李从军在《李白三入长安考》⑥ 一文中提出，该文认为：李白于天宝十一年或天宝十二年三入长安。此说得到安旗补证，并体现在《李白全集编年注释》⑦ 一书中。胥树人《李白和他的诗歌》⑧ 一书，也采纳了这一意见。

关于李白生平事迹的论文，有两篇文章应该特别提出。一是傅璇琮

---

① 参见郁贤皓《李白丛考》，陕西人民出版社1982年版。
② 参见郁贤皓校注《李太白全集校注》，凤凰出版社2015年12月。
③ 参见稗山《李白两入长安辨》，载《中华文史论丛》第2辑，中华书局1962年版。
④ 参见朱金城《李白集校注·后记》，载瞿蜕园、朱金城校注《李白集校注》（四），上海古籍出版社1980年版。
⑤ 参见安旗、薛天纬《李白年谱》，齐鲁书社1982年版。
⑥ 参见李从军《李白三入长安考》，载朱东润、李俊民等主编《中华文史论丛》1983年第2辑，上海古籍出版社1983年版，第245—258页。
⑦ 安旗：《李白三入长安制考》，《人文杂志》1984年第2期；又见安旗主编《李白全集编年注释》，巴蜀书社1990年版。
⑧ 胥树人：《李白和他的诗歌》，上海古籍出版社1984年版。

发表在《文学评论》2000年第5期的《李白任翰林学士辨》,辨析翰林供奉与翰林学士在天宝时实为两种不同身份、不同职务,李白所任的是翰林供奉而非翰林学士,纠正了李白为翰林学士之误。另一篇是张才良1993年发表于《中国李白研究(1992—1993年集)》上的文章《李白流夜郎的法律分析》。旧说李白流放夜郎,未到即被放还。张文认为李白被判的是唐律中最为严厉的三年"加役流",李白到夜郎不久便得到赦免,相对于"役三年"来说,他应该是"半道承恩放还"。此说依据的是唐律,因此是有说服力的。

(三) 李白思想、性格及艺术成就的理论研究

这一时期对李白思想、性格、艺术成就的理论研究,学术思路开阔、视野宏大,取得了不少理论创新性成果。老一辈学者,仍坚持通过解读李白的诗文、剖析作品产生的时代背景来分析李白的思想、性格与其诗歌艺术成就,既立论平实、资料翔实,又多有新的发现,如裴斐的《李白十论》①、罗宗强的《李杜论略》②、乔象钟的《李白论》。③

裴斐(1933—1997),四川成都人,1954年毕业于北京大学中文系,任教于北京大学、中央民族大学,曾任李白研究会副会长,著有《李白十论》《诗缘情辨》④ 等。《李白十论》立足于分析李白面对社会深藏失望和始终不肯放弃兼济天下的思想与性格矛盾,力排李诗是盛世之音的观点,加上他在文章《李白个性论》中提出的李白诗悲中见豪的观点,在李白思想与性格的研究中可谓独树一帜。⑤

罗宗强,1931年生,广东揭阳人。1961年本科毕业于南开大学中文系,1964年研究生毕业,任教于南开大学,曾任李白研究会副会长。罗宗强主要从事古代文学思想史研究,李白研究主要见《李杜论略》,另有《李白的神仙道教信仰》《自然范型:李白的人格特征》《也谈李白与

---

① 参见裴斐《李白十论》,四川人民出版社1981年版。
② 参见罗宗强《李杜论略》,内蒙古人民出版社1980年版。
③ 参见乔象钟《李白论》,齐鲁书社1986年版。
④ 参见裴斐《诗缘情辨》,四川文艺出版社1986年版。
⑤ 参见裴斐《李白个性论》,载中国李白研究会、马鞍山《中国李白研究》编辑部编《中国李白研究》(一九九〇年集·上),江苏古籍出版社1990年版,第17—36页。

〈长短经〉》等重要文章。① 罗宗强在《李杜论略》中回顾了历史上较有影响的李杜优劣论，认为"不扬此抑彼，不妄比其优劣，但却可比较其特色"才是李杜研究的正确思路，而对李杜诗歌从内容到形式的系统比较，是一个无尽的认知课题，也是系统深入研究两位伟大诗人的重要途径。而其散见的数篇文章，着重点在李白思想对其人格的影响，尤其是李白"自然范型"之说，无疑是开创性的。

在这一时期，还有几位古代文学研究大家，虽然不专门从事李白研究，但其发表的李白研究文章，却都很有建树，影响很大。袁行霈注重李白诗歌文本的文学研究，分析其诗歌意象、境界与风格，《李白诗歌的风格与意象》《李白诗歌与盛唐文化》《李白的宇宙境界》等文②，为李白诗歌艺术分析做出了范式。周勋初的研究则从具体问题着眼，文史结合，发掘李白生平所带有的文化背景及其内涵，《李白剔骨葬友的文化背景之考察》《李白思想中的"异端"因素》《李白及其家人名字寓意之推断》《李白两次就婚相府所铸成的家庭悲剧》等文③，发人所未发。

中青年学者则吸收西方文化学及心理分析与意象分析等方法，注意从更广阔的文化背景中研究文学现象，给李白研究带来了新的面貌。如葛景春的三部李白研究专著，《李白思想艺术探骊》（中州古籍出版社1991年版）、《李白与中国传统文化》（群玉堂出版事业公司1991年版）、李白《李白与唐代文化》（中州古籍出版社1994年版），都是从文化学角度来探析李白思想和诗歌艺术的。无论是《李白思想艺术探骊》和《李白与中国传统文化》从传统文化的影响等角度解读李白思想和艺术特色

---

① 参见罗宗强《李白的神仙道教信仰》，载中国李白研究会、马鞍山李白纪念馆编《中国李白研究》（一九九一年集），江苏古籍出版社1993年版，第20—33页；《自然范型：李白的人格特征》，载中国唐代文学学会等主编《唐代文学研究》第6辑，广西师范大学出版社1996年版，第294—302页；《也谈李白与〈长短经〉》，载中国李白研究会、马鞍山《中国李白研究》编辑部编《中国李白研究》（一九九〇年集·上），江苏古籍出版社1990年版，第1—18页。

② 参见袁行霈《李白诗歌的风格与意象》，《社会科学战线》1984年第1期；《李白诗歌与盛唐文化》，《文学遗产》1986年第1期；《李白的宇宙境界》，江苏古籍出版社1990年版，第33—50页。

③ 参见周勋初《李白剔骨葬友的文化背景之考察》，《中国文化》1993年第1期；《李白思想中的"异端"因素》，载中国唐代文学学会等编《唐代文学研究》第6辑，广西师范大学出版社1996年版，第272—293页；《李白及其家人名字寓意之推断》，江苏古籍出版社1990年版，第167—181页；《李白两次就婚相府所铸成的家庭悲剧》，《文学遗产》1994年第6期。

的形成，还是《李白与唐代文化》从唐代的时代特色、艺术审美的角度来剖析唐代浪漫、自由的时代精神对李白诗歌的影响，葛景春的研究方法都具有启发意义。此外，还有张瑞君《大气恢宏——李白与盛唐诗新探》①、陶新民《李白与魏晋风度》②、孟修祥《谪仙诗魂》③、杨海波《李白思想研究》④等。

  这一时期，探讨李白诗歌艺术特色和艺术风格的文章比较多，取得成就最为突出的是李白诗体研究。李白诗分古风、乐府、歌行和律诗、绝句等几类。最早研究古风的文章应是朱偰1941年发表于《国书月刊》第1卷第6期的文章《李白〈古风〉之研究》，后有詹锳《李白诗文系年》附录《李白〈古风五十九首〉集说》。⑤ 20世纪80年代研究古风的文章主要有房日晰《论李白的〈古风〉》⑥、乔象钟《李白〈古风〉考析》⑦、张明非《试论李白的〈古风〉》⑧、郁贤皓《论李白〈古风五十九首〉》⑨，但这些文章多讨论古风是否为一时之作和对其题材内容的分析，主要还不是诗体研究。在李白诗体研究中最有创造性成果的是乐府与歌行的研究。关于李白乐府，詹锳《李白乐府探源》指出"太白乐府，或模旧制，或创新篇；因革之端，往往可指"⑩，故该文依照郭茂倩《乐府诗集》分类编排李白149首乐府诗，指出李白乐府哪些是衍古辞，哪些是拟古题、古辞，哪些是古题新意，哪些是古意新辞，哪些是变体，哪些是唐当代体，"各著渊源，

---

① 参见张瑞君《大气恢宏——李白与盛唐诗新探》，山西古籍出版社1997年版。
② 参见陶新民《李白与魏晋风度》，中国广播电视出版社1996年版。
③ 参见孟修祥《谪仙诗魂》，湖北人民出版社1996年版。
④ 参见杨海波《李白思想研究》，学林出版社1997年版。
⑤ 参见詹锳《李白〈古风五十九首〉集说》，《李白诗文系年》附录，作家出版社1958年版，第154—164页。
⑥ 参见房日晰《论李白的〈古风〉》，《西北大学学报》（哲学社会科学版）1983年第3期。
⑦ 参见乔象钟《李白〈古风〉考析》，《文学遗产》1984年第3期。
⑧ 参见张明非《试论李白的〈古风〉》，《广西师范大学学报》（哲学社会科学版）1985年第4期。
⑨ 参见郁贤皓《论李白〈古风五十九首〉》，载中国李白研究会、马鞍山《中国李白研究》编辑部编《中国李白研究》（一九九〇年集·上），江苏古籍出版社1990年版，第84—102页。
⑩ 参见詹锳《李白乐府探源》，载《李白诗论丛》，作家出版社1957年版，第76页。

以明通变",开了李白乐府研究之先河。

20世纪70年代以来研究李白乐府的文章甚多,然着眼于诗体研究的主要是乔象钟发表于《文学遗产》1982年第3期的《李白乐府诗的创造性成就》、傅如一1994年发表于《文学遗产》第4期的《李白乐府论》、葛晓音1996年发表于《唐代文学研究》第6辑的《李白乐府的复与变》。乔文论述了李白古题乐府或扩充原来题意,或别立新意及在旧题下创造出新的作品的特点,并把缪本中的79首歌吟类作品视为即事名篇的新题乐府。傅文亦把李白歌吟类作品作为新题乐府,评价为:"他的五十三首新题乐府诗有力地说明,李白是唐代新题乐府的开创者。"① 傅文还对李白挖掘、整理、加工和创新乐府旧题作了全面概括:即修改旧辞、依题立义、为失辞古题乐府增补新辞、对立意欠佳的古辞另铸新辞。葛文从李白乐府诗内容和表现艺术的复变关系入手研究李白乐府诗,深入探讨了李白乐府诗复古和变革关系的三种类型:在体制、内容及艺术方面恢复古意;综合并深化某一题目在发展过程中衍生的全部内容,或在艺术上融合汉魏、齐梁风味再加以提高和发展;沿用古题,而在兴寄及表现形式方面发挥最大的创造性。这些文章应该是这一时期李白乐府研究中最有分量的成果。薛天纬近年来一直致力于唐代歌行研究,撰有《唐代歌行论》② 专著,其中李白的歌行研究是该书主要内容。他另有《李杜歌行论》一文,发表于《文学遗产》1999年第6期。文章把歌行定性为缘事而发的七言自由体抒情诗,并从诗体的角度,着重研究了李白歌行的三种类型:古题乐府、歌辞性诗题的歌行和非歌辞性的歌行。对李白律诗绝句研究的文章,主要有房日晰的《试论李白的五言律诗》③、《论李白的五言绝句》④、葛景春的《李白律诗浅探》⑤ 等。

---

① 傅如一:《李白乐府论》,《文学遗产》1994年第1期。
② 参见薛天纬《唐代歌行论》,人民文学出版社2006年版。
③ 参见房日晰《试论李白的五言律诗》,《西北大学学报》(哲学社会科学版)1980年第4期。
④ 参见房日晰《论李白的五言绝句》,《中州学刊》1984年第1期。
⑤ 参见葛景春《李白律诗浅探》,载河南省社会科学院文学研究所等编《文学论丛》1985年第4辑,黄河文艺出版社1985年版。

（四）李白诗歌接受与经典化的研究

李白诗歌接受与经典化的研究，是这一时期李白研究新开辟的领域。此前关于此方面的研究极为薄弱，如果把版本研究也算入的话，最早的论文应是詹锳《李白集版本叙录》①，其后有罗根泽《李杜地位的完成》②，这些应该是最早的李白经典化研究。20世纪80年代，有裴斐、刘善良编《李白资料汇编（金元明清部）》，为李白传播与接受研究做了基础性的文献工作。此外有裴斐《历代李白评价述评》③、王仲镛《杨慎论李白述评》④、朱易安《明人李杜比较研究浅说》⑤、杨栩生《唐五代时人论李白述评》⑥等文章，从题目即可看出，多为述评。此一时期李白传播、接受及其经典化的研究，值得关注的是王红霞《宋代李白接受史》⑦和詹福瑞《唐宋时期李白诗歌的经典化》。⑧王书是李白接受史的第一部断代史，详细考察并论述了宋代四个时期李白的接受情况。詹文则在张海欧、誉高槐《李白诗歌在唐五代时期的经典形成》⑨文章的基础上，更为具体地考察了李白在唐宋时期的经典化路径，以及李白经典意义与价值的发掘与凝练。

（五）普及著作和作品赏析文章

20世纪80年代以后，李白诗文的普及型读物和赏析类文章有如雨后春笋，蔚为大观。李白诗文选注、选译、赏析的主要图书有安旗等《李白咀华——李白诗名篇赏析》⑩、马千里《李白诗选》⑪、毛水清《李白诗

---

① 参见詹锳《李白集版本叙录》，《浙江大学文学院集刊》1943年第3期。
② 参见罗根泽《李杜地位的完成》，《中央日报》1946年10月29日。
③ 参见裴斐《历代李白评价述评》，载《李白十论》，四川人民出版社1981年版，第1—27页。
④ 参见王仲镛《杨慎论李白述评》，《四川师院学报》（社会科学版）1983年第1期。
⑤ 参见朱易安《明人李杜比较研究浅说》，《李白学刊》1989年第1期。
⑥ 参见杨栩生《唐五代时人论李白述评》，载中国李白研究会等编《中国李白研究》（1994年集），安徽文艺出版社1996年版，第1—19页。
⑦ 参见王红霞《宋代李白接受史》，上海古籍出版社2010年版。
⑧ 参见詹福瑞《唐宋时期李白诗歌的经典化》，《文学遗产》2017年第5期。
⑨ 参见张海欧、誉高槐《李白诗歌在唐五代时期的经典形成》，《中山大学学报》（社会科学版）2008年第2期。
⑩ 参见安旗、薛天纬、阎琦《李白咀华——李白诗名篇赏析》，北京十月文艺出版社1984年版。
⑪ 参见马千里选注《李白诗选》，广东人民出版社1984年版。

歌赏析》①、裴斐主编《李白诗歌赏析集》②、刘开扬等编《李白诗选注》③、牛宝彤主编《李白文选》④、张才良主编《李白诗四百首》⑤、詹锳主编《李白诗选译》⑥、詹福瑞等主编《李白诗全译》⑦，等等。相较于以往以诗注为主的普及式读物，这一时期的读物选注对象除诗歌外还兼及李白的文章。读物内容除选注外，还增加了作品今译、作品赏析的内容。古诗今译，是困难较大的工作。詹福瑞等人编写的《李白诗全译》，首次把李白全诗译为现代散文语体，不失为一次有意义的尝试。

至于这一时期散见于各种书刊的名篇赏析文字，其数之多，不能确切统计。其功在于普及李白作品，但滥而缺少新意，亦是一弊。

20世纪以来的李白研究，取得了令人瞩目的成绩。但是，李白研究尚有许多工作要做，待开拓的领域比较广阔。李白身世和生平事迹的研究有许多尚无定论，有待新的史料的发现和旧的文献资料的进一步发掘；理论研究也有待拓展与深入。目前，李白研究尚缺少一部带有总结性的李白研究史，如此等等，都说明未来的李白研究仍大有可为。

---

① 参见毛水清选析，陈光坚审订《李白诗歌赏析》，广西人民出版社1986年版。
② 参见裴斐主编《李白诗歌赏析集》，巴蜀书社1988年版。
③ 参见刘开扬等编《李白诗选注》，上海古籍出版社1989年版。
④ 参见牛宝彤主编《李白文选》，学苑出版社1989年版。
⑤ 参见张才良主编《李白诗四百首》，安徽文艺出版社1994年版。
⑥ 詹锳等译注：《李白诗选译》，巴蜀书社1991年版。
⑦ 詹福瑞、刘崇德、葛景春等：《李白诗全译》，河北人民出版社1997年版。

杜甫研究一百年概述

彭 燕*

杜甫研究作为中国古代文学研究中的个案,因其特殊的地位,决定了它的全局意义和引领作用。对杜甫研究百余年的回顾与梳理,不仅有助于我们了解世纪杜甫研究状况与特点,亦有助于我们认识百年中国古代文学研究的轨迹与特点。

近现代的杜甫研究应该从辛亥革命以后算起,迄今已百年有余。百年杜甫研究,可谓风风雨雨,坎坷不平。2012 年,全国各地乃至俄罗斯都在举办纪念杜甫诞生 1300 周年的系列活动。2014 年,人民文学出版社又推出了皇皇 12 巨册的《杜甫全集校注》②。此书的问世,可谓杜诗学史上的百年盛事,令人振奋。

需要特别说明的是,对 21 世纪杜甫研究作过系统梳理和讨论的论文主要有焦裕银的《杜甫研究论文综述(1911—1949)》,郑庆笃的《杜甫研究论文综述(1950—1976)》,张忠纲、冯建国的《杜甫研究论文综述(1977—1985)》③,祁和晖、濮禾章的《建国以来杜甫研究情况述略》④,

---

* 作者简介:彭燕,生于 1973 年,四川简阳人,《杜甫研究学刊》编辑部副研究员。主要研究方向:唐宋文学、文学文献、杜甫研究。

② 参见杜甫《杜甫全集校注》,人民文学出版社 2015 年版。

③ 参见焦裕银《杜甫研究论文综述(1911—1949 年)》,《文史哲》1986 年第 6 期;郑庆笃《杜甫研究论文综述(1950—1976 年)》,《文史哲》1987 年第 1 期;张忠纲、冯建国《杜甫研究论文综述(1977—1985 年)》,《文史哲》1987 年第 2 期。

④ 参见祁和晖、濮禾章《建国以来杜甫研究情况述略》,《杜甫研究学刊》1988 年第 1 期。

段海蓉的《建国以来杜甫研究的回顾、反思与展望》①，林继中的《百年杜甫研究回眸》②，王辉斌、王莉娟的《杜甫研究五十年》③，吴中胜的《杜甫研究三十年——以〈杜甫研究学刊〉为中心的讨论》④，张忠纲、赵睿才的《20世纪杜甫研究述评》⑤，杜晓勤的《二十世纪杜甫研究概述》⑥，刘明华的《现代学术视野下的杜甫研究——杜甫研究百年回顾与前瞻》⑦。上述诸文，或观点，或分期，大致相同，对本文的写作有着重要的借鉴和参考意义。尤其是在数据统计和书目援引时，本文主要以郑庆笃等编著《杜集书目提要》⑧、周采泉《杜集书录》⑨，以及张忠纲等编著《杜集叙录》⑩、张忠纲主编《杜甫大辞典》⑪等诸书为据。另外，本文的杜甫研究主要指中国大陆地区，而不包括中国香港、澳门和台湾三地。

不管是什么文学，什么研究，它都必然植根于现实社会当中。杜甫研究当然亦是如此。百年杜甫研究与中国政治形势和时代环境密切相关，以时间为序，大致可分为三个阶段：第一阶段为中华民国时期的杜甫研究，第二阶段为中华人民共和国成立三十年的杜甫研究，第三阶段为20世纪80年代以后的杜甫研究。

---

① 参见段海蓉《建国以来杜甫研究的回顾、反思与展望》，《杜甫研究学刊》2000年第3期。
② 参见林继中《百年杜甫研究回眸》，《河北大学学报》（哲学社会科学版）1999年第2期。
③ 参见王辉斌、王莉娟《杜甫研究五十年》，《贵阳金筑大学学报》2004年第1期。
④ 参见吴中胜《杜甫研究三十年——以〈杜甫研究学刊〉为中心的讨论》，《杜甫研究学刊》2010年第3期。
⑤ 参见张忠纲、赵睿才《20世纪杜甫研究述评》，《文史哲》2001年第2期。
⑥ 参见杜晓勤《二十世纪杜甫研究概述》，《20世纪中国文学研究·隋唐五代文学研究》，北京出版社2001年版。
⑦ 参见刘明华《现代学术视野下的杜甫研究——杜甫研究百年回顾与前瞻》，《文学评论》2004年第5期。
⑧ 参见郑庆笃等编著《杜集书目提要》，齐鲁书社1986年版。
⑨ 参见周采泉《杜集书录》，上海古籍出版社1986年版。
⑩ 参见张忠纲等编著《杜集叙录》，齐鲁书社2008年版。
⑪ 参见张忠纲主编《杜甫大辞典》，山东教育出版社2009年版。

一 中华民国时期的杜甫研究

20世纪初,随着西方文明的输入,以民主观、科学观的现代视野来观照中国古典文学研究成为一时之新风气,当然杜甫研究亦包括在其中。中华民国时期第一位关注和研究杜甫的是谢无量,他在《中国六大文豪》①列举了屈原、扬雄、司马相如、李白、杜甫、韩愈六位中国文学史上的著名人物,此书第五编为"杜甫研究",对杜甫的生平、古体诗、近体诗,以及李杜比较均有所涉及。该书出版后深受读者欢迎,在不到十年的时间内,就印刷了四次。中华民国时期的杜甫研究在延续晚清时期考证、校勘、笺注与诗学研究等传统学术研究方法的同时,开始出现了新的气象和面貌。这其中梁启超《情圣杜甫》②尤为引人注目,此文是梁启超在清华大学的一篇演讲稿,梁启超首以人文情怀和真、善、美的标准来关注和评价杜甫,称杜甫为"情圣",这在当时引起了很大的反响。继梁公后,这种旨在还原杜甫真性情和本来面目的论文开始多了起来,其中又以胡适和苏雪林等人为代表。与此同时,杜甫的研究还出现了另外一种与以往研究不同的新特点,即有许多学者开始关注杜甫与地域文化之间的关系,这个时期与地域文化研究相关的论文近二十篇。据笔者不完全统计,整个中华民国时期发表的杜甫研究论文共一百六十余篇,两者相较,二十亦是一个不小的数字,几乎占了中华民国时期杜甫研究论文总量的八分之一。有学者认为这种研究是在20世纪80年代才开始出现的,其实不然,在中华民国早期这类研究就已然有之,中后期就更多了,亦都取得了不错的成就。这个时期的杜甫研究,是新派与老派并存,传统的考辨、笺注、评点、编年等传统研究,与以现代学术视野来观照和研究杜甫的新方法、新手段共在,两派各领风骚,不输对方。中华民国三十八年,本文把中华民国时期的杜甫研究分为前期和后期两段来梳理和讨论,前期从1912年孙中山就任大总统到1937年抗日战争全面爆发为止;后期则从1937年到1949年中华人民共和国成立为止。前后两期的杜甫研究均呈现明显的阶段性特点。

---

① 参见谢无量编著《中国六大文豪》,中华书局1961年版。
② 参见梁启超《情圣杜甫》,《晨报》1922年5月28日"文艺副刊"。

（一）中华民国前期的杜甫研究

中华民国前期（1912—1937）二十五年间，发表杜甫研究相关论文有三十余篇，出版专著二十余种。杜甫研究的内容和对象因循晚清模式，主要还是集中在杜诗和杜甫生平思想研究两方面，研究方法则以传统的校勘、笺注、考辨、系年为主。但这个时期的杜甫研究，同时也出现了一些新气象。当今方兴未艾的杜甫地域文化研究在这个时期亦开始出现，跨文化、跨时代的比较研究也取得了不错的成绩，尤其引人注目的是梁启超《情圣杜甫》一文的发表，开启了以现代科学与民主主义思想来关注和研究杜甫的新风气。

这个时期的研究内容以杜诗研究为多，杜甫生平思想研究相对要少些。论文中涉及杜甫其人研究的仅五篇，有闻一多《杜甫》[1]、佚名《诗人与词人：杜甫与李白》[2]等。二十余种专著中，有六种关涉杜甫生平研究，如汪静之《李杜研究》[3]、顾彭年《杜甫诗里的非战思想》[4]、傅东华《李白与杜甫》[5]等，其中尤以顾彭年《杜甫诗里的非战思想》一书值得注意。据该书题目，可知此书具有强烈的时代色彩。20世纪二三十年代，军阀混战，加诸1931年的"九一八"事变，整个社会动荡不安，人们过着极不稳定的困苦生活，正是在这样的社会背景下，以此书为发端，关注杜甫战争思想的研究文章开始多了起来。涉及杜诗研究的论文以胡小石《李杜诗之比较》[6]、常工《弥尔顿与杜甫》[7]、振作《杜甫诗研究》[8]、陈寅恪《庾信哀江南赋与杜甫咏怀古迹诗》[9]等为代表，我们稍加留意就会发现，这些研究其实大都属于比较研究，这种跨时代、跨文化的比较研究对我们以多视角、多维度来认识和理解杜甫与杜诗是非常有益的。

---

[1] 参见闻一多《杜甫》，《新月》1928年第6卷第1期。
[2] 参见佚名《诗人与词人：杜甫与李白》，《文化通讯半月刊》1934年第1卷第2期。
[3] 参见汪静之《李杜研究》，商务印书馆1933年版。
[4] 参见顾彭年《杜甫诗里的非战思想》，上海商务印书馆1928年版。
[5] 参见傅东华《李白与杜甫》，商务印书馆1927年版。
[6] 参见胡小石《李杜诗之比较》，《国学丛刊》1924年第2卷第3期。
[7] 参见常工《弥尔顿与杜甫》，《晨星月刊》1929年第2期。
[8] 参见振作《杜甫诗研究》，《摇篮》1931年第1卷第1期。
[9] 参见陈寅恪《庾信哀江南赋与杜甫咏怀古迹诗》，《文学月刊》1931年第1卷第1期。

中华民国前期关注杜甫与地域文化的研究不多，以陈鸣西《杜甫地图十幅》①和鞠清远《杜甫在夔州的瀼西与东屯庄》②两文为代表，有学者把这类研究归到杜甫的行踪遗迹类，这也是可行的。行踪遗迹研究和杜甫地域文化研究的内容和对象，其实在某种层面上是一致的。另外，还值得关注的是这个时期开始出现专文讨论杜甫文论观，如段熙仲《杜诗中的文学批评》、郭绍虞《杜甫戏为六绝句集解》、罗庸《少陵诗论》等③，这些研究说明在杜诗研究中已经从单纯的文本研究上升到了理论批评研究，晚期程千帆《少陵先生文心论》和金启华《杜甫诗论》④，均属此类研究。专著研究中，则多为选诗研究和分类研究两种。选诗研究以吴闿生选《杜诗》⑤为最好，此本首载年谱，所选杜诗不分卷。熊希龄《精选杜诗》⑥则为近代杜诗学史上较早的一本通俗读物，对普及杜甫文化杜诗艺术是很有好处的。此书于1921年首印后，1930年又再次印刷，可见在当时是很有市场的。承宋代门类研究热的流风余绪，这个时期还出现了虞铭新《杜韩五言古诗类纂》，此书分类凡十一种，其《自序》云："读其目，直《文选》耳，而编以诗，学诗者可以知所变焉。"⑦周采泉先生对此书亦赞赏有加。

在研究方法上，这个时期以传统的校勘、编年和笺注等为主。如黄景仁《朱竹垞先生批杜诗》、傅增湘《校宋残本〈草堂诗笺〉跋》、巩固《杜工部年表及杜诗年表》、杨益恒《杜工部年表初稿》、梁廷灿《杜工部年谱十二种考略》、闻一多《少陵先生年谱汇笺》和吴鼎南《工部浣花

---

① 参见陈鸣西《杜甫地图十幅》，《文学丛刊》1929年第1期。
② 参见鞠清远《杜甫在夔州的瀼西与东屯庄》，《食货半月刊》1936年第3卷第8期。
③ 参见段熙仲《杜诗中的文学批评》，《金陵光》1926年第15卷第1期；郭绍虞《杜甫戏为六绝句集解》，人民文学出版社1978年版；罗庸《少陵诗论》，《新苗》1936年第2期。
④ 参见程千帆《少陵先生文心论》，节选自《古诗考索》，上海古籍出版社1984年版，第336—338；金启华《杜甫诗论》，《学灯》1946年第326、327期。
⑤ 参见吴闿生《杜诗》，载周采泉《杜集书录》，上海古籍出版社1986年版，第437页。
⑥ 参见熊希龄《精选杜诗》，载周采泉《杜集书录》，上海古籍出版社1986年版，第435页。
⑦ 参见虞铭新《杜韩五言古诗类纂》，载周采泉《杜集书录》，上海古籍出版社1986年版，第796页。

草堂考》等①，或考，或校，或笺等不一而足，这种研究实际是晚清传统研究的余绪与回响。其中《少陵先生年谱会笺》尤值得关注，傅璇琮导读《唐诗杂论》②对其评价甚高，说它开拓和创新了中国年谱学和人物历史的研究。在整个杜甫研究中，甚而在整个中国古典文学研究中，这种方法都一直存在，并在不同的时期取得了令人瞩目的成就。1928年，胡适《白话文学史》③，则把杜甫置身于广阔的社会生活变迁中，认为杜诗是那个动乱社会的产物，那个社会是杜诗产生的土壤，杜甫的诗歌表现离乱人生，反映社会现实，杜甫是那个时代的诗人。《白话文学史》还谈到了杜甫诙谐风趣的性格，这是较少有人关注的一个话题，不过这个观点，后来因为各种原因遭到一些人的否定和批判。苏雪林《唐诗概论》④和吴经熊《杜甫论》⑤从西方的现实主义文论来分析杜甫的诗歌艺术，认为杜诗具有较强的写实性和现实性。

总的来说，中华民国初期的杜甫研究，还是以老派研究为主，以梁启超和胡适为代表的，以现代西方学术理念来观照和研究杜甫的新派研究只是开了个头，还没有形成气候。在研究内容和对象上亦是继续以往的研究，虽有个别的研究开始关注杜甫与地域文化、杜甫的文论观，以及跨文化、跨时代的杜甫比较研究等，但这些研究真正开始成为杜甫研究中的热点，并被广大学者关注却是在20世纪80年代以后的事情了。

（二）中华民国后期的杜甫研究

中华民国后期（1937—1949）发表杜甫研究相关论文一百三十余篇，专著五种。这个时期的杜甫研究，以杜甫生平思想为研究内容的文章开始多了起来，而专文研究杜诗艺术的则明显下降。这个时候，杜诗文献

---

① 参见黄景仁《朱竹垞先生批杜诗》，《国学专刊》1926年第1卷第2期；傅增湘《校宋残本〈草堂诗笺〉跋》，《图书馆季刊》1926年第1卷第3期；巩固《杜工部年表及杜诗年表》，《文学丛刊》1929年第1期；杨益恒《杜工部年表初稿》，《文学丛刊》1929年第1期；梁廷灿《杜工部年谱十二种考略》，《北平图书馆月刊》1929年第3卷第1期；闻一多《少陵先生年谱汇笺》，《文哲季刊》（武汉大学）1930年第1卷；吴鼎南《工部浣花草堂考》，成都新闻报馆印刷部排印本1942年版。

② 参见闻一多撰，傅璇琮导读《唐诗杂论》，上海古籍出版社1998年版。

③ 参见胡适《白话文学史》，新月书店1928年版。

④ 参见苏雪林《唐诗概论》，上海书店出版社1992年版。

⑤ 参见吴经熊《杜甫论》，《中山文化教育馆季刊》1936年第3卷第3期。

的整理和研究亦在继续向前,并取得了不俗成就。

杜甫研究与政治形势和时代环境密切相关。1937年"卢沟桥"事变,抗日战争全面爆发,全国人民都参与到了救国救民的抗日中。这个时候,民族情感空前高涨,抵御外侮、兴我中华成为整个时代的主旋律和最强音。在学术研究领域中,当然亦不能脱离时代的环境和社会的现实,杜甫研究尤其如此。杜甫的民族意识、爱国思想、大一统观念等与战乱时代正好契合呼应,把杜甫研究纳入时代与社会的大环境中来讨论,是中华民国后期杜甫研究最显著的特点。这个时期专门讨论杜甫与时代、杜甫战争观、杜甫民族观、杜甫爱国思想的文章,呈雨后春笋般的态势纷纷多了起来。这类作品以一鸣《杜甫反战诗歌的研讨》①、许愒生《反战文学》②、易君左《杜甫的时代精神》③、杜若莲《民族诗人杜少陵及其生平》④、钱来苏《关于杜甫》⑤、焕南《案头日记》⑥、冯至《杜甫和我们的时代》⑦,以及申如《杜甫的战争诗歌》⑧ 等为代表。身处战乱中的冯至《杜甫和我们的时代》对杜甫的"三吏""三别"感同身受,他认为杜甫是一位"人民诗人",他的诗歌真实反映了战乱时代中人民的痛苦生活。钱来苏在《关于杜甫》一文中说杜诗总是能"唤起朝野的人们把胡寇逐出中国去"。1940年,重庆独立出版社出版了易君左的《杜甫传》⑨,此书则重在分析和讨论了杜甫的政治思想和人生观。这个时期专文讨论杜甫儒家思想的文章亦不少,因政治与时代的需要和召唤,这类文章多从杜甫的君臣观、稷契志和民胞物与的情怀去讨论和分析。赵翼在《题元遗山集》⑩ 中说"国家不幸诗家幸",应该说,这类文章都是在国家不

---

① 参见一鸣《杜甫反战诗歌的研讨》,《更生周刊》1940年第5卷第6期。
② 参见许愒生《杜甫的反战文学》,《中日文化》1941年第1卷第1期。
③ 参见易君左《杜甫的时代精神》,《时代精神》1942年第7卷第1期。
④ 参见杜若莲《民族诗人杜少陵及其生平》,《中国青年》1943年第8卷第3期。
⑤ 参见钱来苏《关于杜甫》,《解放日报》1946年11月3日第4版。
⑥ 参见焕南《案头日记》,《解放日报》1946年11月3日第4版。
⑦ 参见冯至《杜甫和我们的时代》,《萌芽》1946年第1卷第1期。
⑧ 参见申如《杜甫的战争诗歌》,《文艺风》1947年第1卷第1期。
⑨ 参见易君左《杜甫传》,《中央日报》1934年11月20日—1934年12月13日连载。
⑩ 参见赵翼《题元遗山集》,载赵翼著,胡忆肖选注《赵翼诗选》,中州古籍出版社1985年版,第162页。

幸、民族灾难深重时创作和产生的，杜甫的作品是这样，上述诸家的文章亦是这样。所以，每逢家国离乱沧桑时，历代的志士仁人总会把目光不约而同地投向杜甫，在杜甫那里，他们总能找到寄托与慰藉。另外，较之前期，杜甫地域文化研究文章数量明显增加，其中又以杜甫与蜀地文化研究成果为最多，譬如易君左《杜甫居蜀》①、贺昌群《记杜少陵浪迹西川》②、朱偰《杜少陵在蜀之流寓》③、杜呈祥《关于杜甫在蜀流寓一文的商榷》④、郭祝崧《杜工部浣花草堂生活》⑤、冯至《杜甫在长安》⑥、银化愚《杜子美流寓成都的生活》⑦、《杜少陵在梓阆间的生活》⑧等。安史之乱爆发，杜甫被迫携家小流寓西南，战乱中颠沛流离的困苦生活正是中国20世纪三四十年代人民生活的写照和缩影。这个时候的杜甫地域文化研究与时代相结合，深刻、真实地反映和表现了战争给人民造成的创伤和苦痛。与此同时，李杜比较研究中出现较为一致的"扬杜抑李"的现象，这种不约而同的"一致"是因为人们看到了较之李白的诗歌，杜诗更多地体现了家国意识和民族情感，这类诗歌对于身处战乱时代的人们来说更容易理解和接受。

中华民国晚期杜甫研究的主要成就表现在对文献版本的整理和研究上，以洪业等《杜诗引得》⑨和程千帆《杜诗伪书考》⑩二书为主要标志。《杜诗引得》由燕京大学引得校印所于1940年首印，后中国台湾与上海分别在20世纪60年代和80年代重印。此书序文长达万字，是一篇关于杜诗学文献版本源流与考证评介的简明杜诗学文献史，其中许多观点和论断业已成为当今学界定论，被诸家屡屡称引，有着极高的学术价

---

① 参见易君左《杜甫居蜀》，《文艺月刊》1939年第3期。
② 参见贺昌群《记杜少陵浪迹西川》，《说文月刊》1944年第4期。
③ 参见朱偰《杜少陵在蜀之流寓》，《东方杂志》1944年第40卷第8期。
④ 参见杜呈祥《关于杜甫在蜀流寓一文的商榷》（一）（二）（三），《读书通讯》1944年第96、97、98期。
⑤ 参见郭祝崧《杜工部浣花草堂生活》，《旅行杂志》1946年第20卷第8期。
⑥ 参见冯至《杜甫在长安》，《文学杂志》1947年第2卷第1期。
⑦ 参见银化愚《杜子美流寓成都的生活》，《中央日报》1947年9月29日第9版。
⑧ 参见银化愚《杜少陵在梓阆间的生活》，《中央日报》1947年7月7日第10版。
⑨ 参见洪业等编纂：《杜诗引得》，上海古籍出版社1985年版。
⑩ 参见程千帆《杜诗伪书考》，载莫砺锋编《程千帆选集》（上），辽宁古籍出版社1996年版，第1271页。

值。此书作为杜甫研究的大型工具书，已经成为当今治杜学者们手头必备书之一。程千帆《杜诗伪书考》对历代杜集注本伪书的形成、流布、弊端等均有详细的考辨和说明，极有发明和见地。若治杜，尤其是治杜诗文献，此书一定是不能绕开的。

  这个时期的杜甫研究中，有一件事情应该特别值得关注。据焦裕银《杜甫研究综述（1911—1949）》①一文可知，1946年11月，《解放日报》刊登了焕南《案头杂记》和钱来苏《关于杜甫》两篇文章。《案头杂记》还转引了胡乔木关于纪念杜甫的指示信②，并介绍了解放区的杜公祠等纪念地，以及相关纪念活动等。《关于杜甫》则对杜甫和纪念杜甫的现实意义作了高度的评价和肯定。二文是目前关于解放区纪念杜甫的最早史料文献，特别珍贵，从中亦可看出解放区对杜甫的重视。

  总的来说，中华民国时期的杜甫研究，在辛亥革命后的百年杜甫研究中，尚属起步阶段。无论是从研究成果、研究力量，还是研究的方法和手段等，与中华人民共和国成立后蓬勃生机的杜甫研究相比，都显得要单薄和弱得多。其间虽有罗振玉、梁启超、章太炎、梁实秋、闻一多、翦伯赞、冯至等名家也撰写了相关杜甫研究的文章，但其中长期关注和研究杜甫的，其实只有冯至一人而已，另金启华和霍松林二人在这个时期对杜甫研究关注亦较多。这个时候，全国没有一家杜甫研究会，亦没有专门的杜甫研究刊物，研究成果与中华人民共和国成立后的六十年相比，显得微不足道。③但是，其发端意义却是不可小觑的。尤其是首次以现代民主科学文艺观来观照和研究杜甫，使得杜甫的形象更为真实、更为丰满。当然，因时代使然，战火纷飞的年代，杜甫研究亦被染上了浓重的硝烟味。这正好也说明了无论是我们的文学创作，还是文学研究，抑或是看起来似乎有些脱离现实的古典文学研究，也同样与现实社会息息相关，不能置身事外。

---

  ① 参见焦裕银《杜甫研究综述（1911—1949年）》，《文史哲》1986年第9期。
  ② 按：1980年，四川省杜甫研究会、《杜甫研究学刊》亦是根据胡乔木同志的指示成立和创刊的。
  ③ 按：据笔者粗略统计，中华人民共和国成立后六十余年发表杜甫研究论文有8000余篇，专著近500种。

二 中华人民共和国成立三十年的杜甫研究

中华人民共和国成立伊始,马列文论和毛泽东文艺思想成为古典文学研究的指导思想和理论原则,革命的现实主义与浪漫主义成为分析和评判文学作品最基本的两种方法和手段。反映在中华人民共和国成立三十年的杜甫研究中,就是围绕着杜甫的政治性、人民性、现实性,以及杜甫到底是法家还是儒家等命题,展开了若干次的大讨论。其间,发表相关研究论文1100余篇,专著近70种。较之中华民国时期的杜甫研究,中华人民共和国成立三十年的杜甫研究仍然继续向前,虽然,前进的道路上出现过这样或那样的问题。中华人民共和国成立三十年杜甫研究以1962年杜甫被评为世界文化名人为分水岭,之前和之后的杜甫研究总体来说,都并不太令人满意。尤其是1962年以后的杜甫研究,由于各种因素影响,中国大陆地区的杜甫研究几乎完全处于一种停滞状态。1962年以前的杜甫研究,因20世纪50年代后期极"左"思潮的泛滥,文学研究亦受到波及和影响,杜甫研究概不例外。这些时候的杜甫研究虽然也出现了一些有见地的研究成果,但总体来说显得死气沉沉,无活力生气,唯阶级论的研究方法使杜甫研究陷入了教条化和简单化的僵硬局面。1962年,杜甫诞生1250周年,同年杜甫亦被评为世界文化名人,这是中国文化史上的一件盛事。世界各地都在举行纪念世界文化名人杜甫的同时,北京也隆重召开了纪念杜甫诞生1250周年的大会。大会开幕式上,郭沫若作了题为"诗歌史上的双子星座"讲话[1],冯至则作了《纪念伟大诗人杜甫》的主题发言。[2] 这次会议,给予了杜甫极高的评价和肯定,掀起了中华人民共和国成立后杜甫研究的第一波热潮,杜甫研究成了当时古典文学研究领域的热点。这一年,全国发表相关杜甫研究文章就超过300篇,多出自1912年至1949年所有杜甫研究成果的一倍之多。中华人民共和国成立三十年的杜甫研究虽然总的来说是一路向上,但走的却是一条坡坡坎坎的崎岖道路。20世纪50年代初期,中华人民共和国刚刚成立,万般事项百废待兴,杜甫研究秉承中华民国研究余绪,亦开始慢

---

[1] 参见郭沫若《诗歌史中的双子星座》,《光明日报》1962年6月9日第4版。
[2] 参见冯至《纪念伟大的诗人杜甫》,《人民日报》1962年4月18日第5版。

慢步入了正轨，出现了一批有价值、有影响的学术研究成果，其中尤以冯至的《杜甫传》[①]为重要代表。该书是中华人民共和国成立后的第一本杜甫研究专著，亦是新中国第一部古代文学传记作品。但是随着20世纪50年代末期中国浪漫主义政治的抬头，极"左"思潮的出现给杜甫研究造成了严重损害，这个时期有学术价值的成果并不多见。60年代初期，随着"左"的思潮慢慢隐退，加之杜甫在1962年又被列为世界文化名人，杜甫研究迎来了中华人民共和国成立后的第一个春天。但是，好景不长，从60年代中后期到整个70年代末期，除了中国香港和台湾还在继续研究杜甫外，大陆地区的所有研究工作几乎都停顿了下来，其间也零星刊发了一些文章，甚至出版了一些专著，但其学术价值和水平并不十分令人满意。1979年党的十一届三中全会的召开，彻底结束了杜甫研究中的各种畸乱现象，李、杜研究，也自然而然地被推到了古典文学研究的前端。这个时期，杜甫的生平、思想、行踪、交友，杜诗的创作手法、风格特征、修辞艺术、分体分类等，无一不被涉及和关注，且这些研究都取得了不错的成果，令人鼓舞。中华人民共和国成立三十年的杜甫研究，我们拟分为两个时段来分而述之，即中华人民共和国成立十七年的杜甫研究、中华人民共和国成立十七年后的杜甫研究。

（一）中华人民共和国成立十七年的杜甫研究

这个时期的杜甫研究，以马列主义和毛泽东思想为指导原则，围绕着杜甫的人民性、现实性、政治性等问题作了很多的探讨和分析。认为杜甫是一位人民诗人、政治诗人，其诗歌的艺术创作手法和风格都达到了现实主义的最高峰。此时的杜甫研究虽然在某种程度上已经成为政治的扈从，但对杜甫和杜诗的评价毕竟还是正面的。研究内容和研究形式也较为多样，内容方面有杜甫研究、杜诗研究、杜诗文献整理和行踪遗迹考辨等；研究成果则有专著、报刊论文、文学通史等多种形式。总的来说，中华人民共和国成立十七年间的杜甫研究充满了生机与活力，成果丰硕。虽然在研究中受苏联模式影响，存在有简单化、公式化的弊病和缺点，但其成绩是不容抹杀的。

中华人民共和国成立后发表的第一篇杜甫研究文章是冯至的《爱人

---

① 参见冯至《杜甫传》，人民文学出版社1980年版。

民爱国家的诗人——杜甫》①，第一部杜甫研究专著是冯至的《杜甫传》。《杜甫传》的出版，是中华人民共和国成立后，学者们运用马列文论和毛泽东文艺思想来进行文学研究的重要代表成果。该书曾经在《新观察》上连载，作者后来又进行了一些完善与补充，于1952年由人民文学出版社出版。该书以史料为凭，不附会穿凿，用诗一样的优美语言，叙述介绍了杜甫的一生，内容丰满，影响甚大。该书后来于1954、1980、1999年再版，现海外有多种译本流传。这样的研究成果还有傅庚生《杜甫诗论》②和萧涤非《杜甫研究》③等。傅庚生《杜甫诗论》被认为是20世纪50年代中国大陆地区比较早的一部"全面、系统地论述杜甫诗歌创作成就的专著"。书中部分观点，在今天看起来虽值得商榷，但许多见解仍有可取之处。萧涤非《杜甫研究》则分为上、下两卷，上卷和下卷分别在1956、1957年先后出版过，后于1959年以合订本的形式出版。上卷主要是关于杜甫其人的研究，下卷则选注了二百六十余首杜诗，此书"代表了我国20世纪80年代以前杜甫研究的水平"④，在今天它仍然是杜甫研究者必备的案头之书。这些论著都反复强调杜甫的人民性和现实性。冯至认为杜甫是人民的诗人，杜诗是人民的声音，并在1962年纪念杜甫诞生1250周年大会上发表了《爱人民爱国家的诗人——杜甫》。萧涤非《杜甫研究》（上卷）把杜甫的进步思想概括为五种，最后得出结论认为，杜甫是我国历史上伟大的爱国诗人和人民诗人。下卷的杜甫诗选注无一不是这种观点和思想的具体演绎。萧先生提出"人民诗人"的观点在当时的影响非常大，一时间，杜甫研究中形成了一种以论证杜甫为人民诗人的研究之风，并迅速席卷了整个杜甫研究领域。这个时期由中国社会科学院文学研究所编写的《中国文学史》（三卷本）⑤和游国恩等编写的《中国文学史》（四卷本）⑥两部高等院校教材，在当时有很大的影响。

---

① 参见冯至《爱人民爱国家的诗人——杜甫》，《中国青年》1950年第55期。
② 参见傅庚生《杜甫诗论》，上海文艺联合出版社1954年版。
③ 参见萧涤非《杜甫研究》（上卷），山东人民出版社1956年版；《杜甫研究》（下卷），山东人民出版社1957年版。
④ 参见张忠纲等编著《杜集叙录》，齐鲁书社2008年版，第521页。
⑤ 参见中国科学院文学研究所、中国文学史编写组编写《中国文学史》（三卷本），人民文学出版社1962年版。
⑥ 参见游国恩等主编《中国文学史》（四卷本），人民文学出版社1963年版。

二史均开辟专章、专节来讨论和分析杜甫和杜诗。中国科学院文学研究所编写的《中国文学史》认为杜甫一贯"同情人民""热爱人民""歌颂人民""赞美人民",他最伟大的贡献在于使"中国古典诗歌走向人民",具有强烈的现实性。游国恩等主编《中国文学史》亦认为杜甫的诗歌具有高度的人民性,它同情人民、热爱祖国,同时憎恨统治者一切的残暴罪恶行为。这些论著都力图运用马列主义毛泽东思想来探究和分析杜甫与杜诗,在以阶级斗争为纲的20世纪五六十年代,高唱杜甫的人民性,赞美杜诗的现实性,重视和阐释杜甫的政治性和阶级性成了题中的应有之义。这个时期见诸各类报纸杂志的各种论文,亦大都围绕着这个主题来进行阐释和生发,如夏承焘《读〈爱国诗人杜甫传〉》[1]、刘大杰《人民诗人杜甫》[2]、谭丕谟《杜甫诗歌的现实主义精神》[3]、刘绍亭《〈杜甫诗歌中的现实主义精神〉读后》[4]、刘永年《从〈自京赴奉先县咏怀五百字〉看杜甫的基本政治态度》[5] 等。

20世纪50年代后期,全民进入"大跃进",极"左"思潮泛滥。1958年3月,毛泽东同志到四川视察工作,并参观了成都杜甫草堂,他对草堂里面的杜甫塑像和碑刻诗文都很感兴趣,老人家还向杜甫草堂借阅了馆藏杜诗版本,并作圈阅批点。毛泽东同志认为,杜诗是政治诗,其观点,很快就成了杜甫研究中的最高指导思想,之后所有相关的论述与著作,无不坚定地贯彻和执行这一思想。这个时期出版的各种杜甫研究专著,发表的各种报刊论文,包括中国社会科学院文学研究所编写的《中国文学史》[6]、游国恩等主编的《中国文学史》[7] 都或多或少、程度不一地阐释和演绎了杜诗的"政治性"。这个时候杜甫研究的主调就是:杜

---

[1] 参见夏承焘《读〈爱国诗人杜甫传〉》,《浙江省立图书馆通讯》1952年第1期。

[2] 参见刘大杰《人民诗人杜甫》,《少年文艺》1953年第11期。

[3] 参见谭丕谟《杜甫诗歌的现实主义精神》,《长江文艺》1954年第11期。

[4] 参见刘绍亭《〈杜甫诗歌中的现实主义精神〉读后》,《长江文艺》1955年第6期。

[5] 参见刘永年《从〈自京赴奉先县咏怀五百字〉看杜甫的基本政治态度》,《安徽师院学生论文集刊》1958年第1期。

[6] 参见中国科学院文学研究所,中国文学史编写组编写《中国文学史》,人民教育出版社1962年版。

[7] 参见游国恩、王起、萧涤非、季镇淮、费振刚主编《中国文学史》,人民文学出版社1987年版。

甫是伟大的政治诗人，杜诗具有强烈的政治性和现实性。这个时期，还出现了专门针对胡适在《白话文学史》中提出杜甫性格具有诙谐风趣的滑稽特点的批判文章。20世纪50年末期的杜甫研究大多脱离了文学研究的轨道，成为政治附属物而面目全非。20世纪60年初期，"左"的思潮开始慢慢隐退，此时的杜甫研究开始更多地关注诗歌本身的文学特征和艺术特色，对杜甫其人的研究亦不再仅仅局限于从政治的角度和眼光去解读他，对杜甫的评价和认识较之以往，较为公允客观。1962年杜甫被列为世界文化名人，全世界各地都在举办纪念诗人的各种活动。恰逢这一年又是杜甫诞生1250周年，北京也举办了隆重的纪念活动。这一年，中国古典文学研究的目光都聚焦到了杜甫身上，仅这一年就发表了杜甫相关研究文章300余篇，全国各地也都在举办规模不一的纪念活动，杜甫研究迎来了中华人民共和国成立后的第一个春天。

这个时候，成都杜甫草堂也成为海内外人士瞩目的焦点，这期间仅关于成都杜甫草堂的研究文章就有40余篇，或介绍，或缅怀，或游览等，譬如钟树梁《杜甫草堂》[1]、杨平《献给诗圣——雨中访杜甫草堂》[2]、吴寿松《游杜甫草堂》[3] 等。

（二）中华人民共和国成立十七年后的杜甫研究

杜甫研究在迎来了中华人民共和国成立后的第一个春天后，很快就进入了冰寒时节。20世纪60年代中后期到70年代末期，中国包括香港和台湾地区发表杜甫研究论文共150余篇，论著20余部。其中，大陆论文类仅18篇；专著类仅1部。中国香港和台湾地区的杜甫研究在原来的基础上继续向前，其中亦产生了许多的名篇佳作。大陆地区的杜甫研究从1966年到1972年七年之间，无一篇关于杜甫研究的文章出现。据王学泰《二十世纪文化变迁中的杜甫研究》[4] 一文介绍，1966年年底到1967年年初，江青在审查国产影片时，对1962年拍摄的纪录片《诗人杜甫》非常不满，认为冯至等人影射现实，恶毒攻击社会主义，并说毛泽东同

---

[1] 参见钟树梁《杜甫草堂》，《少年文艺》1960年第1期。
[2] 参见杨平《献给诗圣——雨中访杜甫草堂》，《长江文艺》1961年第12期。
[3] 参见吴寿松《游杜甫草堂》，《四川文学》1962年第3期。
[4] 王学泰：《二十世纪文化变迁中的杜甫研究》，载董乃斌等主编《中国古典文学学术史研究》，新疆人民出版社1997年版。

志不喜欢杜甫。很自然，杜甫很快就被扫地出门了。1971年，郭沫若的《李白与杜甫》由人民文学出版社出版，此书一出，反响巨大。书中一反郭沫若1962年在纪念杜甫诞生1250周年大会开幕式上的讲话立场，认为杜甫实际是为地主统治阶级服务的。在解读《茅屋为秋风所破歌》时说："贫穷人的孩子被骂为'盗贼'，自己的孩子却是'娇儿'。他在诉说自己的贫困，他却忘记了农民们比他穷困百倍。"① 这样的观点和论调在《李白与杜甫》一书中随处可见。很明显，此书是在有意识地"扬李抑杜"，是在曲意迎合。作为当时古代文学研究中的唯一一部研究著作，虽亦有其可取之处，但总的来说，书中对杜甫与杜诗的评价，受当时政治环境的影响和左右，主观性太强，有些看法和论断有失偏颇。学者们虽对该书的学术价值和观点持怀疑态度，心中不满，但囿于各种因素，无人站出来作回应，而形成了一花独放、一家争鸣的奇怪现象。1975年，中国大陆地区又掀起了"评法批儒"的政治运动，为了配合当时的政治需要，1976年再版的《中国文学发展史》② 对杜甫与杜诗的评价也出现了令人难以理解的奇谈怪论，该书把杜甫研究纳入儒法斗争模式中，认为法家优于一切，全篇贯穿的都是非儒的思想。杜甫在这个时候被打扮成了法家诗人，并认为其思想与认识上的局限与错误皆因其儒家思想在作祟。与此同时，一篇署名为梁效的文章《杜甫的再评论——批判杜甫研究中的尊儒思潮》③，对杜甫是儒家诗人的看法提出了质疑和批判，认为杜甫之所以能够取得如此大的成就，就是因为他的世界观中具有积极的法家思想基础，杜甫应该是法家诗人，而非儒家。围绕着杜甫到底是法家还是儒家这个问题，杜甫研究领域展开了一场讨论。此时此刻，大多数学者或许已断学术研究之心，没有心思再参与到这场讨论之中。这场所谓学术讨论，其基调早已定好。这场讨论就本身而言，亦无甚学术价值可言。其间发表的大多数论文，亦多是谈杜甫的政治问题、政治倾向，鲜有论及杜诗的艺术创作和文学特点，篇篇文章读之都有一种似曾

---

① 参见郭沫若《李白与杜甫》，人民文学出版社1971年版，第215页。
② 参见刘大杰《中国文学发展史》，上海人民出版社1976年版。
③ 参见梁效《杜甫的再评论——批判杜甫研究中的尊儒思潮》，《北京大学学报》（哲学社会科学版）1975年第2期。

相识之感，令人不忍卒读。在那样一个动乱激荡的年代，想要寻一方净土来安心学问，恐怕亦是难事。学术研究与社会现实紧密结合，学以致用，这本是我们古典文学研究的题中之义和根本。但这个时期的杜甫研究，其实用主义与功利目的已经膨胀到无视学术研究的基本规律和特点，而直接把杜甫研究视为当时政治运动中的一个部分。这个时期的杜甫研究，准确来讲，已经不是真正意义上的学术研究活动了。

20世纪70年代末期，即1977年到1979年，是杜甫研究的复苏阶段。社会激荡，杜甫研究经历了一段令人匪夷所思的诡谲岁月，遭受到了历史上从未有过的冲击和践踏。三年的杜甫研究，其中最主要的一个任务就是对前段时期出现的各种奇谈怪论，进行清理和拨正。同时亦沿着以往杜甫研究的路子，继续讨论杜甫的生平思想、交友行踪，以及杜诗创作手法和技巧等问题，这些研究虽未能超出中华人民共和国成立后十七年间杜甫研究的内容和范围，但一些大型研究项目的启动颇令人期待。譬如，2014出版的《杜甫全集校注》①的初期筹备组建工作，就始于此时。1978年，人民文学出版社约请山东大学萧涤非先生出面来主持《杜甫全集校注》工作，并在山东大学成立了校注小组，当时由萧涤非先生任主编，廖仲安先生任副主编。另外，这个时期有两部专著不得不提一下，一是郭绍虞的《杜甫戏为六绝句集解》②，该书于1978年由人民文学出版社出版。杜甫《戏为六绝句》言简辞约，诸家注解歧义纷呈，为还杜诗本意，郭氏铺排众说，以杜论杜，使诸说不辩而自明。此书研究方法，对杜甫研究很具启发意义，叶嘉莹的《杜甫秋兴八首集说》③很难说没有受到此书的影响。徐仁甫《杜诗注解商榷》④认为历代研究杜诗者多，注杜者少，注中又尤少于杜诗语法与虚词用法的注本，这给准确理解杜诗造成了一定的障碍。《杜诗注解商榷》以其精辟准确的解释，纠正了历代注杜中存在的许多语法问题，从而赢得了学界的肯定和赞誉。1977年到1979年，各报纸杂志发表杜甫研究论文有140余篇。1977年，

---

① 参见萧涤非《杜甫全集校注》，人民文学出版社2014年版。
② 参见郭绍虞集解《杜甫戏为六绝句集解》，人民文学出版社1928年版。
③ 参见叶嘉莹《杜甫秋兴八首集说》，上海古籍出版社1988年版。
④ 参见徐仁甫《杜诗注解商榷》，中华书局1979年版。

《四川师院学报》(今《四川师范大学学报》)第1期就发表了《一篇包藏祸心的反党黑文——批判梁效炮制的〈杜甫的再评论〉》①,与此同时《湖北文艺》亦刊载了闻始平的《揭露"四人帮"歪曲杜甫的罪恶阴谋》②,以这两篇文章为发端,杜甫研究涌现出了大批为杜甫"平反昭雪"的清算文章,这些文章的批判主要集中在梁效《杜甫再评论》、郭沫若《李白与杜甫》和刘大杰《中国文学发展史》三种上,以及其他种种谬论。譬如,牟世金《斩断"四人帮"伸进文学史领域的黑手——评梁效〈杜甫再评论〉》③、萧涤非《清算"四人帮"破坏毛主席关于批判继承原则的罪行——评梁效的〈杜甫再评论〉》④、陆侃如《与刘大杰论杜甫信》⑤、徐中玉《能够这样评价杜甫么——评新版〈中国文学发展史〉第二册杜甫部分》⑥、萧涤非《关于〈李白与杜甫〉》⑦等。与此同时,关于杜甫思想、创作手法、艺术特点、杜诗文献研究的文章亦开始大量出现,并取得了不错的成绩。譬如,罗宗强《浑涵汪茫,兼收并蓄——杜甫文学思想隐议》⑧、吴小如《略论杜诗的用事——读杜札记》⑨、邓绍基《读杜随笔(十二篇)》⑩,以及李一氓连续发表在《社会科学战线》上的四篇关于杜诗文献的文章《〈击楫题跋〉选录》(一、二、三、四)等。⑪

---

① 参见成都杜甫草堂文物保管处大批判组《一篇包藏祸心的反党黑文——批判梁效炮制的〈杜甫的再评论〉》,《四川师院学报》(社会科学版)1977年第1期。

② 参见闻始平《揭露"四人帮"歪曲杜甫的罪恶阴谋》,《湖北文艺》1977年第1期。

③ 参见牟世金《斩断"四人帮"伸进文学史领域的黑手——评梁效〈杜甫再评论〉》,《文史哲》1977年第3期。

④ 参见萧涤非《清算"四人帮"破坏毛主席关于批判继承原则的罪行——评梁效的〈杜甫再评论〉》,《文史哲》1977年第4期。

⑤ 参见陆侃如《与刘大杰论杜甫信》,《文史哲》1977年第4期。

⑥ 参见徐中玉《能够这样评价杜甫么——评新版〈中国文学发展史〉第二册杜甫部分》,《文艺丛刊》1979年第6辑。

⑦ 参见萧涤非《关于〈李白与杜甫〉》,《文史哲》1979年第3期。

⑧ 参见罗宗强《浑涵汪茫,兼收并蓄——杜甫文学思想隐议》,《天津师范学报》1979年第3期。

⑨ 参见吴小如《略论杜诗的用事——读杜札记》,《北京大学学报》(哲学社会科学版)1979年第6期。

⑩ 参见邓绍基《读杜随笔(十二篇)》,《北方论丛》1979年第6期。

⑪ 参见李一氓《〈击楫题跋〉选录》(一、二、三、四),《社会科学战线》1978年第2期。

在这些研究中,虽然还有些文章未尽脱政治腔调和说教模式,但较之以往,在研究的深度和研究的方式与方法上,更为深入和多样。

中华人民共和国成立三十年的杜甫研究,可谓风雨坎坷。20世纪50年代后期和60年代中后期,几乎就没有真正意义上的杜甫研究,仅有的几篇文章亦大多沦为政治的传声筒,没有什么学术价值可言。五六十年代初期和70年代末期的杜甫研究则表现出了相当可喜的研究态势,高素质的研究队伍,大批高质量研究成果的出现,令人鼓舞。中华人民共和国成立三十年的杜甫研究,因受意识形态影响严重,大多研究成果都富有强烈的时代色彩。与此同时,与政治、意识形态联系不是那么紧密的杜诗文献整理研究,在这个时期却取得了显著成绩。如文学古籍刊行社1955年出版的《杜少陵诗集详注》①,中华书局和商务印书馆在1957年分别影印的《杜工部诗集》和《宋本杜工部集》,中华书局于1958年出版的《钱注杜诗》(钱谦益)、1961年出版的《读杜心解》(浦起龙)、1962年出版的《杜诗镜铨》(杨伦)和《读杜诗说》(施鸿保)、1963年出版的《杜臆》(王嗣奭),以及1964年出版的《杜甫资料汇编(唐宋部分)》(华文轩)等。另外还有西安文史馆于1954年油印的西安市文史研究馆选辑、周君南编的《杜甫在长安时期的史料》,四川人民出版社1958年出版的由四川省文史馆编的《杜甫年谱》②,中华书局则分别于1962年12月、1963年2月、1963年9月出版了《杜甫研究论文集》的第一辑、第二辑、第三辑等,这些杜诗文献的出版和整理研究工作,为后来的杜甫研究提供了诸多的便利和帮助。与此同时,中国台湾的杜诗文献整理工作也取得了巨大的成就,中国台湾大通书局于1974年影印出版了由黄永武主编的《杜诗丛刊》,凡三十五种,均为历代杜诗笺释评注本,其中多为罕见珍贵的孤本、善本、稿本等。《丛刊》的出版,对保存和传承杜诗文献具有不可低估的价值和意义,对推进杜甫研究也起着直接或间接的作用。《丛刊》所附"索引",亦甚便查检。中华人民共和国成立后三十年的杜甫研究起起伏伏,甚为坎坷。无论如何,三十年的杜

---

① 参见仇兆鳌《杜少陵诗集详注》,文学古籍刊行社1955年版。
② 按:宋以后所有杜甫年谱中,以此谱最为详尽。全谱凡三十五万字,分为时事、生活、作品、备考四项。

甫研究，与共和国一起虽历经风雨，但仍然在曲折中向前发展着。为迎接杜甫研究的下一个春天，亦作了自己应有的努力和贡献。

三 20世纪80年代以后的杜甫研究

真正迎来杜甫研究的春天，是在20世纪80年代以后。从1980年到现在，杜甫研究又经过了三十多年。处于世纪之交的杜甫研究，其间经历了学术观念、研究方法、研究视角的变迁与转换，思维更为活跃，方法更加多样，视角更加丰富，并从不同层面集中讨论了许多新的问题，开展了很多具有广泛影响的学术活动。这时期的杜甫研究，具有明显不同于以往研究的新特点。一是不再局限于杜诗文本的研究，而对杜甫的家世谱系、交游行迹、相关典章制度等外围研究多了起来；二从宏观的层面来关注杜甫研究的成果显著增多，其中尤以杜诗学史的研究最为突出。这个时期，许多杜甫研究的学术团体、杂志开始成立和创刊。据不完全统计，这个时期发表杜甫研究相关论文近6000篇，出版专著400余种，比前面任何时期的研究成果都要多得多。从1980年到2014年，举办了各种学术会议30余次，纪念活动十多次。创办杜甫研究刊物3种，其中1种为海内外公开发行期刊。20世纪80年代初期，在胡乔木的指示下，四川成立了全国第一家杜甫研究学会。其后，1994年10月中国杜甫研究会成立，1999年6月夔州杜甫研究会成立，2006年8月天水杜甫研究会成立，2010年3月河南省杜甫研究会成立。至此，目前全国成立杜甫研究会共有5家。四川省杜甫学会和成都杜甫草堂博物馆共同创办的《杜甫研究学刊》（原为《草堂》）成为改革开放后展示杜甫研究成果的重要平台。迄今为止，发表杜甫研究论文近2000篇，1000万字。夔州杜甫研究会亦有自己的会刊《秋兴》，以专门登载杜甫相关研究文章为务，到现在为止已发表杜甫研究文章300多篇，20余期。河南省杜甫研究会亦办有杂志《杜甫》。四川省杜甫研究会从成立之初到现在，在海内外举办杜甫学术研讨会已有16次，杜甫诞生周年大型纪念会议4次。中国杜甫研究会也举办杜甫学术研讨会6次，天水杜甫研究会举办杜甫学术研讨会7次，夔州杜甫研究会召开杜甫研究学术会议3次。这个时期的杜诗文献研究整理成果卓著，令人瞩目。2014年1月，《杜甫全集校注》的出版代表了中国古代作家别集整理研究的最高成就。可以这样说，20世纪

80年代后，杜甫文献的整理与研究进入了它的最好的历史时期。周采泉《杜集书录》①，郑庆笃、焦裕银《杜集书目提要》②，林继中《杜诗赵次公先后解辑校》③，张忠纲等《杜集叙录》④、《杜甫大辞典》⑤等，这些成果把杜甫文献研究整理推向了前所未有的高度和深度。在古典文学研究领域里，这个时期对杜甫的研究和关注，超出了任何一位古代作家。区域研究、现地研究、文化研究成为这个时期的研究热点。研究队伍在这个时候也呈井喷态势，仅据在《杜甫研究学刊》上曾发表过文章的作者来看，就有数百人，云集了几代学人。如冯至、傅庚生、王利器、邓绍基、缪钺、叶嘉莹、萧涤非、程千帆、周振甫、吴调公、周采泉、王运熙、郭在贻、赵俪生、冯汉镛、庞石帚、成善楷、王达津、卞孝萱、裴斐、霍松林、苏仲翔、钱仲联、廖仲安、金启华、刘开扬、傅璇琮、周勋初、曾枣庄、张忠纲、邝健行、陈昌渠、冯建国、郑庆笃、郁贤皓、林继中、张志烈、徐有富、钟来因、莫砺锋、陈尚君、邓小军、周裕锴、蒋寅、胡可先、沈文凡、许总、刘明华、徐希平、詹杭伦、金铮、傅光、李寅生、郝润华、蔡锦芳、吴怀东等等；后起之秀则有赵睿才、孙微、赵海菱、周兴陆、聂巧平、谷曙光、曾绍皇、曾祥波、杨经华、武国权、赫兰国等。年轻的学者们，几乎都接受过长期的专业训练，具有博士学位，对杜甫研究都有自己较深的独特体会与理解。这个时期，亦开始与域外杜甫研究有了较多的交流与互动，《杜甫研究学刊》特辟"域外杜学"栏目，以专门介绍海外杜甫研究状况。2011年10月，四川省杜甫学会第十五届学术年会就在韩国大邱举办，参加会议的代表有来自中国大陆、台湾、香港三地，及日本、美国、韩国等不同的国家和地区。这些交流活动对推动杜甫研究起到了很好的促进和宣传作用。

总的来说，20世纪80年代后的杜甫研究从各个方面全面推进，使世纪之交的杜甫研究呈现出了百花齐放、万花争艳的热烈绚烂场面。这个时期的杜甫研究可分为20世纪末期和21世纪初期两个阶段。

---

① 参见周采泉《杜集书录》，上海古籍出版社1986版。
② 参见郑庆笃等编著《杜集书目提要》，齐鲁书社1986年版。
③ 参见林继中辑校《杜诗赵次公先后解辑校》，上海古籍出版社2012年版。
④ 参见张忠纲等编著《杜集叙录》，齐鲁书社2008年版。
⑤ 参见张忠纲主编《杜甫大辞典》，山东教育出版社2009年版。

（一）20 世纪末期的杜甫研究

20 世纪末期的杜甫研究指的是 1980 年到 2000 年这段时期。这段时期的杜甫研究具有复兴、承上、启下的意义，有桥梁作用。杜甫研究经过"大跃进"极"左"思潮的干扰和"文化大革命"毁灭性的破坏后，真正有价值、有意义的研究成果并不多，能够潜心研杜的学者也很少，许多正常的学术交流活动也被迫停止和中断了，分布于全国各地的杜甫遗迹有的被损毁，有的另作他用，这个时候的杜甫研究可谓满目荒凉，令人悲怆。随着"文化大革命"的结束和党的十一届三中全会的召开，以及"解放思想"和"实事求是"口号的及时提出，这些无疑给杜甫研究领域吹响了振奋人心的号角，许多因时代因素而抑郁不得志的学者们，在这个时候纷纷拿起手中的笔来开始撰写文章，一吐为快。仅 1980 年一年的时间里，报纸杂志上发表的论文就近 150 篇，出版专著十余种。据笔者粗略统计，20 世纪末期全国刊发杜甫研究相关文章约 3000 篇，发表专著 100 余种。这些文章与专著，在继续回应以往杜甫研究中的各种问题的同时，亦开始了新的思考与发现，诸如杜甫家世谱系、杜甫辞官与罢官、杜甫复杂的思想、建构杜诗学体系等问题。20 世纪末期，杜甫研究学术团体纷纷成立，学术交流活动踊跃。这个时期有 3 家杜甫研究会成立，其中以四川省杜甫学会成立时间最早、影响最大，举办学术活动亦最为频繁，并办有杜甫研究专门刊物。20 世纪 90 年代中期成立的中国杜甫研究会，级别最高，学会领导和理事均由来自全国各地的研杜名家担任。夔州杜甫研究会成立于 20 世纪 90 年代末期，虽面临研究队伍匮乏，资金困难等问题①，但他们仍然坚持举办学术会议和会刊《秋兴》杂志，特别令人感动。不过目前重庆方面对重建夔州杜甫草堂非常重视，据说现在已经在论证与规划当中了。恢复、重建、维修在"文革"时期被损毁的杜甫遗迹和遗物，在 20 世纪末期被提到了各个地方政府的议事日程。杜甫作为优秀传统文化和士人精神的杰出代表，弘扬杜甫精神和研究杜诗

---

① 按：夔州杜甫草堂在"文化大革命"时遭到严重破坏，几近毁尽，目前除了在奉节中学边还立有一块残碑外，与杜甫相关的遗迹、遗物均已不存。这里的研究人员基本上都由当地的中小学教师业余兼职，他们没有自己开展学术活动的固定场地和经费，非常困难。但他们对杜甫的热爱与执着很令人感动。

艺术，是各界有识之士和地方政府的共识与愿望。

1980年12月3日，在《草堂》（今《杜甫研究学刊》）创刊号问世的前几天，冯至来到了成都杜甫草堂，与同年4月才成立的成都杜甫研究会（今天的四川省杜甫学会）的同志们举行了座谈。座谈会上，冯老说杜诗中描绘大自然的诗歌很少有人关注，被忽略了。他认为这些诗歌包含了很深的哲理，应该引起人们的重视与研究。冯老对中华人民共和国成立时期的杜甫研究是不太满意的，他认为："仅仅用现实主义来评价杜甫是不够的。我们要破除迷信，大胆探索。"① 当时，与会的四川省杜甫学会的首任会长缪钺先生也认为，"在'四害'横行时，杜甫备受冤枉"②。并认为《李白与杜甫》造成的对杜甫看法的思想混乱是不可低估的。这次座谈会，其实已经指出了今后杜甫研究的内容和方向，一是在继续关注杜甫忧国忧民的诗歌外，更要重视杜甫描写自然美的诗篇，即关注杜诗的艺术美；二是如何评价杜甫，这是一个关涉很广的话题，涉及对"诗圣"说、"诗史"说、"忠君"说、"集大成"说、"李杜优劣论"等的再评价。冯至在《祝〈草堂〉创刊并致一点希望》③中说，我们现在研究杜甫，应该有我们这个时代自己的看法，应该力求对杜甫有一个全面的了解和认识。以更宽广的视野、更深入的探讨，从不同的角度和层面来观照杜甫，既是冯老的希望，也是新时期对杜甫研究提出的要求，更是《草堂》（《杜甫研究学刊》）办刊的宗旨和追求的目标。

1. 20世纪80年代的杜甫研究

20世纪末期的杜甫研究，在前十年（1980—1900）继续"拨乱反正"的同时，在普及杜诗如鉴赏、选注、导读等方面，做了许多有益工作。与此同时，为了使人们能更全面真实地认识和了解杜甫，这个时期推出了好几种杜甫传。其中以人民文学出版社和上海古籍出版社推出的《杜甫叙论》（朱东润）④、《杜甫评传》（陈贻焮）⑤ 二书影响最大。李杜

---

① 参见濮禾章《记冯至先生访问成都草堂》，《草堂》（今《杜甫研究学刊》）1981年第1期。
② 参见濮禾章《记冯至先生访问成都草堂》，《草堂》1981年第1期。
③ 参见冯至《祝〈草堂〉创刊并致一点希望》，《草堂》1981年第1期。
④ 参见朱东润《杜甫叙论》，人民文学出版社1981年版。
⑤ 参见陈贻焮《杜甫评传》，上海古籍出版社1982年版。

比较是杜甫研究中的不老话题，20世纪80年代初期，继《李白与杜甫》出版后，这个时期大概是杜诗学史上有关李杜比较研究成果最丰硕的时期，四川省杜甫学会首届年会收到的关于李杜评价的文章，就占了会议论文的三分之一。这类研究当然以罗宗强的《李杜论略》[①]为最高成就代表。四川省杜甫学会于1980年4月成立后，每两年举办一次全国性的杜甫学术会议，每次会议均确定一个研究专题。以专题的形式来集中讨论杜甫研究中的某一个问题，80年代初期的杜甫研究，有方向和引领作用。这个时期，报纸杂志和出版社所刊发与出版的杜甫研究论文与专著，多与这些专题讨论有关。杜甫区域文化研究、杜甫文赋研究、杜甫题画诗研究等，在这个时候亦渐为学人们所关注和重视。杜集文献的整理研究亦在继续向前推进中。

20世纪80年代初期，各种文化事业百废待兴，杜甫研究亦同样如此。这个时候的各种报纸杂志发表的杜甫文章多以赏析为主，且多集中在广为人知的几首名篇上，如《闻官军收河南河北》《茅屋为秋风所破歌》《石壕吏》《登高》《望岳》《秋兴八首》，等等。当时许多名家也积极参与到这项工作中来，如马茂元《杜诗〈将赴荆南寄别李剑州〉赏析》[②]、廖仲安《谈〈闻官军收河南河北〉》[③]、吴小如《诗词意札（三则）》[④]、许永璋《说杜诗〈望岳〉》[⑤]、邓绍基《读杜随笔》[⑥]、萧涤非《不要强杜以从我——三谈"娇儿不离膝，畏我复却去"》[⑦]，等等，这类鉴赏文章多发表在《语文教学》（江西师院）、《中学语文教学》（北京师院）或《语文学习》（上海）等师范类院校创办的杂志上，这些文章在普及杜诗知识、弘扬杜甫精神方面，具有积极意义和作用。这个时期各大出版社亦及时推出了一批与杜甫相关的通俗读物，其中以巴蜀书社推

---

① 参见罗宗强《李杜论略》，内蒙古人民出版社1980年版。
② 参见马茂元《杜诗〈将赴荆南寄别李剑州〉赏析》，《名作欣赏》1980年第1期。
③ 参见廖仲安《谈〈闻官军收河南河北〉》，《中学语文教学》1980年第1期。
④ 参见吴小如《诗词意札（三则）》，《兰州大学学报》（社会科学版）1980年第2期。
⑤ 参见许永璋《说杜诗〈望岳〉》，《南京大学学报》（哲学·人文科学·社会科学版）1980年第1期。
⑥ 参见邓绍基《读杜随笔》，《河南师大学报》（哲学社会科学版）1980年第6期。
⑦ 参见萧涤非《不要强杜以从我——三谈"娇儿不离膝，畏我复却去"》，《中国语文教学》1980年第7期。

出的"中华文化要籍导读丛书"系列之一的《杜甫诗集导读》(刘开扬、刘新生著)① 最为简明扼要,适于初学者使用。为了使初学者能更好地阅读、学习杜诗,此书还特辟一章"怎样诵读和研究杜甫诗集"内容,尤为实用,备受读者好评。另外,秦似选析的《杜甫诗歌赏析》② 注释详备,并附赏析,极适合青少年学习阅读。广东人民出版社出版的《杜诗论稿》(李汝伦)③ 则是一部兼具学术价值和通俗特色的专著。80 年代初期的杜诗普及与推广工作,在名家的参与下,全国各地涌现出了一大批极具质量和高水平的研究成果,除了上述诸本外,尚有陈香《李白与杜甫》④,燕白《简论李白与杜甫》⑤,金启华、陈美林编析《杜甫诗选析》⑥ 等。上海少年儿童出版社以儿童为主要阅读群体,以故事的形式,对杜甫的一生进行了简要的介绍,并在行文中有意识地推出杜甫的名篇佳句,这种从娃娃抓起的普及教育理念是非常有卓见的。

继"文革"时期郭沫若的《李白与杜甫》出版后,各出版社在 20 世纪 80 年代密集地推出了各种杜甫传记。80 年代的第一本杜甫传是李森南的《杜甫诗传》,该书由台北洪氏基金会出版,对杜甫的一生作了较为详细的叙述与交代。林玉瑛的《杜甫》则是这个时期的第二本杜甫传记,由台北名人出版社在 1980 年出版,为梁实秋主编《名人伟人传记全集》之一种,作者博采各家说法,较为客观地再现了杜甫的一生。该书配有图片多幅,是一本通俗易懂的读物。曾枣庄的《杜甫在四川》⑦ 则是选取杜甫流寓四川十年(今四川和重庆)间的生活与创作等事迹,进行叙述交代。该书以文献为据,重视地域文化和作家心理等因素对文学创作的影响,在方法上具有一定的创新和开拓意义。在这些传记中,影响最大的当属人民文学出版社 1981 年出版的《杜甫叙论》(朱东润)和上海古籍出版社 1982 年出版的《杜甫评传》(陈贻焮)两种。《杜甫绪论》以

---

① 参见刘开扬、刘新生《杜甫诗集导读》,巴蜀书社 1988 年版。
② 参见秦似《杜甫诗歌赏析》,广西人民出版社 1986 年版。
③ 参见李汝伦《杜诗论稿》,广东人民出版社 1983 年版。
④ 参见陈香《李白与杜甫》,凤凰城图书公司 1980 年版。
⑤ 参见燕白《简论李白与杜甫》,四川人民出版社 1981 年版。
⑥ 参见金启华、陈美林《杜甫诗选析》,江苏人民出版社 1980 年版。
⑦ 参见曾枣庄《杜甫在四川》,四川人民出版社 1980 年版。

时间为序，共十章，把杜甫置于广阔的历史背景下，结合当时的社会现实，对杜甫的生平事迹、思想变化、诗歌创作等进行了评介。该书资料充分、结论公允，对了解认识杜甫极具参考价值。80年代以"杜甫评传"为题名的杜甫传记就有三种，分别为台北"国家"出版社出版的《杜甫评传》（陈香）、上海古籍出版社出版的《杜甫评传》（陈贻焮）、陕西人民出版社出版的《杜甫评传》（金启华、胡问涛）。其中以陈贻焮的《杜甫评传》最为详赡、全面、完备，代表了20世纪以来系列杜甫传中的最高研究成果。该传一百余万字，分为上、中、下三卷，对明清以来所有杜甫研究的相关成果作了一次大清理，并澄清了杜甫研究中的许多问题和疑惑，对重要的诗歌创作理论也作了分析和阐释。该传立体、完整地呈现和展示了杜甫的精神面貌和复杂性格，成了当代研杜者们的必读书目。

20世纪80年代，李杜比较研究仍然是大家关注的热点，虽然这个时候的比较研究不再仅仅局限于李杜二人，但仍以李杜比较研究文章最多。这些文章大都从评价郭沫若的《李白与杜甫》入手，然后再提出自己的观点和看法。譬如袁行霈《李杜诗歌的风格与意象》[①]、罗宗强《诗歌史上的双子星座——李白与杜甫》[②]、陈昌渠《关于李杜研究中的两个问题——重读〈李白与杜甫〉》[③]、张步云《谈李杜优劣之争——兼谈对〈李白与杜甫〉的一点意见》[④]、刘夜烽《试谈〈李白与杜甫〉的评价问题》[⑤]、陈介如《〈李白与杜甫〉质疑与点滴》[⑥]、张式铭《关于李杜优劣论》[⑦]，等等。这个时期李杜比较研究成果专著主要有内蒙古人民出版社1980年出版的《李杜论略》（罗宗强）、中国台湾凤凰城图书公司1980年出版的《李白与杜甫》

---

① 参见袁行霈《李杜诗歌的风格与意象》，《中国古代、近代文学研究》1982年第2期。
② 参见罗宗强《诗歌史上的双子星座——李白与杜甫》，《文史知识》1981年第1期。
③ 参见陈昌渠《关于李杜研究中的两个问题——重读〈李白与杜甫〉》，《四川大学学报》（哲学社会科学版）1980年第2期。
④ 参见张步云《谈李杜优劣之争——兼谈对〈李白与杜甫〉的一点意见》，《上海师范大学学报》（哲学社会科学版）1980年第2期。
⑤ 参见刘夜烽《试谈〈李白与杜甫〉的评价问题》，《江淮沦坛》1980年第4期。
⑥ 参见陈介如《〈李白与杜甫〉质疑与点滴》，《湖南师院学报》（哲学社会科学版）1980年第4期。
⑦ 参见张式铭《关于李杜优劣论》，《湘潭大学学报》（哲学社会科学版）1981第3期。

(陈香)、四川人民出版社 1981 年出版的《简论李白与杜甫》(燕白),以及台北源流出版社 1982 年出版的《中国三大诗人新论》(黄国彬)等。其中罗宗强的《李杜论略》在各本中,更具理论的系统性和整合性。该书在回顾和总结历史上李杜优劣诸说后,从李杜二人的政治思想、生活理想、文学思想、创作方法和艺术风格,以及艺术表现手法等几个方面全方位地进行了比较,认为李杜二人实乃并驾齐驱,不分轩轾。这个时候的李杜比较研究有一个很明显的特点,就是不再给李杜二人排座次、贴标签,而是从不同的侧面和角度来进行述评比较,得出一个比较公允客观的结论。罗宗强的《李杜论略》就是这种研究趋势、研究特点的代表成果。与此同时,论及李杜二人友谊的文章开始多了起来,这个时候的观点多以为二人友谊深厚,其间虽有不同的声音出现,如认为李杜友谊实乃一般的泛泛之交而已,但这并不是主流声音。

20 世纪 80 年代的杜甫研究,大多是在为杜甫正名,并努力发现和阐释杜甫的光辉与伟大。到了末期,杜甫崇高的圣者形象已经被固化,令人仰视而难以企及。这个时候,有几篇文章尤值得我们留意,如王许林《论杜甫与"干谒"》①、林继中《杜甫早期干谒游宴诗试析》②、范文质《论杜甫羁旅长安十载的生活与创作》③ 及跃进《〈箧中集〉与杜甫》》④等,这些文章本着实事求是的态度,对杜甫早期干谒权贵之事作了客观公允的讨论和分析,这种讨论对全面了解和认识杜甫是有帮助的,也是必要的。只有了解了杜甫的这段经历,我们才能更加深刻体会他的悲辛和屈辱,才能做到了解之同情。也正因如此,杜甫的形象才能丰满起来,才能活起来。

杜集文献的整理在这个时候也取得了不错的成绩,主要以郑庆笃、焦裕银等编著《杜集书目提要》和周采泉《杜集书录》为代表。与此同时,成都杜甫草堂纪念馆陆续推出了《杜甫纪念馆藏杜集目录》一、二、

---

① 参见王许林《论杜甫与"干谒"》,《阜阳师院学报》(社会科学版) 1985 年第 2 期。
② 参见林继中《杜甫早期干谒游宴诗试析》,《草堂》1986 年第 2 期。
③ 参见范文质《论杜甫羁旅长安十载的生活与创作》,《大庆师专学报》(哲学社会科学版) 1987 年第 4 期。
④ 参见跃进《〈箧中集〉与杜甫》,《中州学刊》1987 年第 4 期。

三、四、五期①,引起广泛关注。陈尚君《杜诗早期流传考》②对宋人所见唐至宋初的各种杜集、手稿、碑刻、选本均作了详细考察,影响很大。《杜集书目提要》和《杜集书录》在20世纪80年代中期几乎是被同时推出的,二书在编撰的理念和方法上也几乎完全相同,不能不说这是一个巧合。郑庆笃等编撰的《杜集书目提要》由齐鲁书社于1986年出版,该书收录杜集书目近900种,以时代先后为序,首先介绍著者生平,其次介绍著作内容、体例、特点,再次介绍版本与流布。《杜集书目提要》最后附有"杜甫研究报刊论文目录(1909—1984)",颇便检索,非常实用。仅隔数月,上海古籍出版社又推出了周采泉的《杜集书录》,该书分"内编"和"外编"两类,凡十六卷。"内编"以存书之书录解题为主,"外编"则以存目及参考资料为主。书目以著作时代为序,各书首列书名、下系卷数、著者小传,然后依次是"著录""板本""序跋""编者按"四栏目。书后附录有四:"历代杜学作者姓氏选存""近人杜学著作举要""历代总集、诗话、笔记与杜诗有重要论述著作简介""朝鲜、日本两国关于杜集著作知见书目"。该书末尾还附有书名索引和姓名索引两种。《杜集书录》收录书目约1200种,颇具参考和使用价值,是当今治杜者们的案头之书。《杜集书目提要》与《杜集书录》二书的出版,代表了20世纪末杜集书目文献整理的最高成就。这个时期还出现了好几种与地域文化相关的研究成果,如许应华《杜甫夔州研究》③、李谊《杜甫草堂诗注》④、黄素娥《杜甫入夔以后的七律》⑤、郑元准《杜甫长安诗之研究》⑥,李济阻、王德全、刘秉臣注析《杜甫陇右诗注析》⑦,等等。这些

---

① 参见杜甫纪念馆《杜甫纪念馆藏杜集目录》,《草堂》1981年第1期;杜甫纪念馆《杜甫纪念馆藏杜集目录(续)》,《草堂》1982年第2期。
② 参见陈尚君《杜诗早期流传考》,载《中国古典文学丛考》第1辑,复旦大学出版社1985年版。
③ 参见许应华《杜甫夔州研究》,载张忠纲等编著《杜集叙录》,齐鲁书社2008年版,第560页。
④ 参见李谊《杜甫草堂诗注》,四川人民出版社1982年版。
⑤ 参见黄素娥《杜甫入夔以后的七律》,载张忠纲等编著《杜集叙录》,齐鲁书社2008年版,第573页。
⑥ 参见郑元准《杜甫长安诗之研究》,载张忠纲等编著《杜集叙录》,齐鲁书社2008年版,第574页。
⑦ 参见王德全等《杜甫陇右诗注析》,甘肃人民出版社1985年版。

研究开始注意到地域文化、地方风物、民俗民情，以及作家的心理感受等对诗歌创作的影响与作用。在这类研究中，尤受人们关注且创获颇多的是杜甫的成都诗和夔州诗。研究表明，杜甫的成都诗尤为清新明丽和闲适写意；夔州诗则是他艺术创作达到巅峰状态下的作品，尤其是七律，已经达到了出神入化的神妙地步。杜甫文赋历来较少有人关注，20世纪80年代初期始有学者开始关注这一领域，四川学者刘开扬在《草堂》上，连续撰文以专题的形式对杜甫的文赋作了集中的探讨和分析，引起了学界注意。当然，这个时期仍然还有学者以"两个主义"和"三个性质"的标准来研究杜甫与杜诗，虽然这种研究已成明日黄花，不再受到人们的追捧，但亦可见中华人民共和国成立后三十年间杜甫研究的遗风与影响。

这个时期，有学者以随笔的形式来解读和研究杜甫，并形成了系列成果。邓绍基的《杜诗别解》[①]就是这样的一部论杜笔记，该书凡20余万字，收录文章103篇，分为一、二两辑。文中考释不乏新意与创见，值得重视与关注。

2. 20世纪90年代的杜甫研究

一些在20世纪80年代才提出来的话题，在这个时候则渐已升温，呼声日高，如杜诗学体系的建构等。80年代曾炽热一时的如"诗圣"说、"诗史"说、"忠君"说、"集大成"说等，到了90年代，有的逐渐淡出人们的视野，有的则被人们赋予了新的内涵和意义。随着改革开放的深入和学术观念的更新，学术研究环境较之80年代，更加开放宽松。杜甫研究的范围更加宽泛，研究的方法和手段亦更为多样。人们在这个时候能顾忌较少地发表自己的意见和想法，以前一些讳莫如深的话题在这个时候也可以拿出来公开辩论和商榷。随着一、二代学人们的逐渐离去和慢慢变老，曾经的青年学者们在这个时期成长为当今杜学研究领域里的骨干和中坚。与此同时，一大批年轻学者尤其是那些正在就读的博士研究生们，开始把目光投向杜甫，这部分年轻的群体正是杜甫研究的未来和希望，他们纷纷在各大报纸杂志上发表自己初次的研杜心得和体会，其中不乏创见。这个时期见诸报纸杂志的杜甫研究相关论文1000多篇，

---

① 参见邓绍基《杜诗别解》，中华书局1987年版。

出版专著近百种。研究的内容涉及方方面面，仅关于杜甫的思想，就有儒家思想、道家思想、佛家思想、文学思想、美学思想、艺术思想、人性思想、政治思想、战争思想，等等，论及诗歌体裁的就有七律、五律、排律，以及杜甫即事名篇的新题乐府和绝句，等等，不一而足。

这个时期学术活动开展更为频繁，学术氛围异常活跃，老、中、青三代学术梯队亦已形成。四川省杜甫学会在1992年的2月和4月，分别在成都、河南两地隆重举办了纪念杜甫诞生1280周年大会和杜甫研究国际学术研讨会，均获得成功。与此同时，为纪念杜甫诞生1280周年，《杜甫研究学刊》在1992年以"专号"和"专栏"的形式，刊发纪念文章近80篇，其中汇聚了如王运熙、王利器、冯汉镛、金启华、廖仲安、屈守元、刘开扬、邝健行、张忠纲、张志烈、邓小军、莫砺锋、胡可先、刘明华、詹杭伦、黄玉顺、蔡锦芳等一、二、三代学人的文章，内容广泛，题材多样，视角新颖，方法纯熟，可谓盛况。四川省杜甫学会和《杜甫研究学刊》还在1990年、1991年分别举办了"四川省杜甫研究会成立十周年纪念会暨第六届年会"和"《杜甫研究学刊》创刊十周年作者座谈会"等活动。中国杜甫研究会于1994年10月成立后，先后在河南巩县、甘肃天水、湖北襄樊等地连续召开了三届杜甫学术年会，会集了海内外学者数百人，会议议题涉及杜甫研究领域的方方面面，可谓"命题集中，亮点突出"，集中展示了当时最新的杜甫研究成果。夔州杜甫研究会于1999年6月成立的同时，还创办了专门研究杜甫的《秋兴》杂志。夔州杜甫研究会成立后的第二年，中央电视台《岁月如歌》专题组特意前往夔州（奉节）探访了杜甫遗址和研究会，并在中央电视台多次反复播放。20世纪90年代，成都草堂博物馆举办"杜集版本展""杜甫诗意画与书法展"等活动，并与日本、韩国、美国、加拿大等学者进行学术交流，1992年恢复"人日游草堂"（源于杜甫与高适友谊）活动并成功申遗，同时还编撰了"杜甫草堂历史文化丛书"十一种等。与此同时，全国各地相关杜甫纪念地，如四川的丹棱大雅堂（宋存黄庭坚书杜甫两川、夔峡诗诗碑300余方）、梓州杜甫草堂，河南巩县杜甫故里、湖南耒阳杜甫墓祠等，在这个时候亦拟维修与重建。所有这一切都表明，杜甫文化、杜甫研究在此时已成为一种气候、一股热潮。无论是在传承优秀历史文化方面，还是在古典文学研究的学术领域，弘扬杜甫精神，研究杜甫文化都已经具有了当下的现实意义和重要作用。

我们今天的杜甫研究，应多关注杜诗的自然美和艺术美，这是冯至在《杜甫研究学刊》创刊号上提出的希望。而这个希望真正被践以行之的是在20世纪90年代以后，这个时候关注杜诗艺术，专文论述杜诗风格和艺术手法，成为杜甫研究中的主流。如文自成、范文质《诗圣的写作艺术》①、刘明华《杜甫的修辞艺术》②、朱梅韶《杜甫七律诗句中的"虚词"运用之探究》③、吴梅芬《杜甫晚年七律作品语言风格之研究》④、候孝琼《少陵律法通论》⑤等。在这些研究中，多为杜甫律诗创作专论。杜甫的律诗是唐人中写得最好的，尤其是到了居夔期间，其创作达到了炉火纯青的地步。若要讨论杜诗的艺术美，通过分析其夔州诗歌尤能说明。叶嘉莹在《论杜甫七律之演进及其承先启后之成就》中认为杜甫晚年的夔州诗已臻于化境，表现在格律内是腾挪跳跃，格律外则是横放杰出，并认为七律在所有诗体中最具艺术性。⑥候孝琼《少陵律法通论》⑦系统地讨论了杜甫律诗的创作艺术手法，凡五篇。该书特别突出了杜甫在创作中推陈出新、神明变幻的特点，启示学人要师古而不泥古。这个时期专文讨论杜律文章很多，且多有创见，如苏为群《论杜甫七律的艺术成就》⑧、赵谦《杜甫五律的艺术结构与审美功能》⑨、孙琴安《关于杜甫五律诗的评价》⑩、易伟《谈杜甫格律诗对仗的特点》⑪、林继中《杜律：生

---

① 参见文自成、范文质《诗圣的写作艺术》，对外贸易教育出版社1990年版。
② 参见刘明华《杜甫的修辞艺术》，中州古籍出版社1991年版。
③ 参见朱梅韶《杜甫七律诗句中的"虚词"运用之探究》，硕士学位论文，新北：淡江大学，1994年。
④ 参见吴梅芬《杜甫晚年七律作品语言风格之研究》，硕士学位论文，台南：成功大学，1994年。
⑤ 参见候孝琼《少陵律法通论》，中州古籍出版社1996年版。
⑥ 参见叶嘉莹《论杜甫七律之演进及其承先启后之成就》，《迦陵论诗丛稿》，中华书局1984年版。
⑦ 参见候孝琼《少陵律法通论》，中州古籍出版社1996年版。
⑧ 参见苏为群《论杜甫七律的艺术成就》，《北京大学学报》（哲学社会科学版）1991年第3期。
⑨ 参见赵谦《杜甫五律的艺术结构与审美功能》，《中国社会科学》1991年第4期。
⑩ 参见孙琴安《关于杜甫五律诗的评价》，《杜甫研究学刊》1992年第4期。
⑪ 参见易伟《谈杜甫格律诗对仗的特点》，《中国韵文学刊》1993年第7期。

命的形式》》① 等。文自成、范文质《诗圣的写作艺术》和刘明华《杜诗的修辞艺术》二书则集中讨论了杜诗的创作艺术与方法技巧。《诗圣的写作艺术》对杜诗的艺术美作了很好的诠释与分析,全书分"诗美特征""写作技法"和"资料引得"三个部分。"诗美特征"部分对杜诗的色彩美、凝练美、含蓄美、曲折美、整体美五美特征作了讨论。分类讨论杜诗艺术美的文章不少,但是像该书如此集中、全面地进行研究,在杜甫研究中则并不多见。《杜诗的修辞艺术》从题名即可看出,该书主要是讨论杜诗创作中的各类修辞艺术手法。全书凡十章,作者运用接受美学和心理学等研究方法和思路,对杜诗创作的对仗、借对、互文、用典、拟人、夸张、对比、句法、构词、叠字等艺术修辞手法作了论析,该书新见迭出,极富特色。这个时候在报纸杂志上专文讨论杜诗艺术的文章更是不计其数,有影响的亦不少。

与此相应的是,这个时期的"忠君"说开始逐渐淡出人们的视野,"诗史"说被赋予了新的内涵和意义,人们更加努力地发现"诗圣"的人文情怀和生活情趣。杜甫的"忠君"思想,经过历代的阐释与意义叠加,已经成为中国士人精神的体现和代表。在社会动荡、万方多难时期,整个杜诗几乎就是"忠君"思想的体现和外化,而杜甫的其他思想,则被有意地遮蔽和掩盖。20世纪90年代,对杜诗的其他思想诸如道家思想、佛家思想、美学思想等展开了更为深入的讨论。莫砺锋《杜甫评传》② 是继陈贻焮《杜甫评传》之后杜甫生平研究中的又一力作,该书为南京大学"中国思想家评传丛书"之一种。不同于以往杜甫生平研究的是,该传中杜甫的身份不再只是一位诗人,而同时亦是一位伟大的"思想家"。书中对杜甫的人生哲学、文学思想和美学思想等均作了述评。这个时期讨论杜甫思想的文章特别多,如邓小军《杜甫与儒家的人性思想和政治思想》③、何根海《杜甫题画诗绘画美学思想刍探》④、王抗敌《试论杜甫

---

① 参见林继中《杜律:生命的形式》,《首都师范大学学报》(社会科学版)1996年第4期。
② 参见莫砺锋《杜甫评传》,南京大学出版社1993年版。
③ 参见邓小军《杜甫与儒家的人性思想和政治思想》,《杜甫研究学刊》1991年第4期。
④ 参见何根海《杜甫题画诗绘画美学思想刍探》,《杜甫研究学刊》1991年第4期。

的遁世思想和道教、佛教思想》①、钟来因《再论杜甫与道教》②、徐希平《杜甫与道家及道教关系再讨论——兼与钟来因先生商榷》③ 等。从以上可以看出，杜甫的思想是复杂的，在不同的时期和环境下，或这种思想多一点，或那种思想多一点，虽然贯穿其终身的还是儒家思想。这个时候对"诗史"的界说和阐释不再局限于反映论和写实论，而是从更广袤的文化背景、叙事的艺术形式、主体的情感体验等方面对其进行重新界说和阐释，这种界说和解释是对传统"写实主义"和"现实主义"的超越和颠覆。邓小军《杜甫诗史精神》认为"诗史"精神是"诗人国身通一精神，良史实录精神，孔子庶人议政贬天子精神，民本精神，平等精神的集大成"④，邓氏认为杜甫"诗史"精神不是单一的所指，而是一个综合指向，它综合了中华文化史上的各种优秀的文化品格和人文精神。谢思炜《杜诗叙事艺术探微》⑤、祁和晖《诗圣诗史论》⑥、许德楠《论"诗史"的定位》⑦、韩经太《传统"诗史"说的阐释意见》⑧ 等文章对"诗史"说给予了不同于以往研究的阐释，颇值得关注。同时，人们对"发现"杜甫生活情趣和可爱性情的一面亦特别有兴致。通过学人们的努力"发现"，这个时候的杜甫变得可亲可近，极富人情味。这类研究文章，有唐典伟《试论杜甫的幽默情趣及文化意义》⑨，赁常彬《谐趣、欢趣、奇趣——杜诗与美育三题》⑩，张应华、张兵《略论杜甫诗歌中的人

---

① 参见王抗敌《试论杜甫的遁世思想和道教、佛教思想》，《台州师专学报》1993年第1期。
② 参见钟来因《再论杜甫与道教》，《首都师范大学学报》（社会科学版）1995年第2期。
③ 参见徐希平《杜甫与道家及道教关系再讨论——兼与钟来因先生商榷》，《杜甫研究学刊》1999年第2期。
④ 参见邓小军《杜甫诗史精神》，《安徽教育学院学报》（社会科学版）1992年第3期。
⑤ 参见谢思炜《杜诗叙事艺术探微》，《文学遗产》1994年第3期。
⑥ 参见祁和晖《诗圣诗史论》，《杜甫研究学刊》1996年第4期。
⑦ 参见许德楠《论"诗史"的定位》，《中国文化研究》1999年第3期。
⑧ 参见韩经太《传统"诗史"说的阐释意见》，《中国社会科学》1999年第3期。
⑨ 参见唐典伟《试论杜甫的幽默情趣及文化意义》，《杜甫研究学刊》1990年第2期。
⑩ 参见赁常彬《谐趣、欢趣、奇趣——杜诗与美育三题》，《社会科学研究》1992年第1期。

情美》①，黄维华《杜诗中的幽默意趣及其审美特征》②，庾光蓉《论杜甫的爱情诗》③，蓝旭《论杜甫诗中的自适主题》④，吴明贤《试论杜甫的"狂"》⑤等。另外，河北人民出版社1999年出版的《乱世流萍——杜甫传》⑥，则着重探讨了杜甫的心路历程，突破了传统研究中将杜甫"神化"和"扁平化"的单一模式，使杜甫形象更为立体丰满。百年杜甫研究，"诗圣"历经沉浮，从"情圣"到"平民诗人"，到"人民诗人"，再到"法家诗人"，甚而"地主诗人"。这个过程"不能不激起群体性的反思：这不仅仅是某些知识分子人格缺失的表现，更是学术之道的失落"⑦。杜甫在不同时期被冠以不同的大帽，这既是杜甫的无奈，亦是杜甫研究的无奈，"从某种意义上说，是时代决定着学术，而不是学术决定时代"⑧。20世纪80年代，是"诗圣"荣耀的回归；90年代，"诗圣"则更富人情味，变得可亲可爱。与此相应的是，这个时候人们更将"集大成"与"诗圣"联系起来合而论之，令人耳目一新。

20世纪90年代，杜集文献整理研究的成果主要有以下几种，分别是钟夫、陶钧编《杜诗五种索引》⑨、张忠纲《杜甫诗话校注五种》⑩、林继中《杜诗赵次公先后解辑校》⑪，以及王学泰点校《杜工部集》⑫等。其中《杜诗诗话校注五种》和《杜诗先后解辑校》影响较大。《杜诗诗话校注五种》收宋方深道辑《诸家老杜诗评》（五卷）、宋蔡梦弼集录《杜工部草堂诗话》（二卷）、清刘凤诰撰《杜工部诗话》（五卷）、清潘德舆

---

① 参见张应华、张兵《略论杜甫诗歌中的人情美》，《青海师范大学学报》（哲学社会科学版）1992年第2期。

② 参见黄维华《杜诗中的幽默意趣及其审美特征》，《苏州大学学报》（哲学社会科学版）1993年第2期。

③ 参见庾光蓉《论杜甫的爱情诗》，《杜甫研究学刊》1995年第4期。

④ 参见蓝旭《论杜甫诗中的自适主题》，《文学遗产》1995年第5期。

⑤ 参见吴明贤《试论杜甫的"狂"》，《杜甫研究学刊》1996年第3期。

⑥ 参见邓红梅《乱世流萍——杜甫传》，河北人民出版社1990年版。

⑦ 参见张忠纲《百年杜甫研究之平议与反思·序》，人民出版社2014年版，第4页。

⑧ 参见赵睿才《百年杜甫研究之平议与反思》，人民出版社2014年版，第113页。

⑨ 参见钟夫、陶钧编《杜诗五种索引》，上海古籍出版社1992年版。

⑩ 参见张忠纲校注《杜甫诗话校注五种》，书目文献出版社1994年版。

⑪ 参见（唐）杜甫著，（宋）赵次公注，林继中辑校《杜诗赵次公先后解辑校》，上海古籍出版社1994年版。

⑫ 参见（唐）杜甫撰，王学泰校点《杜工部集》，辽宁教育出版社1997年版。

撰《养一斋李杜诗话》（三卷）和近人蒋瑞藻辑《续杜工部诗话》（二卷）五种。在此本基础上，张先生后来又新增《新编渔洋杜诗话》（六卷），是为后来的《杜工部诗话校注六种》，兼具文献与学术价值。《杜诗先后解辑校》是林继中先生的力作，凡百余万字，收杜诗一千四百余首，可谓卷帙浩繁。宋人赵次公的杜诗注是一部杜诗全注本，在宋时即享有盛誉，诸家杜诗集注多有引录。今仅存明清钞本，均残。林先生据数十种杜集本子，广辑杜诗，配以残本合而为《杜诗赵次公先后解辑校》，实为不易。此本前面长达万字的"前言"，是对赵次公杜诗注的综合研究，具有很高的文献、学术价值。2012年，此本经过林先生修订后，由上海古籍出版社再次出版。如今，《杜诗赵次公先后解辑校》已成为治杜者们的必备之书。

20世纪末的杜甫研究，在继承与扬弃前人研究成果的基础上，开辟和引领了新世纪杜甫研究的范围和方向。许多传统的老话题在这个时候被重提、被解决，然后淡出研究视野；同时许多新的话题又被提出、关注和研究。20世纪末的杜甫研究，是21世纪杜甫研究的蓄势和准备。

（二）21世纪的杜甫研究

21世纪初，发生的几件与杜甫有关的大事值得人们关注。一是杜甫诞生1300周年，二是《杜甫全集校注》的出版，三是"杜甫很忙"事件。这三件事情，彼此之间并没有什么直接的联系，除了与杜甫有关外。杜甫研究、杜甫文化，从某种意义上讲，实际上就是中国优秀传统文化的代表和体现。2012年，官方在隆重纪念杜甫诞生1300周年的同时，网络上"杜甫很忙"事件却甚嚣尘上，使"诗圣"光辉形象荡然无存。官方与民间对杜甫的理解和态度如此不同，这很值得人们思考。2014年，学术研究领域推出了一份厚重的具有里程碑意义的研究成果《杜甫全集校注》，该书的出版是百年杜甫研究的一个完美总结。同时，21世纪的杜甫研究，在普及与提高方面亦做了很多工作，并出版了许多专著，其中亦不乏一些优秀成果。世纪之交，许多学者开始总结过去杜甫研究中的得与失，希望通过对前人研究的总结，为今后的工作提供可资可鉴的经验和教训。建构"杜诗学"学科体系的呼声，始于20世纪80年代初，90年代开始被学者关注，世纪之交，则成了杜甫研究中的热点。学术研究遵循它自身的内部规律向前发展推进，不因时代的变迁而立刻改变。

21世纪的杜甫研究有因袭有继承，也有批判与扬弃。它既是20世纪杜甫研究的延续，同时在内容范围和方法理念上又有开拓与创新，而有别于以往的研究。关于杜诗中的绘画艺术、书法艺术、风俗民情、唐代官制、女性形象等研究的文章更为丰富，运用统计学、心理学、田野调查等跨学科研究方法更为纯熟，分类研究、分体研究、意象研究、外围研究等更成系统。这个时候，研究队伍总体趋向年轻化，大批思想活跃的年轻学者纷纷加入研杜队伍中来，曾经的年轻学者在这个时候勇挑重担，成为杜学研究领域中的才俊骨干。21世纪，杜甫研究地区分布明显，呈南北特点。南方地区以成都杜甫草堂博物馆、《杜甫研究学刊》为据点，聚集了四川大学、四川师范大学、西南大学、西南民族大学等一大批研杜学者，他们齐心协力协助四川省杜甫学会创办刊物，举办活动，开展研究，使学术研究与学术活动做得风生水起，极富特色。北方地区则以山东大学、北京大学、首都师范大学、河北大学、西北大学、西北师范大学、陕西师范大学等为主要研究阵地，尤其是山东大学，近年来在张忠纲先生的带领下，做了许多实实在在的工作，随着《杜集叙录》《杜甫大辞典》《杜甫全集校注》等一批有分量的成果陆续面世，山东大学作为杜甫研究重镇的地位愈趋明显。另外，南京大学、上海大学、安徽大学、闽南大学（前身为漳州师范学院）在杜甫研究中的地位和影响亦很突出。尤其是南京大学，在程千帆的弟子莫砺锋的带领下，一大批年轻人加入杜甫研究的队伍。莫先生曾对他的博士研究生说：你们做杜甫研究，至少要在《杜甫研究学刊》上发表三篇文章。在杜甫研究中，南北地区也曾开展过很多项目的合作。可见，全国杜甫研究重镇虽分布于祖国各地，研究会也有五家，但是他们在杜甫这面大旗的号召下，共同协作，彼此借鉴，在避免重复研究的同时，从宏观和整体上推动和深化了杜甫研究。与此同时，域外杜学研究亦呈蓬勃发展之势。日本、韩国、美国、英国、法国、加拿大、俄罗斯、德国等许多国家的汉学家，在这个时候开始把目光更多地投向杜甫。作为杜甫研究成果主要的展示平台《杜甫研究学刊》，在这个时候亦特辟"域外杜学研究"栏目，以专门介绍海外及中国港、澳、台地区的杜甫研究现状与历史。杜甫诞生1300周年，韩国、俄罗斯亦纷纷举办活动以纪念这位伟大诗人。2014年7月，韩国与四川省杜甫学会、成都杜甫草堂博物馆联合举办了"韩国汉文学会2014年夏季国际学术大会：东亚细亚视野中的杜甫诗学"学术研讨会。21世纪初，杜甫研究会又新成立了2家。一是天水杜甫研究会，于2006年8月成立，迄今为止已召开了7届杜甫学术年会，对区域杜甫研究，尤其是对陇右地区的杜甫研究作了很大的贡献。二是河南省杜甫研究会，于2010年3月成立，该研究会以伟大"诗圣"杜甫为中心，致力于拓展传统文化产业，打造杜甫文化旅游品牌，并组合相关资源，服务于中原地区的经济发展。

  21世纪之初，杜诗文献的整理与研究取得了巨大的成就。2014年1月，人民文学出版社推出了皇皇巨著《杜甫全集校注》（以下简称《全注》）12册，引学界瞩目。翘首以盼数十年的《全注》终与人们见面，大家喜悦之情溢于言表。《杜甫全集校注》于1978年由山东大学承担并同时组建校注组，萧涤非先生任主编。为《杜甫全集校注》工作做准备，校注组还重走了杜甫当年的行迹，形成了《访古学诗万里行》①，该书结合杜诗与相关史志文献进行实地考察与研究，以开当今杜甫"现地"研究热之先。《全注》工作在萧涤非带领下经过十余年的努力，工作过半，成绩斐然。然不幸的是，1991年，萧涤非因病逝世。又因诸多因素，1994年《全注》工作停止。2009年山东大学在学界的殷殷期盼下，重启《全注》工作，由张忠纲先生主持并担任全书终审。2014年1月，《全注》终于在学界万般期盼的目光中面世。厚厚的12巨册，几近40年的光阴，几乎就是一段历史的记录与见证。该书署名亦是对这段不凡历史的尊重与反映，主编萧涤非，全书终审统稿张忠纲，副主编廖仲安、张忠纲、郑庆笃、焦裕银、李华。《全注》凡680余万字，对杜甫诗文进行了重新编年，分题"解""注释""集评""备考""附录"五部分。《杜甫全集校注》末尾还附有篇目索引，颇便检索。《全注》以《续古逸丛书》第四十七种《宋本杜工部集》为底本，参校了宋、元刻本十三种，明钞本一种。凡存世的宋、元杜集本子，《全注》均有利用，明钞本则为赵次公《新定杜工部古诗近体诗先后并解》（五十卷），为残卷。《全注》尤被称道的是"备考"部分，对有争议和不同观点之诗篇，汇录该诗相关资料与诸家观点，以为参考。全书"备考"近千条，可谓繁复。这种

---

① 参见山东大学杜甫全集校注组《访古学诗万里行》，人民文学出版社1982年版。

文献处理方式，值得我们借鉴。陈尚君先生称，"此书的问世，是当代古籍整理和古典文学研究中的重大收获"，"代表当代别集整理新注之最高水平，是一部总结一千多年来杜甫研究的集大成著作，在杜甫研究史上具有里程碑意义"① 是毫不为过的。21世纪杜甫文献整理研究的成果除了世人瞩目的《杜甫全集校注》外，还有《杜集叙录》和《杜甫大辞典》两种。《杜集叙录》于2008年由齐鲁书社出版，主要编者为张忠纲、赵睿才、綦维、孙微等。该书在众参前人研究成果的基础上，收录杜集文献1261种，且多为亲见书目。该书在收录、体例、考辨、研究等方面，较之《杜集书录》（周采泉）和《杜集提要》（郑庆笃、焦裕银等）更为完备与成熟。《杜甫大辞典》于2009年由山东教育出版社出版，据"前言"可知，该书的编撰是傅璇琮先生在2000年的"世纪之交杜甫国际学术研讨会"上提出来的。此书编撰目的有两个：一是对过去杜甫研究的一个总结；二是为研究者们提供一份比较全面的以往杜甫研究的概况及最新研究成果。作为工具书，《大辞典》为杜甫研究提供了许多方便，颇受学者们好评。

21世纪杜甫文献整理研究除了上述几种外，还有郝润华《钱注杜诗与诗史互证》②、张忠纲《山东杜诗学文献研究》③、孙微《清代杜诗学文献考》④、蔡锦芳《杜诗版本及作品研究》⑤、郝润华等著《杜诗学与杜诗文献》⑥、陈莤珊《〈钱笺杜诗〉研究》⑦、吴淑玲《杜诗详注研究》⑧、彭燕《宋代巴蜀杜诗学文献研究》⑨ 等。这些杜诗文献研究中，涉及断代文献研究、地域文献研究，或者综合二者研究等。另外张忠纲《杜甫诗话六种校注》是在《杜甫诗话五种校注》基础上增添修订而成的，收录诸家论杜共近900条。林继中《杜诗赵次公先后解辑校》则是在1994年版

---

① 参见萧宿荣《谈传统文化的创造性转化与创新性出版》，《出版参考》2017年第12期。
② 参见郝润华《钱注杜诗与诗史互证》，黄山出版社2000年版。
③ 参见张忠纲等《山东杜诗学文献研究》，齐鲁书社2004年版。
④ 参见孙微《清代杜诗学文献考》，凤凰出版社2007年版。
⑤ 参见蔡锦芳《杜诗版本及作品研究》，上海大学出版社2007年版。
⑥ 参见郝润华等《杜诗学与杜诗文献》，巴蜀书社2010年版。
⑦ 参见陈莤珊《〈钱笺杜诗〉研究》，学苑出版社2011年版。
⑧ 参见吴淑玲《杜诗详注研究》，齐鲁书社2011年版。
⑨ 参见彭燕《宋代巴蜀杜诗学文献研究》，博士学位论文，四川大学，2012年。

的基础上，修订再版。

建构杜诗学学科体系的呼声，始于 20 世纪 80 年代末期许总的《杜诗学发微》①，该书为作者杜诗学相关研究论文集，分为内、外两编。该书首次从史的角度，对杜甫研究进行宏观描述。该书"后记"认为：杜诗学研究早已形成专门之学，相较已初具规模与体系的"诗经学""楚辞学"研究，杜诗学体系的建构几乎就是一片处女地。80 年中后期，古典文学研究领域掀起了一股"宏观研究"热。受此风影响，学者们开始将这种研究方法运用于具体的作家作品研究，杜甫研究首当其选。20 世纪 90 年代后期，许总又推出关于建构杜诗学体系的第二本宏著《杜诗学通论》②，该书是作者 80 年代杜诗学研究的继续。该书对杜诗学的研究进行了全景式的观览，并力求以诗学研究为本位，这对历代以经史研究为本位的杜甫研究有反驳作用。早在 1984 年，傅璇琮在邓绍基《杜诗别解·序》里认为，杜诗学同杜诗文本一样，是具有独立研究的价值的。建构杜诗学体系，从不同层面和角度对杜诗学进行观照和研究的热潮，真正形成是在 21 世纪初。这个时候大量关于杜诗学研究的文章和专著开始出现，譬如杨义《李杜诗学》③、胡可先《杜甫诗学引论》④、杨胜宽《杜学与苏学》⑤、孙微《清代杜诗学史》⑥ 和《杜诗学研究论稿》⑦、杨经华《宋代杜诗学阐释》⑧、赫兰国《辽金元杜诗学》⑨、刘文刚《杜甫学史》⑩，等等。另外，还有徐国能《历代杜诗学诗法论研究》⑪、魏景波《宋代杜诗学史》⑫ 等。这些研究中以杨义《李杜诗学》和胡可先《杜甫诗学引论》最具代表性。《李杜诗学》2001 年由北京出版社出版，该书

---

① 参见许总《杜诗学发微》，南京出版社 1989 年版。
② 参见许总《杜诗学通论》，新北：台湾圣环图书股份有限公司 1997 年版。
③ 参见杨义《李杜诗学》，北京出版社 2001 年版。
④ 参见胡可先《杜甫诗学引论》，安徽大学出版社 2003 年版。
⑤ 参见杨胜宽《杜学与苏学》，巴蜀书社 2003 年版。
⑥ 参见孙微《清代杜诗学史》，齐鲁书社 2004 年版。
⑦ 参见孙微《杜诗学研究论稿》，齐鲁书社 2008 年版。
⑧ 参见杨经华《宋代杜诗学阐释》，中国社会科学出版社 2011 年版。
⑨ 参见赫兰国《辽金元杜诗学》，博士学位论文，四川师范大学，2011 年。
⑩ 参见刘文刚《杜甫学史》，巴蜀书社 2012 年版。
⑪ 参见徐国能《历代杜诗学诗法论研究》，博士学位论文，台湾师范大学，2001 年。
⑫ 参见魏景波《宋代杜诗学史》，中国社会科学出版社 2016 年版。

在杜甫研究中是一部具有开创性的学术著作,对李白与杜甫的诗歌成就艺术给予了全新的描述与解读,对建构中国诗学体系作了极具意义的探索和分析。全书分为导言、上编(李白诗学)、下编(杜甫诗学)、余论(诗学研究与现代中国人文精神建设)四部分,同时全书还配有李杜相关图片128幅,为该书添色不少。下编"杜甫诗学"对杜甫的"诗史"思维,杜诗的叙事方式、复合意象的创造、抒情共振原理及结构学、语句方式等,都作了不同于一般意义上的传统研究,令人耳目一新。这种多维度、多层面、多视角的研究方法对杜甫研究具有启发意义。胡可先《杜甫诗学引论》是侧重于建构杜甫诗学学科的论著,该书将文献研究与理论阐释相结合,对杜诗学的内容、史论、专题、年表均作了深入研究。书末还附录了"安史乱中杜甫行经地名笺证"和"杜集善本目录"两种,具有文献参考价值。杜诗学研究,实际涉及杜甫对前代文学成就的继承,以及对后世文学创作的影响两大部分。以此论,这样的研究成果在21世纪简直是汗牛充栋,虽然有的成果在研究题目中没有直接点出"杜诗学"三字,但实际上仍属于杜诗学研究的范畴和内容。如陈文华主编《杜甫与唐宋诗学》[1]、朋星《杜甫与先秦文化》[2]、赵海菱《杜甫与儒家文化传统研究》[3]、张巍《杜诗及中晚唐诗研究》[4] 等,本文所提及的这些研究成果中,还未涉及大量的单篇论文部分。建构杜诗学学科体系的强烈呼声和学人们高涨的热情,有些学者亦不以为然,或以为这种研究似乎意味着杜甫研究已再无拓展空间和开拓余地。

这个时候,许多学者开始对20世纪的杜甫研究,尤其是改革开放后三十年的杜甫研究进行反思与总结,包括综合类和专题类两种。综合类总结主要有林继中《百年杜甫研究回眸》[5]、张忠纲、赵睿才《二十世纪杜甫研究述评》[6]、王辉斌等《杜甫研究五十年》[7]、吴中胜《杜甫研究三

---

[1] 参见陈文华《杜甫与唐宋诗学》,里仁书局2003年版。
[2] 参见朋星《杜甫与先秦文化》,泰山出版社2006年版。
[3] 参见赵海菱《杜甫与儒家文化传统研究》,齐鲁书社2007年版。
[4] 参见张巍《杜诗及中晚唐诗研究》,齐鲁书社2011年版。
[5] 参见林继中《百年杜甫研究回眸》,《河北大学学报》(哲学社会科学版)1999年第2期。
[6] 参见张忠纲、赵睿才《二十世纪杜甫研究述评》,《文史哲》2001年第2期。
[7] 参见王辉斌等《杜甫研究五十年》,《贵阳金筑大学学报》2004年第1期。

十年——以〈杜甫研究学刊〉为例》①、段海蓉《建国以来杜甫研究的回顾、反思与展望》②，及赵睿才《百年杜甫研究之平议与反思》③ 等，专题类总结则有沈文凡、孟祥娟《二十世纪八十年代以来国内杜甫生平研究述论——兼评〈杜甫亲眷交游行年考〉》④ 等。这种研究对总体把握和认识近现代杜甫研究的状况、特点，及相关文化背景等是有积极意义的。

2012年，全国许多地方都举办了丰富多彩、形式多样的活动来纪念杜甫诞生1300周年，譬如中国的成都、西安、郑州、重庆、天水、夔州、巩县、绵阳等。同年，9月21日，四川成都隆重举办了杜甫诞生1300周年的纪念大会，该大会由国家文化部与四川省人民政府联合主办。出席会议的领导有时任全国政协副主席孙家正同志和时任国家文化部副部长王文章同志等。另外，来自全国各地的专家学者、杜甫纪念地代表，以及社会各界人士800余人参加了此次盛会。为纪念杜甫诞生1300周年，成都从2012年1月开始，即陆续推出各种主题纪念活动，如"人日"游草堂（纪念杜甫与高适友谊）、杜甫创意画像征集活动、草堂书法艺术展览、"诗圣著千秋，草堂留后世"等主题纪念活动，其中"诗圣著千秋，草堂留后世"为全年系列纪念活动中的高潮部分，它包括1300周年纪念大会、杜甫学术研讨会、杜甫诗意书画展、夜游草堂等大型文化活动。在成都举办系列纪念杜甫诞生1300周年活动的同时，中国杜甫研究会、河南省杜甫研究会、天水杜甫研究会也纷纷举办了各种纪念活动。2012年10月，中国杜甫研究会为弘扬杜甫精神和优秀传统文化，在西安召开了"纪念杜甫诞生1300周年学术研讨会暨中国杜甫研究会第六届年会"，来自美国、韩国及全国各地100余位专家学者参加了此次会议。河南省杜甫研究会在2012年也举办了各种丰富多彩的纪念活动，如杜甫学术论文

---

① 参见吴中胜《杜甫研究三十年——以〈杜甫研究学刊〉为例》，《杜甫研究学刊》2010年第3期。
② 参见段海蓉《建国以来，对杜甫研究的回顾、反思与展望》，《杜甫研究学刊》2000年第3期。
③ 参见赵睿才《百年杜甫研究之平议与反思》，人民出版社2014年版。
④ 参见沈文凡、孟祥娟《二十世纪八十年代以来国内杜甫生平研究述论——兼评〈杜甫亲眷交游行年考〉》，《杜甫研究学刊》2008年第2、3期。

征文比赛、出版"俱欢颜"丛书、"诗圣杯"海内外诗词大赛、筹拍《大唐诗圣》电视剧、排演《诗圣杜甫》话剧等。天水杜甫研究会在2012年5月12日亦举办了"纪念杜甫诞辰1300周年、流寓陇右1253周年纪念活动"。杜甫作为世界文化名人,在俄罗斯也受到广泛欢迎。同年4月,俄罗斯莫斯科举办了"纪念杜甫诞辰1300周年研讨会",时任中国驻俄罗斯大使馆公使赵永琛出席会议并致辞。这一年,各种活动精彩纷呈,学术研究也是硕果累累,仅四川省杜甫学会和中国杜甫研究会召开的学术会议所收到的参会论文就有200多篇,《杜甫研究学刊》辟"专号"与"专栏"以连续发表相关研究文章。孙家正的讲话、王文章的发言、马识途即兴演讲的录音整理、冯其庸的贺函及书法等,均一一在《学刊》上发表与转载,引起了极大的社会反响和广泛关注。

  2012年,在全国各地都在举办各种活动纪念杜甫诞生1300周年的同时,"杜甫很忙"却甚嚣尘上,引全民围观。这个时候,官媒、杜甫纪念地、专家学者们纷纷发声表态,有严厉斥责的,有宽容理解的,但对无底线的庸俗恶搞均持强烈批评。其实,这个事件是很值得我们杜甫研究领域反思的。21世纪,在杜甫诗歌文化普及方面做的工作实际并不少,出版与杜甫相关的专著有200余种,这些专著中大都属于普及类,学术研究并不是很多。但令人遗憾的是,这些普及类的著述成果,大部分是在做重复工作,面孔几近相同,且解读内容与说教方式亦生硬而缺乏新意,难以起到浸润心灵的作用。新时期的杜甫研究,虽然在研究理念和方法上发生了很大的变化,但是对"诗圣"的研究,毕竟还是多了些严肃气,少了些活泼的东西。我想,我们如果把杜甫当作一个"人",而非"圣"来研究和宣传,或许杜甫"忙"的将是另一番景象。

  20世纪80年代以后的杜甫研究,虽只有短短的三十五年,但亦呈现出了明显不同的阶段特点。80年代初期的杜甫研究实际是"文革"结束后杜甫研究的延续,这个时候在继续对《李白与杜甫》《中国文学发展史》进行再评价的同时,大量关于杜甫与杜诗的普及读物印刷出版。作为最能直接展现杜甫一生的传记著述在这个时候大量出版,陈贻焮《杜甫评传》就是这个时候的产物。应该说,80年代前期的杜甫研究主要就是关于如何认识杜甫和如何评价杜甫的问题,实际上这是一个为杜甫"正名"的时期。80年代后期,研究开始转向关注杜诗的艺术美,大量讨论杜诗创作艺术手法的文章在报纸杂志纷纷发表。这种研究一直持续到整个90年代。改革开放以后，西学东渐，波及中国古典文学研究，当然也包括杜甫研究。这个时候的很多文章，动不动就在开头大谈一段西方文论，显得视野广阔、很有深度的样子，但实际上与文章内容关涉不大，令读者频频蹙眉与心痛。作为对这种空泛研究与不实之风的抵制，有许多学者致力于杜集文献的整理研究并结出硕果，如林继中《赵次公杜诗先后解辑校》、张忠纲《杜甫诗话校注五种》等。受80年代中后期整个古代文学研究领域的"宏观研究"方法的影响，20世纪末期很多学者开始用"史"的眼光来观照杜甫研究，即杜诗学研究，21世纪初，大量关于杜诗学研究的成果开始出现。世纪之交，许多学者开始对以往的杜甫研究进行总结与反思，试图从中发现规律，包括内在和外在。希望通过这种回顾与梳理，能给以后的杜甫研究提供一种可资可鉴的经验与教训。21世纪的杜甫研究，最令人振奋和鼓舞的无疑是《杜甫全集校注》的出版。这部代表着近现代文人别集最高整理成就的成果，给百年杜甫研究画上了一个圆满符号。

结　语

通过对百年杜甫研究的回顾与总结，我们发现百年杜甫研究经历了三次明显的变化。第一次是在20世纪初，即辛亥革命以后。此时，西方文明以一种强势的姿态进入中国，并波及中国学术研究领域的方方面面。以西方"科学"与"民主"之精神来观照和研究杜甫，是这个时期杜甫研究的主要特点。人们开始以现代的学术视野和人文关怀来发现杜甫、研究杜甫、评价杜甫，这个时候杜甫被冠之以"情圣"的称号，这个称号的内涵与外延显然有别于传统的"诗圣"称谓。第二次变化则是在中华人民共和国成立以后。这个时期，马列主义和毛泽东思想取代了西方文艺观，成为中国意识形态领域的最高指导。这个时候的杜甫研究被置身于广阔的社会背景之下，联系时代，结合背景，捕捉历史特征，挖掘现实意义，成为这个时期杜甫研究最显著的特点。但是这种过度的联系与生硬的研究，一度使杜甫研究滑向了庸俗的社会学研究模式，而被扭曲、被误解、被利用，与真正的学术研究相去甚远。第三次变化发生在世纪之交，即20世纪末到21世纪初。这个时候，西学东学三十年，在经历了最初全盘接受"外来文明"的阶段后，国人们开始集体反思中国文学研究的发展与道路，并在具体的研究工作中开始逐步摸索，并试图建立起适合自己的研究体系和模式。杜甫研究在经历了各种外来"先进"思想和文艺观的指导后，通过对现代与传统、西学与东学、理论与文献等融会贯通的思考后，最后回归到了对文本细读的重视和对文献研究的积累，并在此基础上试图建立起杜诗学研究的框架与体系。正是经过了这样的思考和尝试，21世纪初，代表近现代杜甫研究最高成就的《杜甫全集校注》终得以面世。

"杜甫研究是文学史、学术史的个案研究。可是，杜甫特殊的地位决定了此一个案研究在古代文学研究中具有全局意义和引领作用。"① 通过对杜甫研究一百年的梳理与回顾，不仅有助于我们了解世纪杜甫研究的状况与特点，亦有助于我们认识百年中国文学研究的发展轨迹与曲折道路。

---

① 参见张忠纲《百年杜甫研究之平议与反思·序》，人民出版社2014年版，第21页。

20世纪以来大陆地区苏轼研究综述

郑 伟 尤潇潇[*]

20世纪以来,苏轼研究历经酝酿、沉寂、复苏、发展四个阶段,取得了丰硕的研究成果。研究范式逐步由传统向现代转型;研究领域渐次开拓,由政治一元、文学独秀向多维度多领域拓展;研究方法从机械的阶级分析法、二元对立的分析法向多元转化。尽管研究领域的不平衡性依然突出,研究方法论的自觉建构还有待加强,研究视阈的广度仍有待拓展,但随着研究的持续推进和中华文化传承弘扬复兴高潮的到来,苏轼研究即将迎来一个五位一体的综合深化阶段,期待他以经学家、蜀学家的面貌展示于世人面前,揭示他所具有的超越时空的学术价值和文化影响,而理论研究的自主反思和以中华文化为本位的理论建构又将助推苏轼研究与东坡文化的创造性转化与创新性发展。

一 酝酿期(1911—1949)

中华民国时期为苏轼研究的转型时期,以文献整理为主,数量繁多。一方面,采用古籍重刻影印的方式延续古代学术研究传统;另一方面,对文献的深度整理开始起步。而在相关研究方面,集中于文学层面的讨论,同时,开始关注苏轼与书画、佛教的关系。整个中华民国时期,苏轼文献整理与研究基本以过渡和蓄力为其基本特征,即文献整理方式开

---

[*] 作者简介:郑伟,生于1983年,四川广汉人,四川师范大学四川文化教育高等研究院助理研究员、硕士研究生导师,主要研究方向:中国经学、历史文献学、巴蜀文化;尤潇潇,生于1991年,四川成都人,四川大学古籍整理研究所2017级历史文献学专业在读博士研究生。

始由传统向现代过渡，旧的研究范式向新的研究范式转化开始蓄力。

(一) 文献整理

大量刊印历代以及清代各家苏学注本，主要有全集、苏诗、苏词、苏文四类。苏诗多以单行本面世，苏词与苏文，多杂入总集和丛书中刊行。

全集类题名《苏东坡全集》，以上海中央书店排印本（收入《国学基本文库》）、上海大东书局（题名《足本苏东坡全集》）、上海世界书局本、上海仿古书店本为代表，采用了句读式标点，虽号称全集，实则仅为四部"集类"之合编，经史诸书，未见收录。

苏诗主要分为全集本、分类集注本、编年注本三大系统。集注本主要是王十朋的《百家注分类东坡诗》；编年注本，自清人宋荦等整理出版《施注苏诗》《施注苏诗续补遗》后，编年本蔚然盛行，查慎行、纪昀、翁方纲、冯应榴、王文诰、沈钦韩等又分别加以整理注释。中华民国时期，大量重印此类注本。上海博古斋、商务印书馆《丛书集成初编》《万有文库》《国学基本丛书》、中华书局、文学山房、上海扫叶山房、天倪阁等分别对翁方纲注本、王渔洋选注本、沈钦韩注本、温汝能纂订本、赵克宜辑订本、严既澄选注本进行过刊印。

苏词则出版了少量的白文本和校点本，如：1926 年林大椿校订《唐宋名贤百家词》本①；上海博古斋、商务印书馆《国学基本丛书简编》、上海国学研究社、上海杂志公司《中国文学珍本丛书》（第一辑）、中华书局《四部备要》等分别据《宋六十名家词》汲古阁本、钱塘汪氏重刊本，先后刊印过《东坡词》；中国书店、上海古典文学出版社分别据《东坡乐府》王鹏运家塾本、元延祐刊本，进行过刊印。1910 年，朱祖谋编年本《东坡乐府》三卷石印本刊行，此为苏词编年之始，意义重大。其后《强村丛书》《蜀十五家词》又予以重印。1936 年，龙榆生《东坡乐府笺》由商务印书馆以线装二册刊行，为当时质量较高的深度整理本，1958 年、1974 年、1979 年由商务印书馆、华正书局、香港中华书局多次刊印。而唐圭璋《全宋词》②所收《苏轼词》则综合诸家刻本，于文集、

---

① 参见（明）吴讷辑，林大椿校订《唐宋名贤百家词》，中华书局 1926 年版。
② 按：唐圭璋《全宋词》于 1937 年编成，1940 年由商务印书馆出版。

笔记、方志、书画中广为搜罗。

苏文方面，上海扫叶山房、商务印书馆、蝉隐庐、《四部丛刊初编》、海南书局、上海文明书局等分别刊印《百三十家评注三苏文范》《经进东坡文集事略》郎晔注本、《苏文忠公海外集》王时雨重校本、《元丰题跋·东坡题跋》等。而上海涵芬楼（《学海类编》）、上海扫叶山房（《五朝小说大观》《百子全书》）、上海商务印书馆（《旧小说》）、上海古书流通处（《知不足斋丛书》）、上海博古斋（《百川学海》）、上海文明书局（《唐宋十大家尺牍》）等，分别刊行了《格物粗谈》《物类相感志》《渔樵闲话录》《杂纂二续》《调谑编》《东坡酒经》《苏沈内翰良方》《东坡先生志林》《苏东坡尺牍》等。

（二）学术研究

此一时期，相关专著并不多，对苏轼的评价和研究或散见于文学史研究之中，或发表于《宋代文学》《国学月刊》《国专月刊》《史地杂志》《文史杂志》《艺术评论》《岭南学报》《新民报半月刊》《中日文化》等期刊之上。其中，王国维《人间词话》、胡适《词选》、胡云翼《宋诗研究》、柳村任《中国文学发凡》、郑振铎《插图本中国文学史》、郑宾于《中国文学流变史》、任敏中《词曲通义》、吕思勉《宋代文学》对苏轼的词风、文学史地位进行了短评，评价很高。罗忼烈《东坡词杂说》、龙榆生《东坡乐府综论》、唐圭璋《苏轼试论》、夏承焘《东坡乐府词笺序言》对苏词的精神特质、风格特色进行了讨论，钱基博《东坡文讲录》肇开苏轼散文研究之先河，而印泉《苏东坡与佛教》则开启了对苏轼与佛教关系的对比研究，朱应鹏《苏轼的画论》、缪宏《苏东坡的艺术生活》发苏轼文艺理论研究之先声。值得注意的是，在东坡文化传播与普及上，林语堂《苏东坡传》功不可没，该书系林氏旅美期间用英文写成的，虽然当中观点、史实尚可商榷，但因其文字流畅、可读性强，成为现代传记典范之作，于1947年由约翰·黛公司出版，后于1970年、1986年分别由宋碧云、张振玉加以汉译，广为流传，影响深远。

二 沉寂期（1950—1979）

20世纪50年代以后，随着学术研究与政治运动关系日益密切，苏学研究方向发生了重要转向。文献整理相对停滞，唯物主义研究法成为学术研究主流，研究领域开始转向政治领域。对苏轼的态度和评价，经历了一个由初期肯定，到中期全面否定，再到后期客观评价的历程。到20世纪70年代末，随着党的十一届三中全会拨乱反正，苏轼研究开始回归正轨。

（一）文献整理

这一时期，文献整理未能延续中华民国时期的发展势头，将整理工作持续推进出版的著作多为选集性质，以钱钟书《宋诗选注·苏轼》（人民文学出版社1958年版）、陈迩冬选注《苏轼词选》（人民文学出版社1959年版）、曹树铭《东坡词》（万有图书公司1968年版）为代表，古典文学出版社影印出版了元延祐刊本《东坡乐府》（1957）。值得一提的是，唐圭璋《全宋词》（中华书局1965年版）所收《苏轼词》经王国维次子王仲文补充、修订、正误等工作，使之较旧本有了较大提升，于1965年由中华书局再版。1979年，上海古籍出版社以古典文学出版社影印本《东坡乐府》为底本，参校《宋六十名家词》《四印斋所刻词》《强村丛书》等，校正了延祐本的一些错误，流传较广。

（二）学术研究

在研究方面，苏轼研究经历了由文学性研究向政治性研究的转向。中华人民共和国成立初期，以复旦大学中文系《中国文学批评史》为标志，对苏轼文学成就给予了肯定，传统赏析性研究陆续涌现，毛泽东同志、朱德同志、周恩来同志、陈毅同志、董必武同志等党和国家领导人皆充分肯定了苏轼的文学价值。随着1957年反右政治运动和1958年学术批判运动的开展，以机械的阶级分析法，对苏轼开展全面批判，标志着苏轼研究的重大转向。虽然这一时期王季思《苏轼试论》[1]、程千帆《苏诗札记》[2]《苏词札记》[3]、程毅中《东坡词的意境》[4]、匡扶《苏轼诗简论》[5]、杨运泰《苏轼思想简论》[6]、谢善继《苏轼的政治思想和苏诗的艺

---

[1] 参见王季思《苏轼试论》，《王季思文集》中山大学出版社2004年版，第22页。
[2] 参见程千帆《苏诗札记》，《光明日报·文学遗产》第157期，1957年5月19日。
[3] 参见程千帆《苏词札记》，《光明日报·文学遗产》第136期，1956年12月23日。
[4] 参见程毅中《东坡词的意境》，《光明日报·文学遗产》第186期，1957年12月8日。
[5] 参见匡扶《苏轼诗简论》，《文史哲》1957年第4期。
[6] 参见杨运泰《苏轼思想简论》，《新建设》1962年7月。

术成就》①、叶柏村《论苏轼对词境的扩大与提高》②、郭预衡《苏轼散文的一些艺术特色》③、高海夫《苏轼散文的艺术风格》④ 分别从儒家思想、人格精神、政治思想历程、文学成就、诗词风格等方面对苏轼的地位给予了充分肯定，但却遭到了严厉的政治批判，并被贴上资产阶级和主观唯心主义的标签，以唯物主义研究评价苏轼开始成为学术研究的主导倾向。至"文化大革命"时，以《揭穿苏轼尊儒反法的两面派嘴脸》⑤、《北宋尊儒反法的反动政客苏轼》⑥、《反对革新的吹鼓手——苏轼》⑦、《"三绝碑"——苏轼之流尊儒反法的一个见证》为代表的批判性文章出现，对苏轼的全面否定和批判达到顶点。

随着1978年党的十一届三中全会的召开，解放思想、拨乱反正，苏轼研究开始回归学术研究正轨。这一时期的突出特点是，为厘清错误政治态度对苏轼研究造成的不良影响，出现了大量的苏轼政治研究论文，以王水照《评苏轼的政治态度和政治诗》⑧、顾易生《苏轼的政治态度及有关作品》⑨、徐中玉《略谈"四人帮"的反对苏轼》⑩、马积高《试论苏轼的政治态度和文学成就》⑪、朱靖华《论苏轼政治思想的发展——兼驳罗思鼎的谬论》⑫、邱俊鹏《苏轼政治思想管见》⑬、匡扶《苏轼的政治思

---

① 参见谢善继《苏轼的政治思想和苏诗的艺术成就》，《汇文学报》1962年第3期。
② 参见叶柏村《论苏轼对词境的扩大与提高》，《浙江师范学院学报》1964年第1期。
③ 参见郭预衡《苏轼散文的一些艺术特色》，《光明日报·文学遗产》第399期，1962年1月28日。
④ 参见高海夫《苏轼散文的艺术风格》，《高海夫文集》，三秦出版社2007年版，第221—234页。
⑤ 参见席韦：《揭穿苏轼尊儒反法的两面派嘴脸》，《南京大学学报》（哲学·人文科学·社会科学版）1974年第4期。
⑥ 参见丁一文《北宋尊儒反法的反动政客苏轼》，《湖北文艺》1975年第2期。
⑦ 参见丁红章《反对革新的吹鼓手——苏轼》，《四川文艺》1975年第2期。
⑧ 参见王水照《评苏轼的政治态度和政治诗》，《文学评论》1978年第3期。
⑨ 参见顾易生《苏轼的政治态度及有关作品》，《文艺论丛》1978年第5辑。
⑩ 参见徐中玉《略谈"四人帮"的反对苏轼》，《中华文史论丛》1978年第5期。
⑪ 参见马积高《试论苏轼的政治态度和文学成就》，《湖南师院学报》（哲学社会科学版）1978年第3期。
⑫ 参见朱靖华《论苏轼政治思想的发展——兼驳罗思鼎的谬论》，《历史研究》1978年第8期。
⑬ 参见邱俊鹏《苏轼政治思想管见》，《四川大学学报》（哲学社会科学版）1979年第4期。

想和他的政治态度》①、石声淮、唐玲玲《巨笔屠龙手——论苏轼的政治主张》②最具代表性，力求客观、公允地评价。而万云骏、吴世昌、缪钺、刘乃昌、项楚等人的研究，则为后来苏轼研究全面转向学术本位，起到了引领作用。

三 复苏期（1980—1999）

随着改革开放政策的实施和力度的加大，思想解放渐趋深入，苏轼研究开始全面加速并持续深化。主要表现是研究范围得以全面拓展，研究方法日趋多样，研究成果数量激增，研究自主意识、反思意识开始萌发，专业研究会成立，专门性学术会议日益增多。

（一）文献整理

对苏轼相关作品的深度整理开始加速，以苏词、苏文最具代表性，而选集类作品也因整理质量较高而得以广泛传播。

第一，选集类。以刘乃昌、王水照、郑孟彤、曹慕樊为代表，于20世纪80年代初，以诗词为主先后选注了多种选集，影响较大。第二，诗集类。以孔凡礼、吴鹭山、夏承焘、刘逸生为代表，校点出版了多部苏诗选。其中，孔凡礼《苏轼诗集》③在校勘与辑佚上，用力甚深，该书以王文诰注本为底本，同时恢复了王注本删去的补编诗、他集互见诗，又增搜辑佚诗近30首。全书采用汇校方式（以对校为主），参校文献达30余种，整理校记4000余条，使该书超越了此前同类型的整理本。第三，词集类。以孔凡礼、石声淮、唐玲玲、刘乃昌、崔海正、刘尚荣校、薛瑞生等，先后于20世纪八九十年代初出版了东坡词、东坡乐府选注，尤其以石声淮、唐玲玲《东坡乐府编年笺注》④（简称笺注本），薛瑞生

---

① 参见匡扶《苏轼的政治思想和他的政治态度》，《甘肃师大学报》（社会科学版）1979年第4期。
② 参见石声淮、唐玲玲《巨笔屠龙手——论苏轼的政治主张》，《华中师院学报》（哲学社会科学版）1982年第1期。
③ 参见（清）王文诰辑注，孔凡礼点校《苏轼诗集》，中华书局1982年版。
④ 参见（宋）苏轼著，石声淮、唐玲玲笺注《东坡乐府编年笺注》，华中师范大学出版社1990年版。

《东坡词编年笺证》①（简称笺证本），刘尚荣对《傅幹注坡词》②（简称刘本）等的整理质量为同时期最高，影响较大。笺注本以朱祖谋《东坡乐府》、龙榆生《东坡乐府笺》为基础，对二书的编年、注释、校勘、附录等进行了修订、补充、正误，因此质量大为提升。笺证本属于苏词新注，为同时期同类型的上乘佳作。全书收东坡词360首，以明紫芝漫钞《宋元名家词》为底本，广泛搜罗，编年审慎，力避穿凿，详加校勘。而刘本则属于旧注整理典范之作，《傅幹注坡词》历代仅以钞本流传，但清人对这部今存最早的苏词版本与注本并不重视，评价甚低，仅有龙榆生笺注东坡词时有所涉及，刘本充分肯定了该书在笺注、校订、编年、题序、辨伪、辑佚等方面的价值，区分苏轼自撰词题、词引与傅幹补注之文，精加整理，使该书900年来第一次得到整理出版，恢复了其大致面貌，意义甚大。第四，文集类。王松龄、陈迩冬、孔凡礼、石声淮、王水照、林辰、王文龙先后校点、选注、笺注《东坡志林》、散文等。值得留意的是，王文龙《东坡诗话全编笺评》③虽然前人对东坡诗话已有所搜罗，但并非"足本"，且显杂乱。该书以诗话内容的内在关联编次文献，广泛搜集，还东坡及其诗话的历史本来面目，对不同流派兼收并蓄，力求反思与重建诗歌传统，探讨诗歌文艺理论及其美学，乃至儒释道文化精神，价值较高。孔凡礼《苏轼文集》④以明茅维刊《苏文忠公全集》为底本，抛弃了四库提要之旧解（认为此书"漏略尤甚"），校勘精良，不仅采用了9种通行版本予以通校，而且广泛使用金石、别集、年谱、笔记等文献参比互证，融本校、对校、他校、理校于一体，同时，辑录佚文400余篇，专附《苏轼佚文汇编》于书后，使得全书整理质量高于此前同类型成果。第五，区域文献类，李增坡、丁永淮等先后以密州、黄州为中心，整理相关地域文选或全编。

此外，苏轼史料汇编整理成绩显著，王水照、孔凡礼先后出版《宋

---

① 参见（宋）苏轼撰，薛瑞生笺证《东坡词编年笺证》，三秦出版社1998年版。
② 参见（宋）傅幹注，刘尚荣校证《傅幹注坡词》，巴蜀书社1993年版。
③ 参见（宋）苏轼著，王文龙编撰《东坡诗话全编笺评》，西南师范大学出版社1996年版。
④ 参见（宋）苏轼著，孔凡礼校点《苏轼文集》，中华书局1986年版。

人所撰三苏年谱汇刊》①、《苏轼年谱》②，前者网罗各本年谱 7 种，校点 2 种，影印 5 种，收录了现存宋人所撰三苏年谱的全部原始资料，不少引书，今已亡佚，价值甚高；后者为年谱新编，以清王文诰《苏文忠公诗编注集成总案》为基础，参考总集、别集、史书、年谱、传记、笔记、诗文评、志书、金石题跋、书目、类书等，重新编次，稽考辨正，超越前代同类型著作。

(二) 学术研究

学术研究方面，集中于文献编年辑佚考证、苏轼研究史、人物性格与形象、文学研究、美学思想、佛道思想与三教关系研究、人物交游、综合研究，以及人物传记 9 大领域。文献编年辑佚研究得到了长足发展，苏轼研究史的研究取得了开创性的进展，人物性格与形象开拓新的境界；文学研究成果数量庞大，类型全面，层次丰富；美学思想研究以通论为主，间及书画、散文；佛道思想与三教关系研究涉及面较为宽泛；人物交游与比较研究开始发力；综合研究、人物传记虽然数量不多，均为重量级专著。而传统的政治思想与政治态度研究热度渐趋消减；区域苏学、哲学思想研究开始起步，史学思想研究关注虽然较少，以王云飞为代表，对苏轼史学思想进行论述，介绍了苏轼的史学观及其缺失，对后来研究影响较大。金石书画研究也还未成为研究热点。

1. 文献编年辑佚考证。该领域研究得到长足发展，刘崇德、韩敏、尹波、周裕锴、王水照、刘尚荣等分别对苏词编年、海南事迹系年、苏文系年、苏轼作品的版本，以及在日流传等进行了考证和辑佚，成绩显著。其中，刘尚荣《苏轼著作版本论丛》③ 为考述苏轼诗集、词集、文集的专稿，对版本源流、刊刻时地、行格款识、编纂体例、存佚真伪等问题，进行了系统讨论，揭示了诸善本的文献价值，意义颇大。

2. 苏轼研究史。相关文献搜集工作得到了长足发展，以四川大学中文系唐宋文学研究室、曾枣庄为代表，分别编纂了《苏轼资料汇编》与

---

① 参见王水照《宋人所撰三苏年谱汇刊》，上海古籍出版社 1989 年版。
② 参见孔凡礼《苏轼年谱》，中华书局 1998 年版。
③ 参见刘尚荣《苏轼著作版本论丛》，巴蜀书社 1988 年版。

《苏诗汇评》《苏词汇评》《苏文汇评》。其中，《苏轼资料汇编》①（上、下编）近150万字，上编以时代为序，收录历代考评苏轼及其作品的资料，下编收录研究苏轼的年谱、诗评、诗话等。全书涉及作家500余人，从北宋中叶到清末所有研究评论苏轼的重要资料均得以载录，校勘精良。尽管该书还存在资料收集不全，方志、佛道资料有待增补，最新研究成果有待吸收等问题，但瑕不掩瑜，其开创性价值不容小觑。此后，曾枣庄又对苏诗、苏词、苏文进行了分类汇编和补充，资料更为翔实丰富。

3. 人物性格与形象。以王水照、刘超谦、杨胜宽、徐中玉、邹志勇、王建平等为代表，对苏诗的性格、人生与文化内涵、美学特征的关系进行了解读，同时，开始关注对其性格、人生历程的文化阐释。

4. 文学研究。该领域研究为各领域研究之最，数量最多，其子方向层次丰富，但发展不均。其中以苏词研究、文学创作与文艺理论研究较多，而通论性研究、苏诗研究次之，苏文研究相对较少。（1）通论性研究。杨明照、王水照、吴子厚、姜书阁、谢桃坊、张辉、葛晓音等分别就苏轼的文学成就、创作发展阶段、文学革新的意义、文学史上的地位、文学思想的特点与倾向，进行了开创性研究。（2）苏诗研究。谢桃坊、胡国瑞、陶文鹏、张三夕、赵仁珪、黄鸣奋、白本松、朱靖华、王文龙、安熙珍、方然等围绕苏诗内容、结构、诗画关系、艺术渊源、风格、创作分期等问题开展了讨论。其中，谢桃坊《苏轼诗研究》②是较早一部综论苏诗的专著，全书七章，对其创作道路、艺术成就、艺术渊源、思想意义、评价问题、影响价值等给予了系统论述，历史评价居多，艺术分析相对较少。同时，苏诗研究渐次向专题化拓展，和陶诗、寓言诗、题画诗、山水诗、咏茶诗、乐府诗等领域陆续得到关注。（3）苏词研究。该领域研究成绩显著，以王水照、叶嘉莹、曾枣庄、薛瑞生、于翠玲、刘崇德、陈华昌、王运生、朱德才、吴世昌、郭精锐、王兆鹏、吴帆等为代表，对苏词的贡献、风格、内在特质、词学观念、研究范式等展开了较有深度的研究。特别是词风的婉约与豪放、继承与革新、正与变等问题，引起了学界的大讨论，取了相当的进展。而刘石、崔海正、唐玲

---

① 参见四川大学中文系唐宋文学研究室编《苏轼资料汇编》，中华书局1994年版。
② 参见谢桃坊《苏轼诗研究》，巴蜀书社1987年版。

玲等于20世纪90年代初先后出版苏词研究专著,开展了系统类型化研究。(4)苏文研究。王水照、徐慧元、李青、马承五、王立群、周慧珍、党圣元等集中对苏文中的散文、论说文的艺术风格、写作特色开展研究,并在20世纪90年代末期开始注意对苏文的体系研究和文化阐释。(5)文学创作与文艺理论研究。该领域出版了数部专著,发表了系列论文,以徐中玉、游倍利、刘国珺、颜中其、黄鸣奋、顾易生、朱靖华为代表的学者,针对苏轼文论本身开展研究,就苏轼的创作经验、文艺理论思想、文艺批评观、文论、诗论、词论等开展了系列讨论,特别是对"文理自然,姿态横生""自是一家""数学观念""以诗为词""以诗为文""无意为文""以议论为诗""士气""风格""意境"等创作问题与文论范畴进行了专题讨论,别开生面。其中,颜中其《苏轼论文艺》①兼具文献整理与学术研究功能,该书辑录苏轼关于散文、诗歌、绘画、书法的相关文献,广搜博采,注论结合,具有开创意义。

5. 美学思想研究。曹慕樊、艾陀、王向峰、江裕斌、刘伟林、王世德、孟二冬、杨存昌等对苏轼美学思想主体特征与来源、苏轼美学思想的地位和作用进行了讨论。其中,王世德《儒佛道美学的融合——苏轼文艺美学思想研究》②,将苏轼美学置于儒释道美学融合的文化背景下讨论,较为系统地阐释了苏轼美学在中国乃至世界美学史上的地位,前后勾连,中西对比,较有新意。而凌南申、史鸿文、文师华、吴小林等开始关注苏轼的艺术美学、书画美学、散文美学、诗歌美学等领域,为下一阶段美学专题化研究的深入推进作了必要探索。

6. 佛道思想与三教关系研究。项楚、曾枣庄、王国炎、黄宝华、刘石、陈晓芬、常为群、杨胜宽、孙昌武、张维、李豫川等集中讨论苏轼对佛道的态度,道教、道学、佛教对苏轼艺术思想、文学创作、人生道路的影响,以及苏轼创作、人生观、美学思想与儒、释、道的内在关系。

7. 人物交游与比较研究。这一时期,人物交游研究主要侧重于苏轼与宋代人物的交往与影响,如王安石、司马光、辛弃疾、道潜、苏颂、毛滂等人,以朱靖华、刘乃昌、曾枣庄、颜中其、李越深、杨庆存等为

---

① 参见颜中其《苏轼论文艺》,北京出版社1985年版。
② 参见王世德《儒佛道美学的融合——苏轼文艺美学思想研究》,重庆出版社1993年版。

代表；而人物比较研究，则侧重于文学风格、诗歌理论、文艺价值观等领域，比较对象以宋人为主（如黄庭坚、欧阳修、辛弃疾、朱熹、姜夔等），间及先秦（庄子）、唐代（杜甫）与现当代（郭沫若）。

8. 综合性研究。以朱靖华、王水照为主要代表，汇编历年研究论文、书序，加以科学分类，系统呈现，分别出版了《苏轼新论》《苏轼新评》《苏轼研究》等论集，是综合性研究的典范之作。朱著《苏轼新论》①、《苏轼新评》②，前者侧重对政治、思想、理论等领域的讨论，后者侧重于苏轼创作与艺术审美领域，二书以"新"见长，对旧问题提出新见，开拓研究新领域，而对比、动态的研究视角，让人耳目一新；王著则更为系统，对相关问题进行了反思和展望，对下一阶段苏轼研究提出了愿景。该书曾获得较大的社会反响，先后荣获上海市哲学社会科学优秀成果奖（1994—1995）、三等奖（1996），全国普通高等学校第二届人文社会科学研究成果二等奖（1998），国家社会科学基金项目优秀成果三等奖（1999）。

9. 人物传记。苏轼传记的撰写者颇多，以通俗类读本居多，但以王水照、曾枣庄为代表，先后出版《苏轼》③、《苏轼评传》④等传记类著作，是新时期苏轼传记类的佼佼者，兼具丰富的思想性和极高的学术价值，但影响力不及林语堂《苏东坡传》。

苏轼政治思想与态度研究延续了20世纪70年代末以来的研究思路和态势，对其政治态度、政治思想及其与文学作品之间的关系进行了持续深入的讨论，但数量已开始减少，并逐步有意识地转向文学研究本身；在区域苏学研究上，以王树芳、吴雪涛、唐玲玲、陈继明、杨应彬、周先慎、陈祖美、张德昌、林冠群、宋培宪为代表的学者，开始对湖州、河北、杭州、密州、海南（特别是儋州）、岭南等苏轼寓居地的社会活动与文学创作、文风、思想演变之关系予以关注，为下一阶段区域苏学研究的兴起奠定了基础。而书法研究领域，资料选编陆续展开，除《苏轼

---

① 参见朱靖华《苏轼新论》，齐鲁书社1983年版。
② 参见朱靖华《苏轼新评》，中国文学出版社1993年版。
③ 参见王水照《苏轼》，上海古籍出版社1981年版。
④ 参见曾枣庄《苏轼评传》，四川人民出版1984年版。

文集》①、《历代书法论文选》②、《历史书法论文选续编》③（崔尔平编）等选编资料外，李福顺《苏轼论书画史料》④收集苏轼书画诗文与后世品评苏作的诗文，搜罗全面而详尽，价值较高。刘正成、丛文俊主编《中国书法全集·苏轼》⑤汇集苏诗书迹图片，并附以释文和编年考证，堪称完备。尽管曹宝麟《中国书法史·宋辽金卷》⑥有专章论述苏轼书法，但仍缺乏专著予以深度探讨。

（三）学术反思

苏轼研究经历了一个由自发性研究到自主性研究的历程。这一发展趋势的转变与学术的自我反思、自主规划密切相关。这种自主反思与自我意识对下一阶段苏轼研究的大发展起到了重要的促进作用。以王水照，曾枣庄，全国词学讨论会（1983），苏轼研究会第二次（1982）、第三次（1984）研讨会为代表。其中，以王水照在1984年10月20日，在东京大学中哲文学会的讲演《近年中国学术界关于苏轼研究的几个争论问题》和《"走进苏海"——苏轼研究的几点反思》⑦（《苏轼研究》序言）的总结和反思最具系统性。以上主要观点是，苏轼主要是文学家，对他的研究重点放在对他的政治态度上，是不妥当的，力主研究回归文学本位。在苏词的总体评价上，不能简单地以"豪放"与"婉约"二元对立的标准来判定，以苏轼为代表的革新词风，扩大了内容题材、提高了意境风格、突破了形式音律，代表了词风的进步和发展。在苏轼创作分期上，前人苏辙、胡仔、陈师道、参寥、王文诰等学者已发其端绪，后来学人并未深入讨论，至20世纪80年代，此问题又被重新重视。主要有三派意见。一是三期说，即继承胡仔的意见"少而锐，壮而肆，老而严"⑧的观点，按时间顺序，将苏诗分为早、中、晚三期。二是黄州两期说，即以

---

① 参见（宋）苏轼著，孔凡礼校点《苏轼文集》，中华书局1986年版。
② 参见上海书画出版社编《历代书法论文选》，上海书画出版社1979年版。
③ 参见崔尔平选编点校《历代书法论文选续编》，上海书画出版社1993年版。
④ 参见李福顺编著《苏轼论书画史料》，上海人民美术出版社1988年版。
⑤ 参见刘正成、丛文俊主编《中国书法全集·苏轼》，荣宝斋出版社1993年版。
⑥ 参见曹宝麟《中国书法史·宋辽金卷》，江苏教育出版社2009年版。
⑦ 参见王水照《"走进苏海"——苏轼研究的几点反思》，《文学评论》1999年第3期。
⑧ 参见（宋）胡仔纂集，廖德明校点《苕溪渔隐丛话后集》，人民文学出版社1962年版，第226页。

苏轼贬官黄州为限,以思想和艺术特点为标准,划分为前后两期。三是以任职贬官两期说(王水照提出),即以生活经历、思想特点,分为任职期、贬官期。不同的分期实则反映了人们对苏轼创作发展过程的不同理解和评价。

不足在于,虽然在专题研究外,整理、校勘、注释苏轼文集方面有一些成果,但研究领域偏窄,方法陈旧,缺乏多层次分析。虽已出现多元化研究趋势,但仍缺乏高层次研究。第一,传统的苏轼文献整理工作,有待进一步加强;整体性的综合研究成果质量有待提升。应重视对新材料的挖掘和鉴别,"小环境"和具体事件的实证,以及文本的正确解读。第二,研究深度有待加强。一是新方法有待引入,如文化学、现象学、心理学、比较文学等,注重学科交叉研究。二是传统研究题目有待深化。对其政治态度的变法与反变法、思想上的儒释道关系、创作分期、文化性格特质与核心,需要进一步探索和解释。第三,新的研究领域有待开拓。一是将苏轼放到宋代文化大背景下,甚至世界文化背景中予以观照;加强对区域文化与群体文化的研究。二是对苏轼接受史,及其文化遗产的当下意义和现代转化研究,有待进一步开拓。三是苏轼各个领域的研究极不平衡,缺乏专题性的研究,如苏轼蜀学、美学思想、史学思想、经学思想、二苏笔记文比较研究、妇女观,以及苏轼与饮食、棋、歌伎等。

(四)学术机构

全国性组织中国苏轼研究会,于1980年在四川大学中文系和四川省社会科学院的倡议下,在四川眉山成立。全国性学术研讨会每两年一次,先后在黄州、惠州、杭州、凤翔、烟台、儋州、眉山、诸城、徐州、栾城等地召开[①],对苏轼的诗词文赋、书法绘画、文学思想、政治主张等,开展全面研究,已历二十一届,先后出版相关会议论文集,影响深远。

四 发展期(2000—2017)

进入21世纪以来,苏轼研究接续上一阶段发展态势,持续推进,复

---

① 参见饶学刚、朱靖华《二十世纪苏轼文学研究述略》,《黄冈师范学院学报》2003年第4期。

苏期所出现的问题，在此时期得到了不同程度的解决。第一，既有研究领域深度持续加强，新的研究领域得到极大开拓，交叉领域的探索亦有所发展，研究成果数量呈几何级数增长。研究领域从复苏期开始逐步回归文学本位，到发展期时，已蔚为大观，成果数量最多，约占成果总量的55%（复苏期、发展期），成绩显著。同时，以苏轼为研究对象的硕博士学位论文大量出现，从广度和深度上，不断夯实苏轼研究基础，推动苏轼研究向纵深发展。第二，文献整理方面，由资料收集型向深度整理型、集成整理型转化，成果丰硕。第三，研究方法多元化趋势加速发展，研究的视角与触角探向多学科，做了大量交叉性和先锋性的尝试，解释力度逐步深入。第四，区域性研究会、专业性研究刊物得到空前发展。第五，最值得注意的是，自党的十八大以来，党中央高度重视文化发展，出台了相关专门文件，学术研究呈现出"学术·文化·教育"多维一体的全新发展格局。

（一）学术反思

21世纪初，以曾枣庄、祁和晖为代表的学者，对苏轼研究进行了新的总结和反思。曾枣庄等《苏轼研究史》[①]分诗、文、词、生平等进行分类总结，认为20世纪苏轼研究经历了凋落到复炽的过程。祁和晖《解读完整的苏轼不能只重辞章》[②]指出，苏轼才识首先不是辞章，而是道德学问，其经学成就竟受他"议论文章"的掩蔽而不广为人知。苏轼作为一个文化符号，代表着一种先进的文化。评论苏轼，眼光当从辞章以外求其真谛。

（二）文献整理

苏轼相关作品的深度整理取得重要突破，全集、选集、诗集、词集的整理均取得了不俗的成绩。

第一，全集类。傅成、曾枣庄、舒大刚、张志烈等先后出版《苏轼全集》[③]、《三苏全书》、《苏轼全集校注》多部全集类校点本和校注本。

---

① 参见曾枣庄等《苏轼研究史》，江苏教育出版社2001年版。
② 参见祁和晖《解读完整的苏轼不能只重辞章》，《西南民族学院学报》（哲学社会科学版）2003年第1期。
③ 参见（宋）苏轼著，傅成、穆俦校点《苏轼全集》，上海古籍出版社2000年版。

其中，曾枣庄、舒大刚主编《三苏全书》①为20册，字数850余万言，是三苏父子经、史、子、集各类文献的首次汇录和整理，包括苏轼著《东坡易传》九卷、《东坡书传》十三卷、《论语说》二卷（辑佚），苏辙著《诗集传》二十卷、《春秋集解》十二卷，苏洵著《谥法》四卷，苏辙著《古史》六十卷、《龙川略志》十卷、《龙川别志》二卷，苏轼著《东坡志林》五卷、《仇池笔记》二卷、《东坡手泽》一卷、《艾子杂说》一卷，苏辙著《老子解》二卷；以及三父子文集《嘉祐集》二十卷，"苏轼集"（含《苏轼诗集》五十卷、《苏轼词集》十二卷、《苏轼文集》一百五十卷）、"苏辙集"（含《栾城集》五十卷、《后集》二十四卷、《三集》十卷、《应诏集》十二卷）；第二十册还收录假托苏洵《苏批孟子》、托苏轼《历代地理指掌图》等，资料最为全面。张志烈、马德富、周裕锴主编《苏轼全集校注》②全书800余万字，历时20余年完成，分诗、词、文三部，以孔凡礼检点本、龙榆生笺注本为基础，在全面吸收前人研究的基础上，在校勘、注释、编年、辑佚、辨伪、集评等方面，进行了全新探索，成为新时期该领域的集成性著作。尽管此前学界对苏轼著述的整理取了相当的成绩，但尚未出现一部汇集苏轼诗、词、文的全集校注本，该书的出版，填补了相关研究的空白。

第二，选集类。张志烈、王水照、孔凡礼等先后出版了多种诗词文的选集本或选评本，持续推进东坡文化的普及与推广。

第三，诗集类。以《苏轼诗集合注》③为代表，该书为旧注整理本，以清同治九年（1870）冯应榴辑注《新修补苏文忠公诗合注》为底本，参校诸本而成，用力颇深。

第四，词集类。邹同庆、朱靖华、曾枣庄、谭新红等先后对苏词进行了编年校注、新释辑评、全编、汇校汇评等，各有侧重，成绩不凡。邹同庆、王宗堂《苏轼词编年校注》④以正编、附编、附录编次，搜罗完备，编注精审，引证有据，体现了苏词研究的新水平。朱靖华等所著

---

① 参见曾枣庄、舒大刚主编《三苏全书》，语文出版社2001年版。
② 参见张志烈、马德富、周裕锴主编《苏轼全集校注》，河北人民出版社2010年版。
③ 参见（宋）苏轼著，（清）冯应榴辑注，黄任轲、朱怀春校点《苏轼诗集合注》，上海古籍出版社2001年版。
④ 参见邹同庆、王宗堂《苏轼词编年校注》，中华书局2002年版。

《苏轼词新释辑评》①（系"历代名家词新释辑评丛书"之一种）收录苏词410首，对苏词的诠释力求严谨、准确，并按年代（宋至当代）摘录苏词评论材料，以扩展研究思路。曾枣庄《苏东坡词全编》②（汇评本）重在全面收集苏词相关的背景资料与评论资料，以文献资料的全面性见长，用力甚深。谭新红等《苏轼词全集》（汇编汇评汇校）③收录苏词351首，在充分吸取前人与时贤研究成果的基础上，对316首词进行编年，采用题解、注释、汇评的方式予以著录，形式新颖，简明扼要。

（三）学术研究

传统的研究领域，如苏轼研究史、人物性格与形象、文学研究、美学思想、佛道思想与三教关系、人物交游与比较、人物传记等领域，持续深入推进。上一阶段（复苏期）被忽视的某些领域，如区域苏学、金石书画、哲学思想等，得到长足发展，渐趋兴盛。同时，新的专题研究领域得以开拓，如苏门后学及后人、文学译介、文学教育等，取得了不小的成绩；伦理学、社会学、民族学、法律、语言学、饮食养生、音乐、科技等新兴领域的研究业已起步，但有待发展与深化。而文献编年辑佚考证、政治思想与政治态度等领域虽有所发展，但已非主流。遗憾的是，对于苏轼史学思想研究有所发展，但是始终未能引起学界的足够重视。

1. 苏轼研究史。该领域研究开始从复苏期的文献汇编型研究向学术研究型转向，以王友胜、曾枣庄为代表，呈现出专题化和综合化的特点。王友胜《苏诗研究史稿》④勾勒了近千年来苏诗研究的历史脉络，系统总结了四大发展阶段，归纳出"两头热，中间冷"的发展态势，并从文艺学、文献学、学术史等角度切入，观照学术发展思潮演变。该书"思致颇密，用力甚勤，其草创之功，值得称道"（王水照语）⑤。曾枣庄等《苏轼研究史》⑥以整体性和系统性见长，是对近千年来苏轼研究史的总体概

---

① 参见朱靖华、饶学刚、王文龙、饶晓明编著《苏轼词新释辑评》，中国书店2007年版。
② 参见曾枣庄《苏东坡词全编》（汇评本），四川文艺出版社2007年版。
③ 参见谭新红、萧兴国、王林森《苏轼词全集》（汇编汇评汇校），崇文书局2015年版。
④ 参见王友胜《苏诗研究史稿》，岳麓书社2000年版。
⑤ 参见王水照《〈苏诗研究史稿〉序》，《湘潭师范学院学报》（社会科学版）2001年第3期。
⑥ 参见曾枣庄等《苏轼研究史》，江苏教育出版社2001年版。

括，具有开创之功。苏轼接受史的研究有长达近千年的历史，但罕见相关论著，王水照指出："（王友胜）对这个缺失作了初步的弥补，枣庄先生的《苏轼研究史》则在广度和深度上，对填补这一学术空白起了极大的作用。"①

2. 人物性格与形象。以周先慎、马东瑶、杨胜宽、吴炫、潘殊闲、张文利、宋春光、喻世华、郭茜等为代表，对苏轼的人格与品格、人生与艺术的关系、苏轼文化现象、后世文学作品（如散文、笔记、元曲等）中的苏轼形象及其文化意蕴展开研究。

3. 文学研究。该领域依然是各领域研究的主流，数量最多。原有的各子方向，如通论性研究，苏诗、苏词、苏文、文学创作与文艺理论等领域，均得到了快速发展，成果繁盛，同时出现了关于苏轼的批评接受研究等新的研究方向。

（1）通论性研究。陶文鹏、俞士玲、卫芳、莫砺锋、李永平、冷成金、郑利华、刘洋等对苏轼的诗词艺术、文学特征、哲学底蕴、艺术与文艺的融通、精神指向等进行了创新探索，认为幻异变化、悲剧意识、比喻手法是苏轼文学的重要构成要素与特质，文学与艺术之间贯穿着"通"的精神，儒释道的底蕴赋予了他对人生终极意义的探寻和精神困境的突围，其复杂性对晚明士人的精神产生了重要影响。其中，陶文鹏《苏轼诗词艺术论》② 专论文学与艺术的关系，集中探求诗画关系和自然山水，对诗词艺术予以美学观照，较有新意。

（2）苏诗研究。围绕诗画关系、诗书关系、苏诗精神来源、诗学思想意义、诗歌意向等，学界开展了深度研究，以孟宪浦、王韶华、冷成金、谢桃坊、王凤苓、姚华、董宏钰等为代表，其中，孟宪浦《诗意地筑造：苏轼诗学思想的生存论阐释》③ 借用海德格尔的基础存在论，围绕"道""意""物""言"，系统阐释苏轼诗学思想的特征和意蕴，是较有意义的探索。

---

① 参见王水照《〈苏轼研究史〉序》，《中华文化论坛》2002年第1期。
② 参见陶文鹏《苏轼诗词艺术论》，上海古籍出版社2001年版。
③ 参见孟宪浦《诗意地筑造：苏轼诗学思想的生存论阐释》，博士学位论文，山东师范大学，2008年。

而苏诗专题研究也得到了长足发展，山水诗、咏茶诗、唱和诗、饮酒诗、音乐诗、题壁诗、送别诗、论诗诗、涉病诗、祈禳诗、诙谐诗、题画诗、游览诗、谐谑诗、节令诗、南迁诗等领域研究相继得以开拓，其中以和陶诗数量最多，成绩尤为突出。

（3）苏词研究。这一时期，对苏轼的词学思想、文学意向、文学特征、精神内涵、词乐关系等进行了深入研究，尝试运用隐喻、概念整合、接受学、变异学等西方理论对苏词进行阐释。同时，苏词的专题化研究呈现繁荣之势，如豪放词、咏物词、唱和词、涉梦词、登高词、杂体词、离别词、谐趣词、倅杭词等。其中，张再林《唐宋士风与词风研究：以白居易、苏轼为中心》[1]、饶晓明《东坡词研究新思维》[2] 较有代表性。前者侧重讨论中唐至北宋时期士大夫的"士风"与词风的动态关联与嬗变历程，注重文化阐释，解释"士"的人格、文化心态、文化心理对词发展的影响；后者从苏词研究史的角度，对历代尤其是当代学人关于苏词的代表性观点进行了归纳和概括；对苏诗中的词进行了考辨补正；对苏词创作高峰"黄州说"进行了考证和成因分析。二书极具开拓性和创见性。

（4）苏文研究。学界关于苏文的研究进入了一个高潮，一扫复苏期的颓靡之势。其发展的主要特征是数量激增，特别是主题研究，如尺牍、书信、制诰、小品文、题跋文、论体文、表文、应用文、碑志文、祭文等，全面引动。此外，学界已开始注意对苏轼散文理论的继承与创新、艺术精神、文化价值的研究。

（5）文学创作与文艺理论研究。围绕文艺思想及其基本特征、艺术创作、文论思想、批评理论与根源等议题，冷成金、王启鹏、党圣元、朱靖华、童庆炳、张惠民、张少康等展开了较有深度的讨论。其中，张惠民、张进《士气文心：苏轼文化人格与文艺思想》[3] 以文化人格和文艺思想为两大基点，从本体论、创作论、作家论切入，凝练内在"潜体

---

[1] 参见张再林《唐宋士风与词风研究：以白居易、苏轼为中心》，人民文学出版社2005年版。

[2] 参见饶晓明《东坡词研究新思维》，广西师范大学出版社2008年版。

[3] 参见张惠民、张进《士气文心：苏轼文化人格与文艺思想》，人民文学出版社2004年版。

系",倾注充沛情感,本着同情之理解,做跨时空交会与感知,材料丰富,持论有据。"全书洋溢着一以贯之的思辨色彩","对其人格魅力、精神境界的深刻丰富的内涵,作了相当透彻的论析","既具完整性,又有层次感"①(王水照语),是由纯文学研究转向大文化研究的有力尝试。此外,关于苏轼的批评接受研究蔚然兴起,探讨宋金元明清时期对苏词的传播与接受,高丽、朝鲜对苏诗的接受与发展;南宋对苏词的批评、清代对苏诗的批评等问题。同时,苏轼对杜甫、柳永的接受问题也开始得到关注,并试图借鉴西方接受美学的理论方法,探求对苏词的接纳、解读和研究的形态方式、历史面貌与内在规律,考察不同时代文学观念、审美心理的变迁。

4. 美学思想。传统文艺美学依然是讨论的重点,对苏轼文艺美学的特质(如"尚意""尚质""禅意"等)、文艺美学的哲学意蕴等进行了较有深度的研究,此外,对苏轼美学的探讨已开始向绘画、书法、音乐等领域延伸。

5. 佛道思想与三教关系。以对苏轼与佛教关系的讨论居多,以吴洪泽、李赓扬、梁银林、胡金旺、周裕锴等为代表,对佛学与苏轼人生、修养、创作的影响与关系,苏轼与佛禅结缘的内外因进行了深度探究。其中,胡金旺《苏轼、王安石的哲学建构与佛道思想》②以哲学体系建构、佛道关系差异为视角,对比苏轼与王安石之间的差异性,较有新意。苏轼与道教、道家、道学的关系研究亦有一定程度的进展,以刘文刚、杨存昌较有代表性,围绕苏轼与道家道教关系的历史分期、苏轼的道教修炼、道对苏轼思想及其文学创作的影响等议题,探索文化与人物的交互关联,厘清道家思想在苏轼美学中的主要体现。同时,学界开始注意苏轼对儒释道三教的融通研究,以张志烈、左志南等为代表,重在探讨苏轼三教融通的方式、路径及其成因。

6. 人物交游与比较研究。人物交游研究持续深入发展,除个案研究范围继续扩大外,如与欧阳修、陈襄、文同、苏颂、杨绘、章惇、李之

---

① 参见王水照《〈士气文心:苏轼文化人格与文艺思想〉序》,人民文学出版社2004年版,第3—4页。

② 参见胡金旺《苏轼、王安石的哲学建构与佛道思想》,中央编译出版社2015年版。

仪、王诜、秦观、张耒、陈师道、李昭玘、毕仲游、米芾等人关系的考辨，还出现了通论性的交游研究，以梁建国、吴雪涛较有代表性，梁建国《朝堂之外：北宋东京士人走访与雅集——以苏轼为中心》指出，苏轼、范镇、王巩、王诜、王槭，以及苏门六君子等人经由日常的走访与雅集，实现了身份的相互认同，彼此的关系得以维系和巩固，生成结构松散而相对稳定的交游圈，共同营造出富有时代和地域特色的社会文化氛围。叶翔羚《苏轼的交游与文学》① 对苏轼交游类型进行专题研究，以期揭示交游与苏轼文学创作的内在联系；他的另一部著作《苏轼交游录》介绍了与苏轼交游的诸多人物，对后续研究有指导价值。比较研究方面，以唐宋人物比较为主，晋、清二朝有少量涉及。唐代方面，主要是与李白、杜甫、白居易进行比较研究，杨义、刘扬忠、赵仁珪、刘石、韩经太等以文化视阈中的李白与苏轼为题，先后发表系列论文，探讨李白与苏轼的类型特征、精神文化内联性、文化史及其现代意义；张志烈、周裕锴等探索杜甫与苏轼之间的价值观与审美感悟的贯通性，认为二者之间具有超越文本本身的内在关联性，是一种生命诗学；尚永亮通过白居易与苏轼在心性、思想、文化上的异同分析，以期揭示中华文化所带来的类型特征。

7. 人物传记。以叶嘉莹、王水照、李赓扬、李一冰等为代表，出版了多部苏轼评传类著作，这些著作以学人数十年苏轼研究为基础，有的甚至是多次的修订本，杜绝戏说，持论有据，注重文学性，力图全面展现苏轼的人生历程与学术成就，质量颇高，有力地促进了东坡文化的广泛传播。值得一提的是，由舒星翻译的《苏东坡：无可救药的文人——全球"千年十二英杰"评传》②，展现了苏轼在世界范围的影响。

8. 区域苏学。传统研究区域，如儋州、岭南等，持续推进。同时，新增徐州、凤翔、雷州、黄州、杭州等研究区域，其中黄州、杭州已逐渐成为研究热点。

9. 金石书画研究得到长足发展。书法研究方面，除了在中国书法史

---

① 参见叶翔羚《苏轼的交游与文学》，硕士学位论文，复旦大学，2014年。
② 参见舒星译《苏东坡：无可救药的文人——全球"千年十二英杰"评传》，《宋代文化研究》第20辑，四川大学出版社2013年版。

的相关著述中,有所论及外,学界对苏轼书法的美学思想、书法的特质、书风探源、宋明书坛对苏轼书法的传播与接受等,均有一定程度的研讨,其中曹士东《苏轼书法研究》[1]从文化背景、创作历程、独特面貌、思想理论等方面,较为系统地对苏轼书法进行了研究,但深度仍有待加强。绘画研究方面,学界对苏轼文人画的审美取向、美学思想、与中华文化的关系等展开研究,较有代表性的是陈中浙《苏轼书画艺术与佛教》[2],该书通过分析佛教义理对苏轼的内在影响与分期研究,探寻苏轼书画艺术与佛教的内在关系,较有新意。

10. 哲学思想。苏轼哲学思想研究虽在复苏期有所萌芽,但数量不多,发展缓慢,进入21世纪以后,开始发力,但发展并不均衡,以儒学思想研究为主,苏轼蜀学研究、名实思想研究等领域有少量涉及,但数量偏少,不成体系。在儒学思想研究中,以易学研究成绩最大,论语学研究有所发展。易学研究方面,以杨遇青、徐建芳、龙晦、姜海军、王新春、邓秀梅、李瑞卿等为代表,对苏轼易学的筮卦变占、内在观念("神""变易""命")、阐释方法等开展多层次、多角度研究,但研究的深度和系统性仍有待加强。论语学研究方面,舒大刚等辑校的《论语说》[3]在卿三祥、马德福辑佚基础上,又搜罗诸文献,拾遗补阙40余条,并将宋至清学者论说之语附录各条之下,成为迄今为止最为完备的辑本。舒大刚、唐明贵又对《论语说》的流传存佚、诠释特色等作了初步探讨。而对苏轼尚书学、孟子学等领域,学界虽有所关注,产生了较多研究论文,但在专著研究方面仍亟待拓展。值得一提的是,舒大刚、李文泽等主编的《三苏经解集校》[4]在明代焦竑辑《两苏经解》的基础上,收录三苏其他解经著作与后世诸家论述资料,采用优秀版本进行校勘,收录各书附以提要,详考成书、版本与价值,集三苏经学文献之大成,尤其难能可贵的是,该书以复兴"蜀学"为旨归,倡导总结与建构地域学术体系——蜀学,其文献价值、学术思想史意义甚大。

---

[1] 参见曹士东《苏轼书法研究》,合肥工业大学出版社2014版。
[2] 参见陈中浙《苏轼书画艺术与佛教》,商务印书馆2004年版。
[3] 参见(宋)苏轼撰,舒大刚、尤潇潇辑校《论语说》,载舒大刚、李文泽等主编《三苏经解集校》,四川大学出版社2017年版。
[4] 参见舒大刚、李文泽等主编《三苏经解集校》,四川大学出版社2017年版。

11. 史学思想。贾大泉、陈世松主编的《四川通史》① 五代两宋卷中介绍了苏轼的史学研究著作，王水照、朱刚著《苏轼评传》详细介绍了苏轼"通古今之变"的史学成就，除了这些著作中有关苏轼史学思想的探讨，还有余祖坤、粟品孝、金生杨、唐晶、白端明等撰写相关论文介绍其史学思想，并将苏轼的史学思想与苏洵、苏辙合并探讨，形成研究三苏史学成就的风气。

12. 苏门后学及后人。作为苏轼研究领域中新兴的一个方向，该领域虽然数量不多，但研究力度不小，目前已有多部硕士、博士学位论文和专著问世。

20世纪80年代，曾枣庄撰《三苏后代考略》②、《三苏姻亲考》③ 首开对三苏后代、姻亲的研究。既而舒大刚出版《三苏后代研究》④ 专书，共分"苏氏六子行迹考"（分别考述"三苏子嗣及其分布"、苏迈、苏迨、苏过、苏迟、苏适、苏逊等事迹）、"三苏后代文献考"（对《斜川集》《双溪集》《栾城遗言》进行研究）、"苏过苏籀年谱"三编，附录有苏山撰《苏符行状》、韩元吉撰《苏岘墓志铭》。杨胜宽《苏轼与苏门人士文学概观》⑤ 试图解释文化生态与文学嬗变之内在联系，对政治风云、学术思潮、文学理论与创作的交互关系进行了细致而系统的梳理。

马斗成早在1995年随冯尔康先生攻读研究生时，即开始三苏后人的研究，积十年工夫，出版《宋代眉山苏氏家族研究》⑥ 一书，在前人研究基础上，广搜博采，后出转精。书分九章："苏姓起源、发展、鼎盛概况""宋代眉山苏氏家族兴衰始末""科举时代的士大夫家族""苏氏家族的经济生活""眉山苏氏婚姻圈""眉山苏氏交流圈""眉山苏氏家族的祭祀信仰生活""子嗣流布""眉山苏氏名字号研究"等，末附"苏轼与张未交流考""苏轼与王恭交游考""宋代眉山苏氏家世图""宋代眉

---

① 参见贾大泉、陈世松主编《四川通史》，四川人民出版社2010年版。
② 参见曾枣庄《三苏后代考略》，《古籍整理研究》（创刊号），上海古籍出版社1986年版。
③ 参见曾枣庄《三苏姻亲考》，《中华文史论丛》1996年第2期。
④ 参见舒大刚《三苏后代研究》，巴蜀书社1995年版。
⑤ 参见杨胜宽《苏轼与苏门人士文学概观》，四川文艺出版社2001年版。
⑥ 参见马斗成《宋代眉山苏氏家族研究》，中国社会科学出版社2005年版。

山苏氏婚姻图""有关眉山苏氏家族记载的谱书、墓志""眉山苏氏人选录"等,有此一书,眉山苏氏后代姻亲等情况,尽在此矣。

于广杰《苏轼文人集团研究》① 系统探究了苏轼文人集团的构成、形成期、诗词绘画群体形成与特征,揭示该群体在政治上、文学上,不同于正统儒学与荆公新学的特质,以及对儒学、文学、艺术发展的意义。朱佳鸣《苏轼苏辙后代研究》② 以二苏为中心,试图勾勒出二苏后代的全貌,从伦理、经济、政治、学术、文学、书画等方面总结眉山苏氏在家风和家学上的特征。金生杨《眉山苏氏家族与学术》③ 详细梳理了苏氏家族谱系及其在经学、史学、三教圆融上的学术成就。

13. 文学译介。该领域此前学界关注不多,进入 21 世纪以后,相关研究有所发展和拓展。主要围绕苏诗、苏词的英译问题,研究翻译方式、类型译者主体性、风格传译等,探求意识形态、赞助人和诗学对译者翻译苏词的影响和制约,以及主体性误读、文化过滤现象,通过语言维度、文化维度、交际维度,揭示译者在翻译过程中的选择,阐释英译过程中如何通过对图形和背景的感知来完成对原诗意境美的传递。其突出特点是借用西方操纵理论、心理翻译理论、翻译适应选择论、图形—背景理论、生态翻译学、翻译伦理学、哲学阐释学等进行诠释和解读,作了先锋性尝试。

14. 文学教育。该领域以苏轼教育思想、苏轼文学艺术作品为研究对象,从教育学的视角,探讨对中学教材编纂、教育启示、教学价值等的影响。

15. 文献考证。学界对苏轼佚文、相关文献版本、刊刻与传播等进行了一些考证。但最值得一观的是,卿三祥、李景焉编著《苏轼著述考》。④ 该书从书目文献学的角度,广泛收集有关苏轼著述、旧题苏轼著述、历代各家整理的苏轼著述的原始资料,每个条目以历代著录、题解、序跋、版本、辑佚五部分予以著录,是目前关于苏轼著述情况最为系统和全面

---

① 参见于广杰《苏轼文人集团研究》,博士学位论文,河北大学,2013 年。
② 参见朱佳鸣《苏轼苏辙后代研究》,硕士学位论文,浙江大学,2009 年。
③ 参见金生杨《眉山苏氏家族与学术》,载邹重华、粟品孝主编《宋代四川家族与学术论集》,四川大学出版社 2005 年版。
④ 参见卿三祥、李景焉编著《苏轼著述考》,四川大学出版社 2016 年版。

的考证，价值甚大。

（四）区域性研究会

在苏轼留经之地，先后成立了众多东坡文化研究会，推动了区域性东坡文化的研究与普及，如郏县苏轼文化研究会（2002）、常州市苏东坡研究会（2002）、江阴市苏东坡研究会、栾城苏氏文化研究会、徐州市苏轼文化研究会（2008）、黄州市东坡文化研究会（2009）、儋州市东坡文化研究会（2010）、河北省苏轼文化研究会（2017）、海南苏轼文化教育基金会（2017）、诸城市苏轼文化研究会（2018）、广安市广安区苏轼文化研究会（2017）、徐州市苏轼文化研究会（2018）等，极大促进了东坡文化与研究的普及与推广。

（五）研究刊物

除了相关大学学报先后开辟"苏轼研究"专栏外，专门性的期刊平台开始加速建设，如《中国苏轼研究》（2004，朱靖华、刘尚荣主编，中国人民大学中文系），《苏轼研究》（2005年创刊，中国苏轼研究会），《三苏祠》（2002年，眉山三苏祠博物馆），《苏学通讯》（常州市苏东坡研究会主办），《苏东坡研究丛刊》（已出三辑），《放鹤亭》（2009年创刊，徐州市苏轼文化研究会），《载酒堂》（2010年创刊，儋州市东坡文化研究会）等。

（六）发展新趋势

自党的十八大以来，加快构建中国特色哲学社会科学，建构人类命运共同体，实现道路自信、理论自信、制度自信、文化自信，成为新时代中华文化继承与弘扬的全新课题。为此，四川省出台了《关于传承发展中华优秀传统文化的实施意见》，并将苏轼评选为四川首批十大历史名人之一，制订了《四川历史名人丛书编辑出版实施方案》，陆续启动文献丛书、研究丛书、传记丛书、历史小说丛书、普及读物丛书五大系列编纂工程。同时，眉山市政府与四川大学签署战略合作协议，其中一项议题即联合共建三苏学院、东坡书院，旨在依托四川大学教育、教学、学科、人才等资源和眉山东坡文化底蕴，打造高等教育基地、中华优秀传统文化研究基地、全球三苏文化遗存和相关文物研究数据库及文博人才培养基地，加快推进以苏轼为代表的中华文化、巴蜀文化的传承创新与普及传播，实现文化的创造性转化与创新性发展。

结　语

纵观近一个世纪以来的苏轼研究，历经酝酿、沉寂、复苏、发展四个阶段，研究范式由传统向现代转型，传统的文献整理向深度整理迈进，传统旧注旧疏向现代阐释与文化分析转向。研究领域渐次开拓，文学领域研究无论是数量还是质量，遥遥领先。文献搜集已趋于完备，深度整理有所进展，而相关学术研究还有待深度推进。综合性研究得以提倡，相对独立研究领域的界限开始打破，科学交叉研究渐趋深入，文学研究、文艺理论研究与书画、宗教研究之间的关联与认知逐步得到学界的重视；比较研究的范围和力度逐步拓宽和加大。研究方法从机械的阶级分析法、二元对立的分析法转向多元化，西方文艺学、接受美学、心理学、阐释学、翻译学等相关理论和方法得以尝试和运用，但传统的文学、艺术、哲学等领域的研究，解释力往往不尽如人意，学界逐步转向大中华文化视阈以寻求新的解释。稍显不足的是：第一，研究领域的不平衡性依然突出，文学研究一枝独秀，其他领域或专题性研究，如苏轼研究史（苏词研究史、苏文研究史等）、苏轼蜀学成就、苏轼史学思想，以及经济学、伦理学、社会学、民族学、法律、语言学等领域的研究还较为薄弱，同时多领域的交叉研究还有待深度推进。第二，研究方法的理论反思意识和建构意识还有待加强，虽然学界引介西方相关理论对苏轼进行了新的探索，但对方法本身及其适用性还缺乏必要的反思和总结，往往有"隔靴搔痒"，解释乏力之感。第三，研究视阈有待新的拓展，苏轼作为具有世界性影响的历史名人，他的价值、意义和影响超越了时间和地域，对他的研究需具有跨越文明的宏大观照。

令人欣喜的是，随着研究的持续助力和推进，研究成果的不断涌现，苏轼研究已经打下了坚实的基础，其下一个发展阶段，我们亦可期待，那必将是各领域研究的综合深化期。从研究视角来看，以苏轼研究为坐标，向内观照，深度挖掘苏轼内在思想体系和发展逻辑；向外观照，探索苏轼思想与东坡文化对中华文化、东亚文明乃至世界文化所具有的超越性价值与影响。从研究领域来说，跳出"文学家"这一苏轼身份的成见，加强经学研究、蜀学研究，还原苏轼作为具有"经世情怀"的经学家和主张"三教合一"的蜀学巨擘之本来面目，将是新的研究重点。此外，其他相对薄弱的研究领域，如苏词研究史、苏文研究史、苏轼蜀学、史学思想，以及专题性研究等，有望持续深化。从研究方法来说，对理论的反思和理论的建构，将是令人瞩目的期待。通过西方理论引进和吸收，结合中华文化及其理论体系，建构阐释苏轼思想与东坡文化具有的中国特色的全新学术体系和话语体系，无疑具有战略性的价值和意义。而随着中华文化传承与弘扬工程的启动，苏轼与东坡文化研究进入了"学术·文化·教育·文创·旅游"五位一体的展新阶段，其要旨在于立足学术，着眼传承，以文化为核心，以学术为支撑，以教育为目的，以文创为手段，以旅游为推手，实现苏轼研究与东坡文化的创造性转化与创新性发展。

杨慎研究综述

王智勇　秦际明*

杨慎（1488—1559），字用修，号升庵，又号博南山人、博南逸史、滇南戍史、洞天真逸等，原籍庐陵人，元末迁居四川新都（今属四川）。杨慎是明代非常有影响力的经学家、思想家、文学家与考据名家，名列明代三大才子（解缙、杨慎、徐渭）之首，是蜀学中的杰出代表人物。杨慎出身于书香门第，是吏部尚书、武英殿大学士杨廷和之子，湖广提学佥事杨春之孙，自幼受到很好的家庭教育。24岁即考中状元，授翰林院修撰。世宗继位后，仕经筵讲官。嘉靖三年（1524），因"议大礼"，违背世宗意愿，获罪下狱，两受廷杖，毙而复苏，永远充军云南永昌卫（今保山市），杨慎谪戍云南永昌卫，居云南三十余年，直至客死昆明高峣。通过杨慎的人生经历，我们一方面可以看到其命运的独特性，另一方面却也可以感受到那个时代人们命运的普遍性。

杨慎学识极为渊博，著作颇丰，《明史·杨慎传》称"明世记诵之博，著作之富，推慎第一"[1]，允非虚言。杨慎之著作据说有四百多种，简绍芳《杨文宪先生年谱》末有云："至其平生著述，四百余种，散佚颇多，学者恨未能睹其全。"[2] 今人王文才考证清楚，其《杨慎学谱》将古

---

* 作者简介：王智勇，生于1960年，四川古蔺人，四川大学古籍整理研究所研究员，主要研究方向：宋代文献整理、巴蜀文献整理、宋代历史文化研究；秦际明，生于1986年，广西全州人，中山大学哲学系（珠海）副教授，硕士研究生导师，主要研究方向：儒学、蜀学与中国政治哲学。

[1] 参见（清）张廷玉等《明史》，中华书局1974年版，第5083页。
[2] 参见（明）简绍芳《杨文宪先生年谱》，明刻本。

今署名为杨升庵的书目制成一表，最为完备，共计二百六十九种（当然，其中有不少是升庵诗文的不同选集本、抄写本，也有不少与杨慎无关而托名为杨慎者）。与他同时稍后的王世贞、游居敬、李元阳及李贽等也高度地评价了他的诸多著述在文学史、文化史、书法史上的意义和价值。由此，可以看到杨慎治学广博，其著作涉猎甚广，涵盖了经学、小学、史学、子学、文学、诗词歌赋等领域，皆取得了极高的成就，在当时传诵甚广，对后世影响甚巨。杨慎在许多领域的研究与创作中皆能开风气之先。近代以来的杨慎研究亦日渐壮大，迄今取得了十分丰富的研究成果。

一　杨慎文献整理

对杨慎文献的整理与研究自明代以来便陆续进行，晚清郑宝琛编《升庵先生合集》是规模最大的一次整理。20世纪来不断有杨慎著作整理或影印出版，如20世纪30年代商务印书馆推出的《丛书集成初编》收录杨慎著作多部。杨慎著作整理到20世纪80年代渐入高潮，已初步形成以四川为中心的学术格局。其后十余年，影响渐及中原、海外，不时有外域学者入川访学，求正圭臬。

从现存的研究状况来看，目前对杨慎各种著述考辨最为详细的，当首推王文才先生的《杨慎学谱》（上海古籍出版社1988年版）。此《学谱》根据明清以来辑录杨慎著作的重要人物杨慎门人丘文举、从子杨有仁，以及焦竑、何宇度、黄虞稷、周亮公、李调元诸人的编目，对杨慎的各种著述作了较为翔实的考辨，称其存目三百余种，去其伪，存约二百六十九种。王文才先生将其列为一表，表外又列佚目若干。并且，配之以杨慎生平事迹，有关杨慎的评论、遗事、遗墨、交游等方面的考证。王文才先生的工作使我们基本能够瞥见杨慎著述的全貌。

对杨慎著作的整理，集中在词曲方面，尤其是散曲，如《杨升庵夫妇散曲》（中华书局1934年版）、《杨升庵夫妇散曲三种》（江苏广陵古籍刻印1980年版）、《杨慎词曲集》（王文才辑校，四川人民出版社1984年版）、《杨升庵夫妇散曲》（金毅点校，上海古籍出版社1985年版）、《杨升庵夫妇散曲》（上海古籍出版社1989年版），就有五种之多。杨慎诗话也颇受重视，如王仲镛《升庵诗话笺证》（上海古籍出版社1987年版)、杨文生《杨慎诗话校笺》(四川人民出版社 1990 年版) 亦续有增订,2008 年中华书局出版王大厚笺证的《升庵诗话新笺证》(全三册),并被纳入中国文学研究典籍丛刊。其他如《风雅逸篇古今风谣古今谚》(上海古典文学出版社 1958 年版),王幼安点校的《词品》(人民文学出版社 1960 年版),王文才选注《杨慎诗选》(四川人民出版社 1981 年版),《历代史略词话》(四川人民出版社 1984 年版),王仲镛、王大厚《绝句衍义笺注》(四川人民出版社 1986 年版) 等,对杨慎选本、词话、诗歌、弹词等也有整理。

张祖涌《杨升庵诗百首》(新都杨升庵博物馆、杨升庵研究会,1988 年编印),王文才、张锡厚还辑有《升庵著述序跋》(云南人民出版社 1985 年版) 一书,比较全面地收录了杨慎本人及他人为其著述所作的序或跋。张朝范在王文才《杨慎词曲集》的书评中说,由王氏校辑的《升庵长短句》是中华人民共和国成立以来首次校点整理的杨慎词集,收词 317 首,搜罗虽不齐备,但已超过前人。同时,张氏就王氏校点《升庵长短句》中的失误及遗漏之处作了修正与补充。

以上对杨慎著述的整理主要集中在文学著述方面,从综合性地整理来看,有两项重大的成果值得注意。一是 20 世纪二三十年代由王云五主编、上海商务印书馆出版的"万有文库"与《丛书集成初编》收录了杨慎的诸多著作,由中华书局于 1985 年续编并影印。到 1985 年止,共出 63 种,9 种未印。其中或有两种合为一种,或有同书异版重出,计数不能完全准确。二是王文才先生主编的学术丛书——"杨升庵丛书",杨慎一生著述甚丰,王文才先生通过考证认为其总目为 269 种,确定传世无疑的有 220 种,此丛书即从中选择与明清学术文风有重大关系、具有一定代表性的著述 38 种,以明代原刊本或善本、孤本为底本,参比众本,予以精心校勘。这套丛书体现了杨升庵研究所达到的新水平,也是巴蜀文化研究取得的重要成果。

其他的升庵著作整理成果还有:《二十五史弹词辑注》[①]、《丹铅总录

---

① 参见(明)杨慎著,(清)孙德威辑注《二十五史弹词辑注》,中国华侨出版社 2015 年版。

笺证》①、《杨慎〈书品〉校注评译》②。

二 关于杨慎生平与交游的研究

(一) 杨慎生平

对杨慎生平的记载始于嘉靖年间杨慎后期好友简绍芳所编、其子侄所补的《赠光禄卿前翰林修撰升庵杨慎年谱》,《明史·杨慎传》即本此。明代李贽《续藏书》卷26《文学名臣·修撰杨公慎传》亦删节此谱而成。清康熙年间程封重修《杨慎年谱》,修缮前人之作,收入嘉靖间所修《新都县志》。

现代以来,王文才先生的《杨慎学谱》(上海古籍出版社1988年版)对杨慎进行了较为系统的研究,考察了历史上《杨慎年谱》的诸多版本,以年月为次,对杨慎的家世与生平作了新的考证与论述。此外,丰家骅先生的《杨慎评传》(南京大学出版社2001年版),主要根据杨慎诗文和当时人的记载,对杨慎扑朔迷离的谪戍生活进行了详细的考订,较为全面地揭橥了他一生的行事。

关于杨慎的生平,可疑之处并不多,唯一存在争论的是杨慎的卒年卒地问题。这一问题是由聂索的《杨慎和他的〈升庵诗话〉》③ 一文引发的。张增祺在《有关杨慎生平年代的订正》④ 中认为杨慎卒于1568年,卒地在由云南返回四川途中的泸阳。但是穆药《杨慎卒年新证》⑤ 确定杨慎卒于1561年,由此,展开了对杨慎卒年卒地的探讨。20世纪80年代末,陆复初的《被历史遗忘的一代哲人:论杨升庵及其思想》⑥ 认为杨慎卒于1567年。王文才的《杨慎学谱》认为简绍芳的《升庵年谱》最得其实,因而认为卒于1559年。而丰家骅的《杨慎评传》则认为杨慎1562年逝于云南。按照简绍芳、程封、李调元各撰的《杨慎年谱》记载,杨

---

① 参见(明)杨慎著,王大淳笺证《丹铅总录笺证》,浙江古籍出版社2013年版。
② 参见王万洪《杨慎〈书品〉校注评译》,四川师范大学出版社2014年版。
③ 参见聂索《杨慎和他的〈升庵诗话〉》,《昆明师院学报》1979年第4期。
④ 参见张增祺《有关杨慎生平年代的订正》,《昆明师院学报》1980年第1期。
⑤ 参见穆药《杨慎卒年新证》,《昆明师院学报》1983年第3期。
⑥ 参见陆复初《被历史遗忘的一代哲人:论杨升庵及其思想》,云南人民出版社1990年版。

慎 1559 年逝于云南戍所，虽然这种说法较为普遍，但当时的学者还是对这一问题有着各自不同的看法。最后，丰家骅撰写《杨慎卒年卒地新证》①，根据最新中华书局影印的四库本黄宗羲编《明文海》中云南巡抚游居敬撰《翰林修撰升庵杨慎墓志铭》资料，证实杨慎于嘉靖三十八年（1559）七月六日卒于昆明高峣寓所，这一观点因为有重要资料的支撑，得到学者们的普遍认同，使杨慎的生卒年问题似乎得到圆满的解决。但邓新跃据 1956 年出土的《故明威将军九华墓志铭》认为杨慎至少在嘉靖四十一年（1562）年年底还在世，而李元阳在嘉靖四十二年（1563）春追忆已过世的杨慎，所以他认为杨慎当卒于嘉靖四十二年初。② 此证与《杨慎墓志铭》相冲突，不知孰真孰伪。

2005 年，戚红斌完成其硕士学位论文《杨慎谪滇及其对云南文化的贡献》③，其主体部分研究了杨慎在云南的生活行迹与交游情况，论述了杨慎对云南文化的贡献。戚文经过对杨慎在滇行迹的考察，将杨慎的这一段经历划分为初到云南（1524—1526）、两回故乡（1526—1530）、奔波四处（1532—1545）、寓居高峣（1545—1549）、两赴滇南（1550—1552）、暂居泸州（1552—1558）、客死云南（1559）七个阶段。

丰家骅先生的《杨慎评传》④ 对杨慎之生平有详细的考证与叙述。丰著夹叙夹议，细致地展现了杨慎一生的行踪与生平事迹，考订了许多文学作品的创作年代与背景，还表彰了杨慎在"大礼议"中所表现出来的道德勇气，以及他在云南三十多年的思想感情。

2013 年倪宗新先生出版了《杨升庵年谱》⑤ 一书，分世谱、年谱、后谱、附录四部分，较详尽地记述了杨升庵先世、读书、赴试、为官、里居、谪戍、交游、著述、书法和影响，为海内外读者全面展示了一位百科全书式的文化巨匠。

---

① 参见丰家骅《杨慎卒年卒地新证》，《南京师范大学文学院学报》2006 年第 2 期。
② 参见邓新跃《杨慎卒年新考》，《成都大学学报》（社会科学版）2007 年第 3 期。
③ 参见戚红斌《杨慎谪滇及其对云南文化的贡献》，硕士学位论文，云南师范大学，2005 年。
④ 参见丰家骅《杨慎评传》，南京大学出版社 1998 年版。
⑤ 参见倪宗新《杨升庵年谱》，中央文献出版社 2013 年版。

(二) 杨慎交游考

杨慎在云南的学术活动是云南文学史上的重要事件，也是明代文学史的重要方面，因此，学界对杨慎在云南的学术交游作了较多研究。姜晓霞《情深意笃，亦师亦友——杨慎与张含的交游及其影响》[①]一文认为杨慎文学创新意识强，与其师李东阳一起对云南文学家张含的文学创作有重要影响；杨钊作《杨慎张佳胤交游考》[②]，揭示了这两位明代重要文学家相遇相知的故事；丰家骅《杨慎与云南沐氏——杨慎交游考述之一》[③]与《简绍芳：杨慎研究第一人——杨慎交游考述之一》[④]两篇文章则分别考察了杨慎在云南与沐氏家族及好友简绍芳的交往。

李宇舟的学位论文《张含与杨慎之交游及唱酬研究》[⑤]在杨慎交游研究中详细地考察了杨慎与张含之交游唱酬的情况。经作者考证，尽管在杨慎贬谪云南的三十多年中，张、杨二人聚少离多，但书信往来、诗歌唱酬却一直不断，数量极为丰富。李宇舟还对两人唱酬往来之诗歌艺术风格作了分析。

相关研究成果还有蒋乾的硕士学位论文《杨慎谪滇时期旅迹交游研究（1524—1559）》[⑥]，对杨慎在滇的交游情况作了非常详细的考证。作者认为，杨慎戍滇由贵州而入云南，一路纪闻为《滇程记》，其谪戍路线、所记驿道为明朝云贵交通史的重要材料，因而对杨慎在云、贵、川三省的行迹考证甚详。蒋乾的研究重点还在于杨慎谪滇时期的交游考论。作者认为，杨慎将中原文化、巴蜀文化传播给云南人民，促进了川滇的文化交流，又将云南文化往外输出，使中原和长江流域等主流文化区更加了解云南，这样，以杨慎为媒介的云南边疆文化与中原内地文化在交流

[①] 参见姜晓霞《情深意笃，亦师亦友——杨慎与张含的交游及其影响》，《昆明师范高等专科学校学报》2007年第1期。

[②] 参见杨钊《杨慎张佳胤交游考》，《北方论丛》2008年第2期。

[③] 参见丰家骅《杨慎与云南沐氏——杨慎交游考述之一》，《南京师范大学文学院学报》2009年第3期。

[④] 参见丰家骅《简绍芳：杨慎研究第一人——杨慎交游考述之一》，《江苏教育学院学报》2009年第5期。

[⑤] 参见李宇舟《张含与杨慎之交游及唱酬研究》，硕士学位论文，云南大学，2012年。

[⑥] 参见蒋乾《杨慎谪滇时期旅迹交游研究（1524—1559）》，硕士学位论文，云南大学，2015年。

互动中融合。

2015年11月,姜晓霞出版了《杨慎与杨门诸子研究》① 一书。该书考察了杨氏在云南的生平事迹,记述了他与张含、李元阳、杨士云、王廷表、胡廷禄、唐锜、吴懋、董难等云南名士之间的交游。她将从杨慎游的这些云南名士称为杨门诸子。该书充分查阅了杨慎在云南的相关历史记载,对杨慎在云南的交游状况作了非常细致而深入的考证,是目前为止杨慎与"杨门七子"交游研究最为全面的研究文献。

(三)杨慎一生心理历程的探析

如果说以上研究尚属外在,那么对杨慎一生心理历程的研究可谓对杨慎生平研究的进一步深化。孙芳《亲近佛老 亦曲亦伸——杨慎贬谪后的思想状态及行为方式探析》② 一文认为杨慎遭受人生历练后,在儒家思想的基础上吸纳佛家空幻思想和老庄超然自适、任性逍遥等精神要素。孙芳的硕士学位论文《杨慎贬谪后的生存状态及复杂心态》③ 对杨慎在滇的历程作了深入研究,她指出,初到贬所的杨慎内心充满了思乡、孤独、痛苦怨恨等情绪,还不得不放诞佯狂以避祸。杨慎贬谪前是坚定的程朱之徒,遭受人生历练后,进行了精神整合。

庄鹏、王笑莹的观念与孙芳有所不同,他们《从杨慎〈廿一史弹词〉看其人生哲学观的转变》④ 一文指出,早期以儒家思想为主导的杨慎,后期在遭遇人生打击之后,思想里渗透进更多的道家思想,但不能就此断定杨慎的人生哲学以道家为主,其实只是有些调整而已,其内心占主导的仍然是以齐家治国为念的儒家思想。

与此相类的还有段德李《杨慎谪戍永昌后的多重矛盾心性分析》⑤、

---

① 参见姜晓霞《杨慎与杨门诸子研究》,复旦大学出版社2015年版。
② 参见孙芳《亲近佛老 亦曲亦伸——杨慎贬谪后的思想状态及行为方式探析》,《中华文化论坛》2011年第6期。
③ 参见孙芳《杨慎贬谪后的生存状态及复杂心态》,硕士学位论文,四川师范大学,2011年。
④ 参见庄鹏、王笑莹《从杨慎〈廿一史弹词〉看其人生哲学观的转变》,《现代语文》2010第10期。
⑤ 参见段德李《杨慎谪戍永昌后的多重矛盾心性分析》,《保山学院学报》2015年第1期。

刘英波《杨廷和、杨慎、黄娥散曲中的心态解析》① 等文章。这些研究通过对杨慎文学作品的解读，聚焦于杨慎流放充军后其儒家信念浸染佛老出世思想，向我们更为深入地揭示了杨慎学术思想与个人际遇及其时代背景的复杂关系。

三 杨慎哲学思想研究

尽管杨慎以文学著称，但不可否认的是，杨慎著作中包含着大量的哲学思考。20世纪中国哲学学科成立以后，用诸种哲学观念来分析中国传统思想家是学界十分流行的做法。20世纪80年代初以前，对杨慎哲学思想的研究主要见于《中国哲学史》《中国思想史》之类的通史性著作，对杨慎稍有提及。陆复初的《杨慎的朴素唯物主义哲学思想》（《光明日报》1980年6月26日）一文认为杨慎是提倡唯物思想的重要人物，其专著《被历史遗忘的一代哲人：论杨升庵及其思想》②从生平、思想来源、哲学思想、美学思想、社会历史思想和杨慎在云南的历史地位及重大贡献六个方面，对杨慎的思想作了全面论述。陆复初先生的观点后来又拓展为《被历史遗忘的一代哲人：论杨升庵及其思想》一书。该书在现代思想研究中首次较为系统地讨论了杨升庵的哲学思想、美学思想及社会历史思想。该书主要写作于20世纪80年代，受马克思主义唯物主义哲学观影响颇深。

张义德在《中国古代著名哲学家评传续编·杨慎》③ 一文中探讨了杨慎哲学思想的诸多方面，如杨慎对宋明理学的批评，以及杨慎对太极、道、理、格物、性情等重要哲学范畴的论说，张义德认为杨慎的唯物主义思想较为直观，抽象思维较为欠缺，但有比较丰富的辩证法思想。此外，张义德先生还撰有《杨慎对宋明理学的批判》④ 一文，提出杨慎批评理学空疏的学术方法、神秘主义天道观及唯心主义格物说，认为杨慎是

---

① 参见刘英波《杨廷和、杨慎、黄娥散曲中的心态解析》，《西华师范大学学报》（哲学社会科学版）2016年第1期。
② 参见陆复初《被历史遗忘的一代哲人论杨升庵及其思想》，云南人民出版社2004年版。
③ 参见赵宗正、李曦编《中国古代著名哲学家评传续编》（四），齐鲁书社1982年版，第187—232页。
④ 参见张义德《杨慎对宋明理学的批判》，《中国哲学史研究》1982年第2期。

反理学的先驱，其学术思想的意义在于提倡求实的治学方法。贾顺先、戴大禄亦在《四川思想家·杨慎》①一文中论述杨慎的哲学思想，认为，杨慎是反对程朱理学的学术方法的，但继承了程朱理学的伦理思想。贾顺先先生还撰有《杨慎的求实哲学》②一文通过对杨慎哲学著作的研究指出杨慎的学术方法与哲学思想可贵的地方即在于其求实精神。贾先生《宋明理学新探》③一书亦有专章论述杨慎求实的哲学思想。

陈德述《试论杨慎的哲学思想》④一文认为杨慎继承了中国古代气一元论的唯物主义思想，反对程朱理学主张理在气先的客观唯心主义，并认为杨慎强调经验在获得实证知识过程中的重要性的观点在中国思想史上是有积极意义的，推动了明清之际学术风气的转变。葛荣晋《杨慎哲学思想初探》⑤一文亦着重论述了杨慎哲学中的宇宙论与认识论都是唯物主义的，并高度赞扬了杨慎将性与情相统一的观点在中国人性学说史上的重要意义。

以上研究可见20世纪80年代从唯物主义哲学角度来探讨杨慎学术思想一度成为学术热点，但自90年代以来这样的学术进路基本上不再流行，对杨慎哲学思想的研究也较为沉寂。偶见的是田同旭在2007年发表《论杨慎对李贽异端思想的影响》⑥一文，讨论了杨慎、李贽之学与宋明理学乃至于儒学的关系。

此外，就杨慎与道家、佛教之关系而言，朱森溥的《浅论杨慎与老庄》⑦认为杨慎自遭贬流放后，即与老庄结下不解之缘，并逐渐以老庄思想作为其行动指南，成为他的精神支柱。曾绍皇的《〈洞天玄记〉的隐喻系统与杨慎"游神物外"之宗教意识》⑧则认为明清时期，随着道教、

---

① 参见贾顺先、戴大禄《四川思想家·杨慎》，巴蜀书社1988年版。
② 参见贾顺先《杨慎的求实哲学》，《孔子研究》1988年第4期。
③ 参见贾顺先《杨慎反对"空谈"主张"求实"的思想与宋明理学》，《宋明理学新探》，四川人民出版社1987年版。
④ 参见陈德述《试论杨慎的哲学思想》，《哲学研究》1984年第1期。
⑤ 参见葛荣晋《杨慎哲学思想初探》，《社会科学研究》1984年第1期。
⑥ 参见田同旭《论杨慎对李贽异端思想的影响》，《晋阳学刊》2007年第1期。
⑦ 参见朱森溥《浅论杨慎与老庄》，《云南社会科学》1986年第5期。
⑧ 参见曾绍皇《〈洞天玄记〉的隐喻系统与杨慎"游神物外"之宗教意识》，《江汉论坛》2008年第4期。

佛教的深入发展和明世宗、神宗对道教的提倡，宗教剧本逐渐盛行。《洞天玄记》作为杨慎创作的一部"阐明老氏之旨"的"宗教感化剧"，罗织了一个诡秘怪诞而又寓意深远的隐喻体系。从这个隐喻体系中，可以发现杨慎思想领域中浓郁深厚的"游神物外"的宗教意识。通过这些研究文章可以看出，学者的研究思路更加开阔，能关注杨慎的具体处境，将杨慎及其著作放入更为广阔的社会、历史空间作全面对照，对杨慎思想的体察更加全面、细致，揭示了杨慎哲学思想中较为隐秘的一面。

此外，孙一超的硕士学位论文《〈太史升庵文集〉与佛教》[①]揭示了杨慎著作所体现的佛学思想。首先，孙一超通过对杨慎诗歌的释读，认为杨慎的许多诗歌的意境具有禅意，情感恬淡自然，物象空灵静谧，这类诗中弥漫着幽远寒静、空灵澄澈的禅的氛围。但在文章中，杨慎的儒家立场又非常明显，认为儒、释是不同的思想体系，虽然随着社会文化和佛儒思想的不断渗透发展，三教呈合流趋势，但各自的思想体系还是各有特点和有所区别，在杨慎看来，文化领域里它们渗透融合已成为必然趋势，但学术领域里它们还是彼此独立的思想体系。此外，杨慎对中国佛学文献作了大量的考证。孙一超的论文角度独特，是对杨慎哲学思想研究的细化与深入，使我们能够更加全面地把握杨慎的儒家立场与佛学观及其人生态度。

四　杨慎之经学、音韵学与考据学术方法

现代以来的学人对杨慎之学虽然颇为重视，只是出于现代诸学科分类法的原因，对杨慎之学的理解和把握偏而不全，突出的是杨慎为文学家的一面，而于其经学思想则往往不甚了了。在那个整个经学与儒学都崩塌的时代，这是很容易理解的。现今学术之道日益回归学术本应有的面貌，对杨慎的研究也慢慢地从文学向他的经学、小学、史学等方面铺展开来。

对杨慎经学的研究是20世纪90年代经学与中国传统文化复兴以来才逐渐出现的。杨慎的经学主要体现在其考据学的研究方法，这也是杨慎学术被称为重实学的原因所在。杨慎之实学思想对明末清初实学思潮兴

[①] 参见孙一超《〈太史升庵文集〉与佛教》，硕士学位论文，上海师范大学，2012年。

起之影响已为学者所瞩目,杨慎对清代考据学形成开风气之先的作用亦为学界所研究的重要方面。

近年以来,杨慎之考据作为明代学术的突出代表,受到学界的高度重视,并得到了较高的评价。中国台湾林庆彰先生作了《杨慎之诗经学》《杨慎之经学》《杨慎在明代学术史上的地位》三篇文章①,集中讨论了杨慎在经学上的贡献及其在明代学术史上应有之地位。林先生所著的《明代考据学研究》②一书即将杨慎之经学考证列为首章,是明代考据学的重要创始者。

刘毓庆先生的《杨慎与〈诗经〉考据学》③一文亦专注于杨慎《诗经》考据研究,该文指出,杨慎的《诗经》考据成果是多方面的,其贡献在于他的研究路子和解决问题的方法,敢于在传统以为没有问题的地方提出问题,而又能够用实证手段去解决问题,或用文献,或用金石资料,或从方音,或从文字形义,或从古音等多个角度,寻找多重证据,将经学研究引上了考据的轨道。此外,张晓婷的硕士学位论文《杨慎〈诗经〉学研究》④,该文在研究杨慎诗经学重视《诗序》、驳正朱子《诗集传》的基础上,强调了杨慎《诗经》学的四个方面:一是他的怀疑精神,这是杨慎学术精神的重要内容,也正是当时的学者非常欠缺的;二是博学广记,这是杨慎能够取得如此大量成就的一个基础;三是务实的学风,这也是与当时的心学昌盛之风相对而言的;四是对清代考据学的影响。

姜广辉先生在《明代经学之翘楚——杨慎》⑤一章中考察了杨慎《尚书》《诗经》《礼记》《论语》等经注的相关成就,指出杨慎之学以博为尚,对经学中的文字、礼制等内容进行了有效的考证,故而采用《续修四库全书》之语称杨慎为"明人经说之翘楚"。同时,姜广辉先生亦注

---

① 参见林庆彰、贾顺先编《杨慎研究资料汇编》,"中央研究院"中国文哲研究所1992年版。
② 参见林庆彰《明代考据学研究》,华东师范大学出版社2015年版。
③ 参见刘毓庆《杨慎与〈诗经〉考据学》,《山西大学学报》(哲学社会科学版)2000第1期。
④ 参见张晓婷《杨慎〈诗经〉学研究》,硕士学位论文,辽宁大学,2015年。
⑤ 参见姜广辉《明代经学之翘楚——杨慎》,《中国文化的根与魂:儒家经典与"意义信仰"》,辽宁教育出版社2014年版。

意到杨慎经学的缺点，他认为杨慎经说中存在立论率尔、引用不加出处及驳杂琐碎等弊端。

总的来说，相对于明代理学而言，杨慎之经学以考据方法为特色，郭康松先生对此曾作过很好的总结："其一，对明代理学的空疏提出尖锐的批评，提倡回归经典，重视汉唐注疏，首开经典诠释的考证学风，成为清代考据学的先行者；其二，重视小学研究，尤其在音韵学研究方面成就显著，为清代音韵学的发展奠定了基础；其三，杨慎考证训释经典之方法，经过晚明学者如胡应麟、焦竑、陈第、方以智等人的积极提倡，至清代得以普及，最终成为一门独立的显学。"① 参见陈居渊《论杨慎的经典诠释学思想》② 亦认为杨慎力非空腹高心的理学，倡导汉唐经学，并以考据训诂之学相号召，首开经典诠释的考证学风，成为清代乾嘉汉学的先行者。郭素红《论杨慎经学诠释的特点》③ 一文亦同于此。

宋明理学重义理而轻经文，视五经为注脚，心学更是弃之于糟糠。杨慎回到经学文本的努力是对这种学术倾向的反动，引发明代后期回归经学的学术潮流。尤其是在清学，理学与心学在经学研究中空疏已为学界之共识，回归经学注疏传统，并用考据的方法求经学之真相，已成为清代主要的学术传统。郭素红在《论明中期经学对宋学的反动——以杨慎对经学的阐释为中心》一文中对杨慎治经学的特点作了归纳。郭素红提出："在杨慎的影响下，明中期以后出现了焦竑、陈第、胡应麟等一批从事考据的学者，使明代的考据学达到了新的水平。……这股考据的伏流一直延续到清代，也奠定了清代学术的发展方向。"④

在文字学方面，韩小荆研究了杨慎的"四经二纬说"⑤，"四经二纬说"中的"四经"指六书中能够造字的前四书（象形、象事、象意、象声），"二纬"指不造字的后二书（假借和转注）。韩小荆在文中指出，

---

① 参见郭康松《论杨慎对明清考据学的贡献》，《历史文献研究》总第27辑。
② 参见陈居渊《论杨慎的经典诠释学思想》，《学术界》2002年第1期。
③ 参见郭素红《论杨慎经学诠释的特点》，《兰州学刊》2006年第10期。
④ 参见郭素红《论明中期经学对宋学的反动——以杨慎对经学的阐释为中心》，《清华大学学报》（哲学社会科学版）2009年第6期。
⑤ 参见韩小荆《杨慎的"四经二纬说"》，《河北科技大学学报》（社会科学版）2002年第2期。

这是第一次对传统六书的科学分类,"四经二纬说"是受宋明"转声说"和班固"四象"之名的启发提出的,它对清代戴震"四体二用说"有直接的影响。

杨慎的经学研究非常重视音韵学,他本人于古音下过很大功夫,提出不少创见,突出表现在他对叶音说的批评。陈第著有《毛诗古音考》《屈宋古音义》等,对古音学的形成与发展贡献突出,而他的古音学研究与杨慎有直接的继承关系。雷磊在研究中写道:"杨慎古韵学出自吴棫,他的功绩在于,明确提出了'古音'概念,注意到了古今音变的复杂性,改进了考订古音的方法。陈第古音学在杨慎的基础上作出了更大的突破:完全抛弃了'叶音说',注重阐明古今语音演变之轨迹,采用穷举法等。至此,明代学术,在古音学方面,完成了同清代朴学的对接。"① 不过,刘青松却认为,杨慎采用分析韵例、确认古音等方法纠正"叶音"错误,并针对宋人随意言"叶音"的做法提出注重"义理"的"古音转注说",有一定积极意义,但它客观上却是为"叶音"寻找"义理"根据,所以,它走的是"叶音说"以今律古的老路。② 李运益《杨慎古韵学》③ 归纳指出杨慎的音韵学研究与成就可分为韵读、韵例、韵理三方面,并认为顾炎武是清代古韵学的奠基人,而顾氏的古韵学成就又赖杨慎的著述"寻其端委",杨氏在古韵学的研究历史上起到了承前启后的作用。

2010年王树江有硕士学位论文《杨慎古音学思想研究》④,该文通过对杨慎的古音学著述考察,从研究方法、古韵分部、转注理论、韵例成就等方面研究其古音思想,并通过与吴棫和明代相关学者,以及顾炎武等清代古音学家比较,肯定杨慎在古音学史上举足轻重的地位。与此同时,王金旺也发表了他的硕士学位论文《杨慎古音学研究》⑤,他认为杨慎批判地接受了宋儒的研究成果,他的成就对明清的学者都有所启示,

---

① 参见雷磊《杨慎古音学源流考辨》,《湘潭大学学报》(哲学社会科学版)2006年第7期。
② 参见刘青松《杨慎古音学思想初探》,《古汉语研究》(哲学社会科学版)2000年第3期。
③ 参见李运益《杨慎古韵学》,《西南师范大学学报》(哲学社会科学版)1990年第4期。
④ 参见王树江《杨慎古音学思想研究》,硕士学位论文,北京师范大学,2010年。
⑤ 参见王金旺《杨慎古音学研究》,硕士学位论文,西北师范大学,2010年。

在我国古音学研究史上有很重要的地位。王金旺从思想、内容、方法三个方面对杨慎的古音学进行比较全面的分析和研究。

刘单单《杨慎词曲用韵考》① 与阳旖晨《杨慎诗歌用韵研究》② 两篇硕士学位论文研究了杨慎词曲创作用韵情况，从而揭示出明代中期对音韵的使用情况。其结论是，杨慎的诗歌用韵是基于"平水韵"，但又不完全遵循"平水韵"，而且掺杂古音，所以其诗歌用韵比较复杂，并体现出明代中期语音较前代的变化轨迹，如入声韵相混，甚至有一部分已与去声韵混同；东、冬、钟三韵已合流；阳、唐、江三韵已同音。与此相类的还有刘格非的硕士学位论文《关于杨慎古体诗用韵的明代语音研究》③，在所使用的韵书上，刘格非认为杨慎古体诗的用韵也是以平水韵为主，另外，他通过对杨慎古体诗韵脚字涉及双音词的考察，认为古代诗文中的对仗是一部分现代汉语书面语双音词的重要来源。该文通过分析还指出，杨慎的口音是一种带有少许明中叶四川方音特征的明代官话。作者还推导出结论，诗韵与古代语音是属于两个范畴的研究内容。音韵学体系里的诗韵研究更多地涉及了古典学的内容，纯古代语音研究工作可以也必须用音韵学的重要研究成果作为参考。刘格非的论文具有深厚的语言学与音韵学的学术功底，宽广的学术视野，因而他对杨慎用韵的研究不仅仅是对杨慎研究的一个贡献，也是对一般的语言学、语音学与音韵学的重要贡献。

杨慎著有大量的古音学著作，对此亦有多篇专门研究文献，如曾海源的硕士学位论文《杨慎〈转注古音略〉研究》④。曾海源写到，杨慎在古音学方面的著作相当丰富，其中最能代表其古音学成就的当属《转注古音略》一书。曾海源对杨慎《转注古音略》的研究非常细致，具有相当的学术价值，为杨慎古音学的研究奠定了很好的基础。

在考据学方面，杨慎之丹铅诸录是体现其学术考据较为集中的作品，也是杨慎诸书中相对可靠的作品。2003 年李勤合写成硕士学位论文《杨

---

① 参见刘单单《杨慎词曲用韵考》，硕士学位论文，吉林大学，2011 年。
② 参见阳旖晨《杨慎诗歌用韵研究》，硕士学位论文，湖南师范大学，2011 年。
③ 参见刘格非《关于杨慎古体诗用韵的明代语音研究》，硕士学位论文，四川师范大学，2014 年。
④ 参见曾海源《杨慎〈转注古音略〉研究》，硕士学位论文，华侨大学，2013 年。

慎丹铅诸录研究》①，他在论文中考证了杨慎丹铅诸录的创作背景、成书时间，以及诸录之间的关系。

鲁芳的硕士学位论文《杨慎与〈丹铅馀录〉》②则在杨慎丹铅诸录中聚焦于《丹铅馀录》一书，鲁芳认为《丹铅馀录》是杨慎日常的杂考笔记，内容丰富，基本涵盖了杨慎学术的各个方面，杨慎许多专著在内容上与《丹铅馀录》均有相同的地方，因此研究杨慎《丹铅馀录》可以基本把握杨慎思想及其学术研究的主体。鲁芳的研究虽然选题较细，不失为对杨慎考据学研究的细化与深入。

五　杨慎史学思想研究

（一）历史政治思想

关于杨慎史学方面的研究，顾峰早在1964年就发表《杨慎对西南民族史研究的贡献》③一文，指出杨慎深入西南各民族人民的日常生活，搜集和掌握了丰富的民族史资料，撰成不少民族史资料非常丰富的著作。日本学者内藤湖南1969年出版的《中国史学史》，在论述明代史学时专列"杨慎之学问"一节，不过较为简略。总的来说，学界对杨慎史学方面的关注和研究是非常罕见的。较早对杨慎史学思想作系统考察的当属陆复初先生的《被历史遗忘的一代哲人：论杨升庵及其思想》④，他在论述杨慎哲学思想的同时对杨慎的历史政治哲学也作了较为全面的考察，他着重指出了杨慎史学存在着历史是发展着的观点，认为杨慎虽然是封建思想家，却在史学上有讲求实事求是的一面，带有朴素的唯物主义观点。陆复初先生的论述无疑带有较强的意识形态痕迹，但也是较为全面的杨慎研究者。

丰家骅先生的《杨慎评传》⑤以更为客观和广阔的视阈重新研究了杨慎的历史政治思想。第一，丰著指出杨慎的史学具有强烈的求真态度。

---

① 参见李勤合《杨慎丹铅诸录研究》，硕士学位论文，华中师范大学，2003年。
② 参见鲁芳《杨慎与〈丹铅馀录〉》，硕士学位论文，内蒙古师范大学，2010年。
③ 参见顾峰《杨慎对西南民族史研究的贡献》，《中国民族》1964年第4期。
④ 参见陆复初《被历史遗忘的一代哲人：论杨升庵及其思想》，云南人民出版社1990年版。
⑤ 参见丰家骅《杨慎评传》，南京大学出版社1998年版。

第二，杨慎以求实的态度反对盲目崇古，客观地指出历史条件的发展变化，反对固守先代的社会制度。第三，杨慎强调社会公平，主张立贤无方，反对官人以世。第四，在对历史人物的评价上，杨慎强调"爱而知其恶，憎而知其善"，主张客观、全面地看待历史人物。第五，丰著还指出，杨慎在滇数十年，非常重视民族史料的搜集，也非常关注自然史的记录与研究。

丰先生的论述基本上涵盖了杨慎史学撰述的大致面貌，既广泛，又深入，唯一不足的是未能将杨慎的学术思想放到明代学术史中作比较研究，而钱茂伟《论明中叶史学的转型》[①]一文则弥补了这个缺憾，将杨慎的史学思想放在明代学术史中作了考察，提出杨慎为学处处体现了批判宋学的精神，是博古思潮的开创者，推动了明代学风的更替。钱茂伟并在其后出版的《明代史学的历程》（社会科学文献出版社2003年版）中，单列"杨慎与明代纯学术研究风的兴起"一节，进一步阐述其观点。

在科举史研究方面，张亚群和李力发表《杨慎在科举文化史上的地位与影响》[②]一文，指出杨慎谪戍云南35年，笔耕、讲学不辍，促进了云、贵儒学文化的发展，留下了珍贵的科举文献，文化遗产惠及后人。作为儒学理想的执着追求者，他具有强烈的社会责任感和忧患意识，针砭教育功利化、时文程式化之弊端，主张变革科举选士标准，要求学人"通经""通古""知务"。在具体的政治制度研究中，田勤耘、牟哲勤作《杨慎"封建论"发微》[③]，指出在明代中期多数论者提倡"封建"之际，杨慎却极力反对"封建"，支持郡县，认为"封建"非圣人意，郡县取代"封建"乃势所必趋，并以其时云贵川地区改土归流前后的史实来加以论证。

总的来说，当代研究者已经注意到杨慎历史政治思想的重要意义，但对这方面的研究还非常缺乏，是今后杨慎研究的重要生长点。

（二）历史地理学

杨慎历史考证方法多样，非常重视地理学在历史研究中的作用。谢

[①] 参见钱茂伟《论明中叶史学的转型》，《复旦学报》（社会科学版）2001年第6期。
[②] 参见张亚群、李力《杨慎在科举文化史上的地位与影响》，《西北师大学报》（社会科学版）2013年第6期。
[③] 参见田勤耘、牟哲勤《杨慎"封建论"发微》，《湖北社会科学》2013年第9期。

国桢的《评介明杨慎著〈滇程记〉和〈滇载记〉》① 是了解和探讨杨慎历史地理学较早的作品,对杨慎的历史地理著作《滇程记》和《滇载记》作了简明扼要的介绍。于希贤、于希谦《杨慎及其在地理学上的贡献》② 一文指出,杨慎提出了水、气循环的概念,提倡实地考察自然现象,并系统比较研究了我国各地的许多温泉特征,进行了古今物候对比、云南一年十二个月的物候特征研究等,对我国地理学的发展作出了重要贡献。

程莉莉撰有硕士学位论文《杨慎与西南地区地理学》③,认为杨慎被贬云南三十多年,对西南地区气候植被、山川湖泊及政区、地名、风俗民情等有丰富的考察记录,具有重要的历史地理学价值,丰富了明代对以云南为主的西南地区地理学的记录与认识。除了对杨慎西南地理记录的考察之外,程氏此文尤其难得的是考察了杨慎对西南地理之认识的演变过程。紧接着,作者考察了杨慎对西南地区方志的贡献。总的来说,程莉莉的论文为我们较为全面地展示了杨慎对西南地理学的贡献,是研究杨慎西南地理学的新突破。当然,该论文仅限于就杨慎而论,缺乏更为广阔的历史背景,使其历史分析方面的深度略有欠缺。

六 杨慎文学思想研究

杨慎素来以文学理论家与诗词创作巨匠而为世人所知,他的文学名声盖过了他在经学、史学等领域的贡献。现代以来的杨慎研究也以文学为主,相关的研究文献数倍于其他研究成果。杨慎本人不仅长于诗词曲的创作,在文学理论与文学批评上亦有丰富的作品。其诗学理论对明代文坛有重要影响,其求新丽的诗风亦为当世所推崇。

(一) 文学通论

学界对杨慎文学的研究成果非常丰富。在 20 世纪 70 年代,王文才先生即发表《读杨慎诗札记》④ 一文,具体考证了杨慎几首代表性诗作的相关人文地理的历史背景,并对杨慎诗歌的艺术性作了评析,是对 50 年代

---

① 参见谢国桢《评介明杨慎著〈滇程记〉和〈滇载记〉》,《思想战线》1978 年第 4 期。
② 参见于希贤、于希谦《杨慎及其在地理学上的贡献》,《地理环境研究》1989 年第 1 期。
③ 参见程莉莉《杨慎与西南地区地理学》,硕士学位论文,西南大学,2009 年。
④ 参见王文才《读杨慎诗札记》,《四川师范学院学报》(哲学社会科学版)1978 年第 3 期。

毛泽东同志读明代四川诗歌的补正。而自20世纪80年代以来，因为杨慎被视为明代唯物主义的代表，是以对杨慎哲学、文学思想的研究逐渐兴起，尤其在诗学领域，杨慎得到学界的重视。

邬国平先生发表《杨慎的文学批评》[①]一文，对杨慎的诗学作了初步的研究，指出杨慎诗学与李梦阳、何景明等一道反对宋明以来诗歌的理学化，批评以性理之奥取代情感美学的文学倾向。稍后，贾顺先生的《论杨慎的文学思想》[②]一文更为深入地探讨了杨慎文学思想的哲学基础，指出杨慎之文学思想求实考、反映现实生活，既批评理学背离诗学审美，也反对"前七子"拘泥于复古而背离文学发展的内在规律与现实意义。

陈长义《从〈升庵诗话〉看杨慎的诗论》[③]一文初次较为全面地分析了杨慎诗论之特色，他主要将杨慎《升庵诗话》之诗论归纳为"主张广师博采，不拘一代""主张脱胎换骨，立足创新""强调抒写真情、反对过分雕饰"三个方面，并认为杨慎诗论继承儒家传统，强调"温柔敦厚"之诗教，亦存在许多疏漏不妥之处，须分析看待。

黄宝华《杨升庵诗论初探》[④]认为杨慎究其实质，还是一个拟论者。首先，杨慎在批评"宋无诗"上虽然有纠偏之功，但是，"从根本上说他仍是一个宗唐论者"。因为，"升庵之肯定宋诗仍着眼于其与唐诗的同一性"。同样，杨慎论晚唐诗"所重仍在其与盛唐诗之同，其评判优劣的尺度仍是盛唐诗，故亦可谓之盛唐本位论"。其次，杨慎崇尚六朝，在一定程度上反对发展。如批评杜甫在"以诗兼史"、绝句、七律等方面的新变，并断定杨慎诗论"究其根本，仍是一种以体制格调论诗的拟古理论"。

丰家骅先生的《杨慎评传》[⑤]对杨慎的生平、著作与思想作了较为全面的论述，丰先生本以文学见长，其杨慎研究的突破点亦在于杨慎文学

---

① 参见邬国平《杨慎的文学批评》，《文学遗产》1985年第3期。
② 参见贾顺先《论杨慎的文学思想》，《四川师范大学学报》（社会科学版）1988年第1期。
③ 参见陈长义《从〈升庵诗话〉看杨慎的诗论》，《社会科学研究》1986年第2期。
④ 参见黄宝华《杨升庵诗论初探》，《上海师范大学学报》（哲学社会科学版）1991年第1期。
⑤ 参见丰家骅《杨慎评传》，南京大学出版社1998年版。

思想。丰著认为杨慎文学思想的形成与他对"前七子"复古理论的批评有关。较之前贤，丰先生对杨慎的评述较为全面，持论稳重、客观。

2006年雷磊出版了他的学术专著《杨慎诗学研究》①，首次全面地论述了杨慎的诗学观念，着重研究了杨慎诗歌对体裁的选取及其艺术风格，讨论了杨慎诗学对六朝诗的重视与取法，对唐代诸家诗的评论，也考证了杨慎诗学与明代诸家诗的学术关系。

高小慧教授对杨慎文学思想有非常丰富的研究成果，例如她在《北京大学学报》上发表《杨慎的"诗史"论》②一文论述了杨慎对诗史说的批评与认可，其所批评的是诗缘情与史言事不同，其所认可的是诗可兼有史的功能，并着眼于理、事、情三者关系对诗与史的关系作了深入探析，从而能够以更宽广的学术视野来评论杨慎的诗史说。高小慧认为清人叶燮之论五经于理、事、情三者侧重不同，而皆能适于道，兼得三者之宜，是对诗史说诸种争论的最好总结。其《杨慎诗学体系论》③对杨慎诗学体系作了简单扼要的概括，她认为杨慎之诗学体系的主要观点是，就本质而言，诗歌是"发诸性情而协于律吕"；就诗人而言，必须具备先天的艺术素养，又当多读书以广知识见闻；就技巧而言，以比、兴为主，表达作者蕴含于心胸的自然真情；就审美而言，诗歌贵含蓄，从而使读者产生"味之者无极，闻之者动心"的审美效果。其博士学位论文《杨慎文学思想研究》出版于2010年，论述了杨慎的生平、思想和文学创作，杨慎的文学思想，以及杨慎的文学史论，是其研究成果的集中体现。

杨钊的博士学位论文《杨慎研究——以文学为中心》④认为，杨慎学术思想渊博，著述宏硕，对明清的文风和学术思想有较大的影响。他的这篇文章在前人研究的基础上，从渊源（杨慎哲学、所受蜀文化和家学的影响三个层面）、本体（文学思想）、影响（研究杨慎对明清学风和文风的影响）三个方面对杨慎的文学思想及其创作作为一个系统进行全面的研究，将杨慎的文学活动置于一定的文化背景中，探讨了其文学的特

---

① 参见雷磊《杨慎诗学研究》，中国社会科学出版社2006年版。
② 参见高小慧《杨慎的"诗史"论》，《北京大学学报》（哲学社会科学版）2004年第1期。
③ 参见高小慧《杨慎诗学体系论》，《河南社会科学》2010年第2期。
④ 参见杨钊《杨慎研究——以文学为中心》，硕士学位论文，四川师范大学，2010年。

点及其对明清文风的影响;并且通过分析杨慎的文学活动对明代巴蜀文学的影响,深化了对整个明代巴蜀文学的研究,同时也彰显了杨慎文学创作中独特的巴蜀地域文化特征。

骆小所《修辞:神、圣、工、巧——杨慎修辞理论再探讨》[①] 一文认为杨慎是我国明代著名的修辞学家,他的"神、圣、工、巧"是"修辞之阶循焉",深化了修辞学的研究。杨慎提倡修辞要生动自然、清奇缜密、自然天工、精巧天成;反对"篇篇相袭",主张"陈言务去""光景常新";强调修辞要"仗境生发"。骆先生认为杨慎的这些理论和当时主盟文坛的"七子"主张的摹拟之风大异其趣,表现出可贵的独立见解与批判精神。

郑家治、周邦君《杨慎诗歌体式论初探》[②] 一文旨在研究杨慎对诸种诗体的具体考察。杨慎非常重视诗之为体区别于散文叙事的体例性质,同时亦非常注重古体、律诗、绝句等诗歌体裁的不同特点与性质。该文认为,杨慎在考辨、选评诗歌的基础上较为系统、全面地考察论述了中国古代诗歌的体式,总结了诗歌体例发展的一般规律,值得我们进一步借鉴与研究。

(二) 杨慎与文学史的关系

杨慎以对六朝的研究与喜爱著称,他对《文选》推崇备至,对《文心雕龙》有过非常仔细而深入的圈点与批注。白建忠先生的硕士学位论文《〈文心雕龙〉杨批中的创作论研究》[③] 一文对杨慎在批点《文心雕龙》中所体现出来的文艺创作思想作了深入研究。蒋旅佳的硕士学位论文《杨慎与六朝初唐诗学观研究》[④] 聚焦于杨慎对六朝初唐诗艺术特点的概括与继承,该文指出,杨慎从诗歌本质论、声律论、审美论,以及诗歌继承和发展等方面来建构其六朝初唐诗学观,以"《诗》以道性情"来

---

① 参见骆小所《修辞:神、圣、工、巧——杨慎修辞理论再探讨》,《云南师范大学学报》(哲学社会科学版) 1994 年第 4 期。

② 参见郑家治、周邦君《杨慎诗歌体式论初探》,《西华大学学报》(哲学社会科学版) 2005 年第 2 期。

③ 参见白建忠《〈文心雕龙〉杨批中的创作论研究》,硕士学位论文,内蒙古师范大学,2004 年。

④ 参见蒋旅佳《杨慎与六朝初唐诗学观研究》,硕士学位论文,安庆师范学院,2011 年。

批判性理诗,以"缘情绮靡"为诗歌本质。并从文体学的角度论证了杨慎将唐诗源头从沈、宋上溯及六朝之观点的正确性。

唐诗是我国诗歌史上的高峰,杨慎与唐诗的关系亦为研究者所注意。赵青硕士学位论文《杨慎的唐诗观》一文①认为杨慎将六朝诗歌纳入到唐诗研究的范围,注重六朝诗歌在体裁上对唐诗的启导作用,并指出,通过对唐诗特点的总结,杨慎以唐诗为典范,提出了"辨体论""主情论""博学论""通变论",从诗学辨体、诗歌本质、诗歌创作与批评、诗歌创新与发展四个方面构建了其诗学的核心价值体系。

在杨慎与文学史中诸诗家之关系的问题上,杨慎对杜诗的评论最受瞩目。早在1983年,廖仲安就在《光明日报》上发表《杨慎与杜诗》②初步论述了杨慎对杜诗的批评。稍后,邓新跃发表的《明代诗学对"诗史说"的批评及其批判史意义》③一文则指出杨慎、王夫之对"诗史"说的批评富于诗歌文体学的意义。

徐希平先生于2002年发表《博采众长,独树一帜——杨慎〈升庵诗话〉论李杜评析》④一文,徐先生认为通过对李杜诗歌的评述,杨慎阐述了他自身的诗学主张,重视诗歌自身特点,主张真情实性与含蓄蕴藉为诗之基本特征;主张学李杜之所学,即直接由《文选》入手,上溯到先秦诗骚之源头,兼收并蓄;反对一味模仿,提倡独创,另辟蹊径;重视原始文献,讲求版本与文字校勘。

余来明《杨升庵杜诗观的时代诠释》⑤一文认为杨慎对杜诗的批评源于其对宋诗的评价,宋人以理写诗的重要渊源是杜诗,皆有悖于诗学含蓄蕴藉的根本特征。余文最核心的洞见在于,杨升庵对杜诗缺点的批评与"前七子"对杜诗的极度推崇相关,而杨升庵在诗论上高于何景明等复古派之处即在于杨慎对于历代诗人的评价相对客观,不掩其长、不蔽

---

① 参见赵青《杨慎的唐诗观》,硕士学位论文,华侨大学,2011年。
② 参见廖仲安《杨慎与杜诗》,《光明日报》1983年3月22日"文学遗产"版。
③ 参见邓新跃《明代诗学对"诗史说"的批评及其批判史意义》,《杜甫研究学刊》2005年第1期。
④ 参见徐希平《博采众长,独树一帜——杨慎〈升庵诗话〉论李杜评析》,《杜甫学刊》2002年第1期。
⑤ 参见余来明《杨升庵杜诗观的时代诠释》,《南京工业大学学报》(社会科学版)2003年第1期。

其短，既推崇杜诗，也能指其失，既批评宋诗，也能举其得。

　　白建忠于2013年在《杜甫研究学刊》上发表《杨慎的杜诗学》一文认为杨慎从含蓄蕴藉的论诗宗旨出发，对杜甫"太露"的诗作进行了批驳，但由于受时代与个人诗学眼界的局限，其观点在一定程度上存在着可商榷之处。

　　这些研究主要侧重于杨慎对杜诗的批评，而严铭《论杨慎对杜甫的尊崇和追摹》① 则强调了杨慎尊杜诗、学杜诗的一面，他认为杨慎对李白、杜甫都很钦佩，其思想人格和诗歌创作受李、杜的影响较大，但杨慎对杜甫的尊崇和追摹尤甚。严文从杨慎对杜甫的诗评、诗歌创作中的模仿接受和晚年以杜甫自况等方面说明了杨慎与杜甫的独特因缘关系。与上述研究合而观之，可得实情矣。

　　除了杜甫之外，杨慎对李白的研究与推崇也受到学界关注。王仲镛《杨慎论李白评述》② 是研究杨慎与李白诗学较早的论文，王先生认为杨慎对李白诗歌有深入研究，杨慎考证李白之故乡为蜀之绵州，以七言歌行为李诗最佳，并指出李白诗风多法六朝，有取于前贤。王文从杨慎选诗之公允认为杨慎并非所谓的"扬李抑杜"论者。吴明贤《试论杨升庵与李白》③ 一文则侧重于研究杨慎取法李白的一面，该文指出，杨升庵与李白为同乡，尊重其为人，同情其遭遇，研究其诗歌，学习其创作。杨慎在明代卓然自成一家，除自身渊博的学识与敏锐的诗才外，与受李白的影响也是密不可分的。

　　高小慧有《杨慎论唐宋诗之争》④ 一文，指出杨慎推崇唐诗，认为唐诗绝妙古今，并且认为唐诗初、盛、中晚各期皆有佳作，不必专注盛唐；而宋诗"信不及唐"，则是其诗主理之过；但杨慎尊唐而不绌宋，认为宋诗亦有继承唐诗风格的佳者。

　　李朝正《杨慎的文学观及其对复古派的抗争》⑤ 一文初步阐述了杨慎

---

① 参见严铭《论杨慎对杜甫的尊崇和追摹》，《兰州学刊》2013年第7期。
② 参见王仲镛《杨慎论李白评述》，《四川师院学报》（社会科学版）1983年第1期。
③ 参见吴明贤《试论杨升庵与李白》，《四川师范大学学报》（社会科学版）1989年第2期。
④ 参见高小慧《杨慎论唐宋诗之争》，《中州学刊》2007年第2期。
⑤ 参见李朝正《杨慎的文学观及其对复古派的抗争》，《社会科学研究》1997年第6期。

对以"前七子"为代表的复古派的文学批评。刘艳的硕士学位论文《杨慎诗学与明代中期文学复古思潮》① 更为细致地研究了杨慎与明代复古派之间的关系。作者指出，杨慎不蹈袭复古"前七子"尊唐抑宋的路子，并能通过重新评价唐宋诗以纠正"前七子"复古的偏狭，使后来的人们对这股狭隘的复古思潮有了更多的反思，为后世诗人更加客观地评定唐宋诗的问题开辟了道路。

李燕青《王世贞批评视野中的杨慎》② 一文着重研究了王世贞与杨慎在文学理论与文学创作方面的关系，她指出王世贞对杨慎的创作理论与考辨进行了不遗余力的批判，但另一方面王世贞继承和发展了杨慎之为复古诗学。雷磊《杨慎与何景明：六朝派与前七子的交接》③ 一文深入研究了杨慎与"前七子"在文学理论方面复杂的学术关系。

雷磊《杨慎与李东阳：观察明代诗学流变多样化的视角》④ 一文研究了杨慎诗论与其师李东阳之间的关系，该文认为杨慎诗论与李东阳最根本的差异在于李东阳论诗主张以辨识格调为先，而杨慎诗论以辨体为先。严铭《略论杨慎对庾信诗风的接受》⑤ 一文对杨慎与六朝诗的关系作了深入探讨，认为杨慎对六朝诗歌理论和诗歌语言技巧深有研究，在创作上模拟吸收，脱胎犹过之。

（三）关于杨慎的诗词与文学创作

杨慎不仅是一位广博的学者，长于经史考证，同时也是一位多产的文学创作大家，多年来学术界对杨慎的文学创作亦积累了非常丰富的研究成果。

在散文创作上，郭琼霞的硕士学位论文《杨慎散文研究初探》⑥ 以"杨升庵丛书"中文集所收录的三百六十三篇散文为底本，分别对其包括

---

① 参见刘艳《杨慎诗学与明代中期文学复古思潮》，硕士学位论文，华中师范大学，2011年。
② 参见李燕青《王世贞批评视野中的杨慎》，《广西社会科学》2010年第5期。
③ 参见雷磊《杨慎与何景明：六朝派与前七子的交接》，《中国韵文学刊》2012年第3期。
④ 参见雷磊《杨慎与李东阳：观察明代诗学流变多样化的视角》，《社会科学辑刊》2006年第3期。
⑤ 参见严铭《略论杨慎对庾信诗风的接受》，《成都大学学报》（社会科学版）2010年第3期。
⑥ 参见郭琼霞《杨慎散文研究初探》，硕士学位论文，四川师范大学，2012年。

的六种散文文体进行分体的详细解读与分析,从而总结出了杨慎散文每一种文体的特征。另外,作者也指出了杨慎文章在史观中存在的矛盾之处。经过研究,郭琼霞肯定杨慎在明代文坛所起的承上启下的重要作用及具有的地位。

2007年樊兰完成其硕士学位论文《杨慎词研究》①,对杨慎关于词学的理论及其词的创作作了研究。她首先研究了杨慎批点《草堂诗余》的版本问题与成书时间问题,确定了此书系杨慎所作的真实性,并从中总结了杨慎"工、景、情、婉、警"的创作主张,以及冷静达观的词学态度。其次,她研究了杨慎的词论专著《词品》,论述杨慎以"词为小技"、严格词律、追求工致、重"情"尚"俗"等词学思想。此处,该文还通过杨慎编选《词林万选》《百琲明珠》的选词情况来分析其词学主张。

张福洪亦有同名硕士学位论文《杨慎词研究》②,不过张福洪的论文与樊兰研究的侧重点有所不同。张福洪首先考察了杨慎的词集《升庵长短句》等书的不同版本情况和杨慎词在明清以来的流传情况,进而从文体学的角度辨析混入词集中的散曲与诗歌,初步确定杨慎词作的数目。张亦分析了《草堂诗余》对杨慎词作的影响,还讨论了杨慎词的曲化问题。

2010年,张笑雷的硕士学位论文《杨慎词曲研究》③ 着重对杨慎后三十余年的词曲创作进行了深入的研究,他认为,处于明中期的杨慎因其谪戍滇云三十余年的不幸经历,创作出内容极为丰富的反映其日常生活情态的词曲。张笑雷将杨慎词曲的特点综合起来研究,从而产生相应的研究成果,是杨慎文学研究的拓深,也是明代文学研究的重要进步。张笑雷与其导师胡元翎先生共同发表的《论杨慎词曲的"互融""互异"兼及"明词曲化"的研究理路》④ 一文则较之张笑雷的硕士学位论文在此主题上更为深化,指出了杨慎词曲互融、互异的复杂关系,也对"明词曲化"的现象作了学理分析,是理论水平较高的研究成果。

---

① 参见樊兰《杨慎词研究》,硕士学位论文,河北大学,2007年。
② 参见张福洪《杨慎词研究》,硕士学位论文,西南大学,2010年。
③ 参见张笑雷《杨慎词曲研究》,硕士学位论文,黑龙江大学,2010年。
④ 参见胡元翎、张笑雷《论杨慎词曲的"互融""互异"兼及"明词曲化"的研究理路》,《文学评论》2011年第5期。

韩文进硕士学位论文《杨慎贬谪词研究》① 则从历代贬谪词之比较的角度来揭示杨慎词作的艺术风格、心路历程与思想面貌。韩文进认为特殊的贬谪经历促使其词突破了花间范式，其词风格婉转藻丽与含蓄蕴藉、放旷苍凉并存。贬谪士人心态处于不断的继承与突破中，杨慎对宋前贬谪士人心态和宋代贬谪词文化既有认同，又有区别。在贬谪文学史中杨慎是一个重要的存在。与此相类似的研究还有彭新有的硕士学位论文《杨慎谪滇词研究》②，研究主题雷同，内容也大致相差不远，不再赘述。

关鹏的硕士学位论文《杨慎〈词林万选〉研究》③ 以杨慎所编选的词学作品《词林万选》为研究对象，考证了《词林万选》的成书、体例，对《词林万选》的选词特征作了分析，并从内容上将之分为恋情、思乡、写景、友情、赠妓、咏怀、咏物等类别。关鹏指出，《词林万选》对古代诗歌文献的保存有重要价值，同时也彰显了杨慎发掘优秀词人词作独特而敏锐的眼光。

杨钊《杨慎"以曲入词"辨》④ 一文提出世人之评杨慎"以曲入词"应理解为杨慎词作风格的多样化，他认为杨慎词作或字面混入曲子，但破体出位，不乏情趣；或杂于俚俗，亦有传统文人词的闲适；或炜煜而谲诳，彰显其文人的疏狂本性，有健壮之气。因此，人以杨慎词作为杂体，而杨钊以为是对词风多样化的追求。

曹宁的硕士学位论文《杨慎谪滇诗研究》⑤ 从三个方面探讨了杨慎在滇诗作的艺术特点。首先，作者阐述了杨慎谪滇前后思想变化和贬谪导致人生境遇的转变。其次，对杨慎谪滇诗创作与情感变化之间的关系作了细致的分疏。最后，作者论述了杨慎谪滇诗创作对云南诗的影响。该文对杨慎在滇诗作的分析比较全面，是杨慎文学研究的进一步深入，而若作者能够从全面把握杨慎思想与文学总体特征的角度来把握杨慎在滇诗作的定位，则将会有更佳的效果。

---

① 参见韩文进《杨慎贬谪词研究》，硕士学位论文，广西师范大学，2010年。
② 参见彭新有《杨慎谪滇词研究》，硕士学位论文，华东师范大学，2012年。
③ 参见关鹏《杨慎〈词林万选〉研究》，硕士学位论文，东北师范大学，2013年。
④ 参见杨钊《杨慎"以曲入词"辨》，《四川师范大学学报》（社会科学版）2010年第3期。
⑤ 参见曹宁《杨慎谪滇诗研究》，硕士学位论文，云南师范大学，2015年。

对杨慎散曲作专门研究的有孙冠楠的硕士学位论文《杨慎散曲创作及批评思想研究》①。孙冠楠认为，杨慎散曲中迁谪悲苦的贬谪心态相伴始终。杨慎"人自情中生"这种对情的张扬反映到其散曲的创作中，使得曲脱离了理气、空洞，变得自然清新，对冲破令人窒息的程朱理学的束缚作出了贡献。该文认为，杨慎散曲既有豪放俊逸之作，亦多绮丽纤艳之曲的迥异风格，并在进行散曲创作时也有意将六朝乐府"风华"的审美特质融合其中，模拟吸收并提高到了新的水准，又形成了杨慎散曲独特的"葩"的风貌。

（四）杨慎与俗文学

董晓萍《杨慎论民间传说》②从历史性、文学性和人文地理三个方面揭示杨慎对民间传说的深入研究和准确把握。两年之后她又发表了《杨慎的神话观》一文③，指出杨慎能历史地考察西南少数民族神话与中国远古神话之间的关系，阐释这些神话的社会经济含义，并以此补足汉民族神话史由原始社会到封建社会中间所缺少的一环，是我国古代神话学的突出成就。

董晓萍女士的著作运用新的研究视角开辟了研究杨慎的新领域，不仅是对杨慎研究的极大拓展，也是我国俗文学研究的重要组成部分。此后，即产生曾绍皇先生的硕士学位论文《杨慎俗文学研究》④（2007）。该文从俗文学的角度对杨慎的俗文学创作进行了较为全面的考察。首先是作者对杨慎的俗文学作品从文献学的角度进行了梳理、考辨与解读；其次，结合明中后期大批涌现的通俗文学作家进行通俗文学改编与创作的整体思潮，联系杨慎个人谪戍滇南的特殊经历，剖析作为正统文学作家的杨慎与一般通俗文学作家在俗文学创作过程中发生机制之区别、价值取向之异同，从而向我们展示杨慎在其文学实践过程中较为圆通的各体兼备、雅俗并举之文学观念。当然，曾氏对杨慎俗文学的研究尚不全面，比如对杨慎散曲的俗文学倾向，以及杨慎所编的谚语、俗语缺少研

---

① 参见孙冠楠《杨慎散曲创作及批评思想研究》，硕士学位论文，沈阳师范大学，2013年。
② 参见董晓萍《杨慎论民间传说》，《四川师范大学学报》（社会科学版）1990年第6期。
③ 参见董晓萍《杨慎的神话观》，《思想战线》1992年第2期。
④ 参见曾绍皇《杨慎俗文学研究》，硕士学位论文，湖南师范大学，2007年。

究，有待后来者完善。因此，曾氏之研究尚且缺少对杨慎俗文学之思想特质与艺术手法的一般性概括。

2008年付建荣的硕士学位论文《杨慎〈俗言〉整理与研究》[①] 在相当程度上弥补了曾绍皇《杨慎俗文学研究》的缺憾。付建荣的论文首先考证了《俗言》的成书情况，认为今见《俗言》一书是明代焦竑编辑杨慎散佚之作而成，并分析了《俗言》的内容构成与杨慎其他作品的关系。作者经过考证认为"俗言"最初只是"部类"之名，并不是单独的一部书名，所在焦竑编目与何宇度编目皆无"俗言"书名，"俗言"之为杨慎著作的书名应始于李调元辑刊《函海》。作者进而研究了《俗言》所辑条目的语言学性质，对杨慎的诠释作了新的考证。

邓琳琳的硕士学位论文《杨慎所辑歌谣谚研究》[②] 从文献学的角度对杨慎所辑三部俗文学著作《风雅逸篇》《古今风谣》《古今谚》作了细致的考证。作者认为，《风雅逸篇》嘉靖本与《函海》本在内容上差别不大，可见《风雅逸篇》十卷本的流传并无其他体系，在校勘中应用嘉靖本与《函海》本相互对校，而六卷本应在十卷本之前，是未完成之作，十卷本系对其补充修订而成。而《古今风谣》《古今谚》均为一卷本，《函海》本、《艺海珠尘》本等均未见明显差异。作者指出，杨慎否定了谣谚是不登大雅之堂的传统偏见，认为谣谚是可以观民风，挞伐时政，是有文理的。最后，作者分析了杨慎辑风谣谚语的编撰例体，认为杨慎的工作为冯惟讷、杜文澜编纂诗歌总集和谣谚总集提供了很大的便利。邓琳琳的研究完善了对杨慎俗文学的认识，不过，作者似乎没有对杨慎辑风谣谚语的文学意义与思想意义展开论述，这也为进一步研究杨慎俗文学思想留下了不小的空间。

七 杨慎书学思想

杨慎不只是学者与文学家，他对书画艺术也有相当的造诣，杨慎编著有多部书画艺术方面的著作，但一直以来，学界对杨慎这方面成就的关注非常之少。关于杨慎书学思想，2009年有吉林大学王巍的硕士学位

---

① 参见付建荣《杨慎〈俗言〉整理与研究》，硕士学位论文，内蒙古师范大学，2008年。
② 参见邓琳琳《杨慎所辑歌谣谚研究》，硕士学位论文，四川师范大学，2015年。

论文《杨慎〈墨池琐录〉书学思想研究》。① 该文首先从文献学的角度考察了《墨池琐录》的笔记性质、成书过程与流传版本等相关信息，尤其是该文对《墨池琐录》流传的多种版本作了精细的比较，堪称杨慎文献整理的典范。在书法理论上，王巍指出，当时的书界以颜真卿为革新派，以赵孟頫为复古派，杨慎极力反对革新派，大力赞扬以赵孟頫为代表的复古派，反对以人论书，即反对按照人品的高下来品评其书法作品。在书法批评上，王巍将《墨池琐录》的手法总结为似物拟喻、似人拟喻两方面。此外，王巍还对杨慎自身的书法作品作了考证。

八　杨慎与地方文化

云南、贵州地区在我国历史上受中原华夏文化影响较晚，直到明代中期，云贵两地的书院讲学与读书科举之风才开始盛行。杨慎是一代文化巨匠，他在滇三十余年培养了众多文化人才，对云贵两地，尤其是云南的文化发展起到重要作用。云南省亦有不少研究者对杨慎在滇的学术活动作了大量的研究。

早在1964年，顾峰先生发表《杨慎对西南民族史研究的贡献》② 一文，论及杨慎对西南地区的民族历史曾作过实地考察和细心研究，并编写了一些民族历史文献，如《滇南山川志》《滇程记》《滇候记》《滇载记》《南中志》等，是一宗西南民族研究的珍贵遗产。李锡恩《杨升庵对云南文化的重大贡献》③ 一文考察了杨慎在滇的学术活动，如讲学授徒、题写碑刻、潜心著述，并与当地学者进行文化交往，繁荣了云南的文学创作等，对云南明清两代的文化发展产生了很大影响。穆药《僰道西南媚景长——杨慎与云南少数民族》④ 一文着重考察了杨慎与云南少数民族文士的交往情况，并指出杨慎有着进步的民族观，并不以华夏与四夷之

---

① 参见王巍《杨慎〈墨池琐录〉书学思想研究》，硕士学位论文，吉林大学，2009年。
② 参见顾峰《杨慎对西南民族史研究的贡献》，《中国民族》1964年第4期。
③ 参见李锡恩《杨升庵对云南文化的重大贡献》，《大理师专学报》（社会科学版）1985年第1期。
④ 参见穆药《僰道西南媚景长——杨慎与云南少数民族》，《大理师专学报》（哲学社会科学版）1992年第Z1期。

间分优劣。与此相类的论文还有李朝正《杨慎与云南少数民族文化情结》①，作者认为杨慎在云南生活的近四十年中，对云南少数民族的文化发展与提高倾尽全力，建立了不可磨灭的功勋，备受云南各族人民的尊敬与爱戴。

不过值得注意的是，在论述杨慎与云南少数民族地区文化发展的关系时，有一对概念要澄清，即少数民族地区的文化与少数民族文化是不同的，少数民族文化往往是指某少数民族自身的民族文化，而少数民族地区的文化则是指发生在少数民族地区的文化，可以是少数民族本身具有的民族文化，也可以指其他类别的文化。比如，杨慎在云南所进行的文化活动，只能说是杨慎推动了华夏文化在云南地区的传播，发展了云南少数民族地区的文化，而不能直接说杨慎与云南少数民族文化有什么关系。

2005年，戚红斌完成其硕士学位论文《杨慎谪滇及其对云南文化的贡献》②，其主体部分研究了杨慎在云南的生活行迹与交游情况，论述了杨慎对云南文化的贡献。戚文认为，杨慎对云南文化的巨大贡献体现在以下两个方面：一是对云南山川的描写；二是杨门七友的形成。作者指出，杨慎还是将昆明称作"春城"的第一人。

冯玉华的硕士学位论文《杨慎诗词与云南旅游文化》③则从旅游学的角度对杨慎在滇的游历与文学创作进行了新的解读，他将杨慎视为一位旅游者，论述了杨慎在云南的居留情况和对云南的复杂感情，考证了杨慎在滇的交游与行迹，并进一步阐释了杨慎在滇的文化之行给云南带来的旅游价值，探讨了在旅游学方面对杨慎的文化遗产的运用。此外，相关研究论文还有武谊嘉《杨慎对西南区域文化的贡献》④，以及杨春梅、张全辉《杨慎对滇文化的影响》⑤等。

---

① 参见李朝正《杨慎与云南少数民族文化情结》，《西南民族学院学报》（哲学社会科学版）2000年第12期。
② 参见戚红斌《杨慎谪滇及其对云南文化的贡献》，硕士学位论文，云南师范大学，2005年。
③ 参见冯玉华《杨慎诗词与云南旅游文化》，硕士学位论文，云南师范大学，2006年。
④ 参见武谊嘉《杨慎对西南区域文化的贡献》，《南京师范大学文学院学报》2009年第4期。
⑤ 参见杨春梅、张全辉《杨慎对滇文化的影响》，《保山学院学报》2012年第4期。

九　杨升庵研究展望

明代先是程朱理学一统天下，中叶以后阳明心学突起，广为流行，横扫学坛。但正是在明代中期以来，以考据见长的实学悄然兴起，最终演变为明清之季的学术洪流，并在清代三百年学术史中占据主要地位。在明代中期学风悄然改变的关节点上，杨慎正是促进这场转折的关键人物。因此，将杨慎置于明清学术的历史进程中加以研究，具有非常重要的学术意义。

另外，杨慎之学对宋明理学有系统的评说，其批评意见可谓针针见血，十分中肯。杨慎以考据之实学补理学虚说之不足，以复先秦两汉儒学的真实面貌，以清理宋明理学中所羼杂的佛老思想。杨慎对宋学的批评广泛地影响了明代中后期的许多学者。他们正是通过对程朱理学与阳明心学的批判而发展出以考证见长的实学，对古代的学术与制度进行坚实的研究，从而带来了清代经学的繁荣。因此，通过对杨慎之学的整理与研究，我们将对明清两代学术思想的发展脉络有更为清晰而深入的理解与把握。笔者因此提出，为推进杨慎研究，可以考虑从五个方面着手。

1. 关于杨慎的经学研究。杨慎之经学综合汉宋之长，对清代经学的繁荣起到了非常重要的引领作用。目前学术界对杨慎经学的研究非常不够，可以对杨慎之《周易》、《尚书》、《诗经》、"三礼"、《春秋》及其三传、《论语》、《孟子》等经学内容加以汇总，提炼主题，分析其学术得失与思想内涵，及其对后世的影响。

2. 关于杨慎的史学研究。杨慎的史学实出于其经学，有其特定的历史观，对社会政治历史有深入的思考。杨慎认为"经史相表里"，经之用要以历史变迁、时势变化为根据，而观察、评论历史与时政则须以经为指导，杨慎在这种经史相资的观点指引下论历史政治极富创见。杨的史学有两个方面值得特书而表彰。其一考证与理解史实的客观性，杨慎考史极具独立精神，不盲从于人，以客观证据为基础，于人所恶可擢其善，于人所善可发其恶。其二是史论之务实精神，不以经典为窠臼，通时势之变，以实用为先，如其论井田与封建，对经史所载制度与时势的关系作了深入的分析。可以于杨慎之史说中择其要者表述之，提炼其历史观，及其对社会政治历史系统的思考。

3. 关于杨慎的子学研究。杨慎在尊经的同时，非常重视子学，并从子学中汲取思想资源。一方面，他创造性地提出，经者常也，子者权也。经是常道，而子学是经学的展开与变化。子学虽不如经学那样有尊崇的地位，也在补充经学、运用经学上亦有其独到的价值。而在诸子中，杨慎对庄子尤为重视。他引庄子之论道、论情，引老子之论性，来证明经子相通，证明子学可以补充经学。而另一方面，杨慎又强调经子之差别，以突出经为之经的地位。他经常指出宋明理学暗引老庄，抹去痕迹。总之，杨慎对经子关系的考察是全面而深刻的，值得引起学界的重视。

4. 关于杨慎的小学与考据方法。杨慎于文字学、古音韵学有精深的造诣，于文字学与音韵学的完善有突出的贡献。杨慎撰有字书、音韵学著作多部。同时，杨慎能充分运用文字训诂与名物地理考证的方法，但由于其学术撰写多属于札记、笔记类，较为分散。因此，将杨慎的训诂与考据分门别类地集中起来，以见其学之端的，使其学术思想的观点及其方法较为明晰地呈现出来。

5. 关于杨慎对后世的影响，目前的研究仍流于笼统的概说，本题将杨慎所探讨的学术思想按主题分门别类，展现其与李梦阳、王世贞、焦竑、陈第、李贽、胡应麟等人的关系，及对明清之际实学与清代考据学的影响，揭示其源流。

并且，杨慎作为蜀学中的杰出代表人物，长于斯、学于斯，其学术思想必然与蜀学的整个思想体系与价值观念有密切的联系。杨慎长期谪戍滇南，往来滇蜀两地，与滇、蜀人士交游唱和，使杨慎留心于地方文化精神。杨慎十分自觉地继承蜀中历史上的文化人物的学术思想，注意摘记巴蜀历史与文化传统，修蜀地方史志，编《全蜀艺文志》。杨慎研究对认识和总结蜀学的学术思想精神与学术架构有着重要意义。

后 记

为配合四川实施历史名人文化工程,为深入研究首批十大历史名人,揭示其历史地位和当代价值,我们对近百年关于十位历史人物的研究历史及成果,进行了系统回顾。

课题邀约了詹福瑞先生、彭邦本先生、王智勇先生等名家,以及王小红、彭燕、吴龙灿、秦际明、郑伟、陈红、李钊、窦浩玉、胡涛涛、王贞贞、陈祎舒、邵莘越众年轻学子,共同对十大名人的研究史进行系统回顾和梳理(王小红、王贞贞、邵莘越还协助主编对部分稿件进行了体例的统一工作),希望从中找到当代研究的切入点,也总结出十大名人的共同价值和特殊意义,形成十篇研究综述。

由于时间关系,特别是本人组织松散,其间定多未定之论,可商之处;缺略之处,亦在所难免。好在尚有来日,还可续焉。

其间谬误,尚请识者诸君,不吝赐教。

舒大刚谨识

2022 年 7 月 20 日于四川大学花园